北京高校中国特色社会主义理论研究协同创新中心（对外经济贸

乡村振兴视域中的农村土地整治

刘新卫　赵崔莉　著

知识产权出版社
全国百佳图书出版单位

图书在版编目（CIP）数据

乡村振兴视域中的农村土地整治/刘新卫，赵崔莉著. —北京：知识产权出版社，
2019.7

ISBN 978 - 7 - 5130 - 6358 - 6

Ⅰ. ①乡… Ⅱ. ①刘… ②赵… Ⅲ. ①农村—土地整理—研究—中国 Ⅳ. ①F321.1

中国版本图书馆 CIP 数据核字（2019）第 134841 号

责任编辑：贺小霞　　　　　　　　　　　　责任校对：谷　洋
封面设计：刘　伟　　　　　　　　　　　　责任印制：刘译文

乡村振兴视域中的农村土地整治

刘新卫　赵崔莉　著

出版发行：知识产权出版社 有限责任公司	网　　址：http://www.ipph.cn	
社　　址：北京市海淀区气象路 50 号院	邮　　编：100081	
责编电话：010 - 82000860 转 8129	责编邮箱：2006HeXiaoXia@sina.com	
发行电话：010 - 82000860 转 8101/8102	发行传真：010 - 82000893/82005070/82000270	
印　　刷：北京建宏印刷有限公司	经　　销：各大网上书店、新华书店及相关专业书店	
开　　本：787mm×1092mm　1/16	印　　张：17.75	
版　　次：2019 年 7 月第 1 版	印　　次：2019 年 7 月第 1 次印刷	
字　　数：310 千字	定　　价：68.00 元	

ISBN 978-7-5130-6358-6

前　言

在中国，很少再有哪一项工作能像农村土地整治那样，虽然没有专门的法律法规做支撑（有关规定只是零星散见于相关法律条款中），但在全国范围内得到广泛、深入开展，并且上升为国家层面的工作部署（党中央和国务院文件中赋予其特殊使命）。但农村土地整治工作在推进中还面临如下困惑：

一是概念名称尚不统一。农村土地整治，顾名思义，发生在乡村地区的土地整治活动。但关于土地整治概念名称的认知，至今尚未达成一致。从最初的土地整理、土地复垦、土地开发作为三个独立概念提出（也不完全如此，土地整理就被认为有广、狭义之分，而广义土地整理包含了土地开发和复垦方面的内容），到后来的土地开发整理复垦抑或土地整理复垦开发的三者合体，以及再到后来直至现在的土地整治（被认为包含了土地开发、整理、复垦的内容，并且较之以前的相关概念更加综合与科学），从未有哪个概念能够统一各界关于这项活动的认知。而且，由于之前较长时间内土地整治活动主要发生在乡村地区，一度导致不少人想当然地产生这些活动仅适宜于乡村地区的错觉。

二是内涵认定存在差异。中国农村土地整治可以追溯到国外的现代土地整理。土地整理引入之初，国内对其认知基本符合其本质特征，诸如注重土地权属调整，以及强调发挥农民和农村集体的主体作用等。但随着土地整理被赋予一些特殊重任，一定程度上出现偏离本源的发展态势，一度成为农业基础设施配套方面工程建设的代名词。虽然当前对其内涵的普遍认定有其独特的资源背景和发展的阶段特征，特别是之前农村（准）公共产品提供滞后、耕地保护形势严峻等更加强化了对其内涵的片面认知，但这种不全面的内涵界定仍然多少影响了这项工作的持续发展，而且致其易受主管部门变化甚至部门负责人变更影响。

三是成效反响有所差别。作为一项政府及其组成部门部署安排和组织实施的重要工作，特别是在特定阶段还被赋予其他特殊使命（如统筹城乡发展、促进脱贫攻坚等），行政力量在农村土地整治推进中往往得到充分运用，取得的效果在宣传中往往十分明显（仅就易于显化的工程建设成就看，许多地方确实如此）。但这种由政府主导而且偏重工程建设的常规实施模式取得的显著优异数据，有时并不为一些农民群众所认可，特别是这种常规模式往往造成农村土地整治的建设、利用主体发生事实分离，导致政府通过实施农村土地整治更好地服务于项目所在地农民的良好初衷有时并不能够完全成为现实。一些农民以旁观者心态看待农村土地整治，甚至个别农民在实施中蓄意阻挠或破坏，更是令人匪夷所思。

概念名称不一、内涵认定差异和成效反响有别，虽然使得农村土地整治工作在组织实施中存在一些困难，也在许多地方遇到不少问题，诸如容易与其他相关工作相混淆、工作成果不能长久发挥效用等，但在中国的上一个30多年还是获得了较为长足的发展，深深打上了中国特色的烙印，而且客观上发挥了不可替代的重要作用。但要在下一个30多年或更长时间，继续沿袭之前的工作模式，可能将会遭遇无法克服的困难和障碍。

2017年党的十九大做出了中国特色社会主义进入新时代的科学判断，而适应新时代的发展要求，需要以国家治理体系和治理能力现代化为导向，着力改革机构设置，优化职能配置。2018年"两会"中通过的《国务院机构改革方案》就是着眼于转变政府职能，坚决破除制约使市场在资源配置中起决定性作用、更好发挥政府作用的体制机制弊端，结合新的时代条件和实践要求，着力推进重点领域、关键环节的机构职能优化和调整。农村土地整治在本次机构改革中被涉及并将不可避免影响其今后发展。根据前述方案，原国土资源部承担的农田整治项目管理职责需要划归到新组建的农业农村部。作为农村土地整治的重要内容（甚至是不少地方的唯一内容），农田整治在此次改革之后将经历主管部门由原国土资源部转为新组建后农业农村部的重大变化。关于农村土地整治未来走向的预判版本曾经一度较多，而且其中不乏对其今后发展的深深关切。

2018年8月公布的《自然资源部职能配置、内设机构和人员编制规定》（以下简称"三定"方案）一定程度上打消了人们对于农村土地整治未来发展的顾虑和担忧。在这份"三定"方案中，作为土地整治重要内容的土地整理复垦仍然是自然资源部的管理内容，而且成为国土空间生态修复的重要手段。在新组建的自然资源部内设机构中，新成立的国土空间生态修复司承担土地整理复垦等工作。另外，绿色发展理念得到深入贯彻，以及全国范围内可供大规模成片开发后备土地资源（特别是宜耕未利用地）日益匮乏的今天，土地开发作为补充耕地的主要来源的色彩正在逐渐淡化并且受到越来越严格的限制，此次机构改革并未对其做出专门规定也属必然。因此，土地整治的主要职能仍归属于原国土资源部的承继者——自然资源部，但农田整治职能划转不可避免地对其今后发展定位带来一定影响。

应该说，十九大提出的乡村振兴战略为农村土地整治的下一步发展提供了足够的舞台，2018 年以来先后出台的 2018 年中央"一号文件"《关于实施乡村振兴战略的意见》，以及《乡村振兴战略规划（2018—2022 年）》等都对农村土地整治寄予了厚望。如《关于实施乡村振兴战略的意见》提出"大规模推进农村土地整治"，《乡村振兴战略规划（2018—2022 年）》提出"实施农村土地综合整治重大行动"等。但可以想见的是，实施乡村振兴战略对农村土地整治的期望可能不是之前熟悉的模式。《乡村振兴战略规划（2018—2022 年）》明确的基本原则之一为"坚持农民主体地位"，而这正是之前农村土地整治中持续强调但一直未能很好落实的基本要求。农村土地整治要想真正在乡村振兴战略实施中发挥重要作用，必须真正发挥农民的主体作用，调动广大农民积极性、主动性和创造性，把维护农民群众根本利益作为出发点和落脚点，不断提升农民的获得感和幸福感。

各地在实施乡村振兴战略中，对如何更好发挥农村土地整治作用进行了积极探索，其中不乏值得关注的倾向性苗头和趋势。2018 年 8 月 14 日，浙江省政府办公厅出台《关于实施全域土地综合整治与生态修复工程的意见》，旨在合理配置农村土地资源要素，加强农村建设用地盘活利用，促进乡村振兴战略实施和生态文明建设。这份意见明确的基本原则之一是"政府主导、农民主体"，强调坚持农村集体经济组织和农民主体地位。尤值一提的是，该意见确定的五项主要任务就包括"建立农村土地民主管理机制"，要求建立和完善村级组织自主管理、自主服务、自主教育、自主监督的农村土地民主管理机制。而且，在实施全域土地综合整治与生态修复工程中，有关整治项目方案、整治工程实施、土地权属调整等事项，均要依法听取农民群众意见，保障农民的知情权、参与权、表达权和监督权，真正做到农民愿意、农民满意，而这正是农村土地整治所希望做到但在不少地方却一直难以落到实处的。2018 年 10 月 19 日，浙江省保护耕地和全域土地综合整治与生态修复领导小组办公室出台的《全域土地综合整治与生态修复工程三年行动计划（2018—2020 年）》对如何建立农村土地民主管理机制进行了部署，尤其强调在推进全域土地综合整治与生态修复中建立民主决策机制。

农村土地整治在中国大规模开展以来，在许多方面取得了预期成效，并因此获得了持续发展的动力和支持。在此过程中，农村土地整治自身发生了从内容到形式的深刻变化，并将对其今后发展产生深远影响。在当前可谓是农村土地整治发展较为重要的时间节点（乡村振兴战略得到实施），对农村土地整治的发展历程、主要内容等进行回顾与分析，并在此基础上提出切实可行的意见建议，可能有助于促进这项工作进一步找准角色定位，有力助推乡村振兴战略实施。鉴此，本书基于乡村振兴的宏大背景，从十个方面介绍农村土地整治的相关内容：第一章立足国际视角，介绍农村土地整治可咨参考借鉴的国际经验；第二章详细分析农村土地整治的概念内涵，澄清一些认识误区；第三章立足全面依法治国要求，探讨如何推进农村土地整治法治建设；第四章分析农村土地整治的工程思维如何产生，以及对该项工作产生的影响；第五章结合形势发展需要，分析推进农村土地整治模式创新的必要性与可行性；第六章从拓展资金渠道方面，探讨如何保障农村土地整治资金；第七章对农村土地整治中表土（耕作层土壤）剥离的重要性和实施路径等内容进行分析；第八章介绍农村土地整治的国际交流合作情况及其未来发展建议；第九章对农村土地整治中的文化传承进行研究；第十章探讨农村土地整治如何更好助力脱贫攻坚。

目　录

第一章　农村土地整治的国际借鉴 ·· 1

　　第一节　典型国家和地区土地整理概况 ·························· 1

　　　一、德国 ·· 1

　　　二、荷兰 ·· 2

　　　三、日本 ·· 3

　　　四、中国台湾地区 ·· 4

　　第二节　土地整理主要内容的法律界定 ······················· 5

　　　一、概念内涵 ·· 6

　　　二、实施主体 ·· 7

　　　三、基本程序 ·· 8

　　　四、资金渠道 ·· 10

　　　五、权属管理 ·· 11

　　　六、公众参与 ·· 12

　　　七、责任追究 ·· 13

　　第三节　有关国家和地区经验做法总结 ······················· 15

　　　一、根据形势变化加强立法建设 ······························ 15

　　　二、形成多元主体土地整理模式 ······························ 16

　　　三、多渠道筹措土地整理资金 ·································· 16

　　　四、权属调整中加强权益保护 ·································· 17

　　　五、保障广泛充分的公众参与 ·································· 18

　　　六、运用多样化手段追究责任 ·································· 19

第二章　农村土地整治的概念内涵 ·· 20

　　第一节　农村土地整治概念演化 ································· 20

一、农村土地整治简史 ……………………………… 20

二、农村土地整治概念 ……………………………… 24

第二节 农村土地整治内涵浅析 …………………… 28

一、农村土地整治的内涵本源 ……………………… 28

二、农村土地整治的内涵演化 ……………………… 33

第三节 类似活动的联系与区别 …………………… 37

一、原国土系统的试点 ……………………………… 38

二、同质化的相关工作 ……………………………… 42

第三章 农村土地整治的法治建设 ………………… 48

第一节 农村土地整治法治建设现状 ……………… 48

一、农村土地整治的立法 …………………………… 48

二、组织实施的法律视角 …………………………… 55

第二节 存在的问题与面临的新形势 ……………… 60

一、法治建设的主要问题 …………………………… 61

二、法治建设面临的形势 …………………………… 65

第三节 农村土地整治法治建设思路 ……………… 67

一、法治建设的总体思路 …………………………… 67

二、农村土地整治法治建设的对策建议 …………… 69

第四章 农村土地整治的工程思维 ………………… 77

第一节 农村土地整治工程化倾向 ………………… 77

一、农村土地整治的工程思维 ……………………… 77

二、农村土地整治的权属调整 ……………………… 81

三、农村土地整治工程化的负面效应 ……………… 86

第二节 农村土地整治工程化诱因 ………………… 88

一、行政力量主导 …………………………………… 88

二、乡村治理弱化 …………………………………… 93

第三节 农村土地整治的本源复归 ………………… 97

一、农村土地整治复归本源的需要与可能 ………… 97

二、农村土地整治"双轮同转"实现途径 ………… 98

第五章　农村土地整治的模式创新 ……………………………………… 100

　　第一节　常规模式的固化 ………………………………………… 100

　　　　一、事实缺位的农民主体 ……………………………………… 100

　　　　二、严重曲解的公众参与 ……………………………………… 103

　　　　三、需要调整的监测监管 ……………………………………… 104

　　　　四、难以兑现的责任追究 ……………………………………… 106

　　第二节　土地整合的启示 ………………………………………… 107

　　　　一、土地整合背景 ……………………………………………… 108

　　　　二、土地整合做法 ……………………………………………… 109

　　　　三、土地整合成效 ……………………………………………… 112

　　　　四、土地整合启示 ……………………………………………… 113

　　第三节　实施模式的创新 ………………………………………… 116

　　　　一、有关地方的持续探索 ……………………………………… 116

　　　　二、被寄予厚望的合作社 ……………………………………… 121

第六章　农村土地整治的资金拓展 ……………………………………… 128

　　第一节　农村土地整治的资金渠道 ……………………………… 128

　　　　一、只柱擎天的财政资金 ……………………………………… 128

　　　　二、姗姗而来的社会资本 ……………………………………… 132

　　第二节　社会资本的实践迷思 …………………………………… 134

　　　　一、未成气候的地方实践 ……………………………………… 134

　　　　二、存在的问题及其剖析 ……………………………………… 139

　　　　三、正在面临的巨大需求 ……………………………………… 142

　　第三节　PPP 模式的机遇和挑战 ………………………………… 146

　　　　一、机遇与挑战 ………………………………………………… 146

　　　　二、规范化管理 ………………………………………………… 152

第七章　农村土地整治中表土剥离 ……………………………………… 156

　　第一节　国外表土剥离再利用的经验做法 ……………………… 156

　　　　一、国外简况 …………………………………………………… 157

二、主要特征 ·· 160

第二节　国内耕作层土壤剥离再利用概况 ·········· 165

一、理论研究 ·· 165

二、制度建设 ·· 167

三、实践推进 ·· 170

第三节　国内耕作层土壤剥离再利用展望 ·········· 172

一、现状问题分析 ·· 173

二、未来发展展望 ·· 177

第八章　农村土地整治的国际交流 ·························· 183

第一节　国际交流合作的基本情况 ···················· 183

一、国际交流合作的阶段划分 ······················ 183

二、与国际知名机构交流合作 ······················ 186

三、开始反哺世界的中国经验 ······················ 188

第二节　国际交流合作的案例分析 ···················· 191

一、南张楼村项目 ·· 192

二、其他相关项目 ·· 196

第三节　当前国际交流合作的重点 ···················· 200

一、如何夯实乡村振兴的产业用地基础 ········· 201

二、如何筑牢乡村振兴的生态人文根基 ········· 202

三、如何提升乡村振兴的社会治理能力 ········· 204

四、如何拓展乡村振兴的农民增收渠道 ········· 206

第九章　农村土地整治中文化传承 ·························· 209

第一节　农村土地整治与文化传承 ···················· 209

一、二者关联 ·· 209

二、负面案例 ·· 213

三、正面典型 ·· 217

第二节　新形势新要求新任务 ·························· 219

一、国家战略演化视角 ································· 220

二、乡村振兴战略考量 ································· 224

第三节 传统村落保护性整治 ……………………………………… 227

一、重要意义 ……………………………………………………… 228

二、规划部署 ……………………………………………………… 230

第十章 农村土地整治的扶危济困 …………………………… 235

第一节 中国农村土地整治发展阶段 …………………………… 236

一、试点起步阶段（1986—1997 年）：借鉴国际经验

探索实施路径 ……………………………………………… 236

二、快速发展阶段（1998—2011 年）：农村土地整治

打上中国烙印 ……………………………………………… 238

三、品质提升阶段（2012 年至今）：农村土地整治回归

本源的希望 ………………………………………………… 240

第二节 农村土地整治促进扶贫的愿景与解析 ……………… 242

一、政策沿革 ……………………………………………………… 242

二、理想图景 ……………………………………………………… 243

三、客观分析 ……………………………………………………… 245

第三节 农村土地整治项目实施中的分利秩序 ……………… 248

一、案例项目基本概况 …………………………………………… 248

二、案例项目实施概况 …………………………………………… 249

三、案例中的分利秩序 …………………………………………… 251

第四节 农村土地整治成果使用中的去社区化 ……………… 253

一、产业基地建设扶贫构想 ……………………………………… 253

二、两份土地流转协议浅析 ……………………………………… 254

三、农业经营"去社区化"探究 ………………………………… 256

第五节 简单的结论与讨论 …………………………………… 258

参考文献 …………………………………………………………… 261

后 记 ……………………………………………………………… 271

第一章　农村土地整治的国际借鉴

中国近现代意义上的农村土地整治借鉴于国外土地整理。根据有关文献，"土地整理"一词在国外最早源于德国，随后法国、荷兰、加拿大、俄罗斯等国沿用该词。其他国家和地区对此称呼各异，如韩国称为"土地调整"，中国台湾地区称为"土地重划"。据不完全统计，截至目前，全球近60个国家和地区开展过土地整理或类似活动。虽然各国和地区的政治、经济、文化和地理等影响因素各异，土地整理名称和概念有所不同，但其主要内容大致相同，并且由于发展过程中不断调整完善，逐步形成了相对独立和完整的土地整理体系，在其乡村发展中发挥了重要作用。

第一节　典型国家和地区土地整理概况

德国与荷兰较早开展针对乡村地区的土地整理活动而且成效显著，并在国际上具有较大影响，成为其他国家和地区学习的典范。日本和中国台湾地区开展的土地整理（包括面向城市地区和乡村地区两类）也较成熟。

一、德国

德国是世界上最早开展土地整理的国家之一（巴伐利亚州开展最早、成效最好），其土地整理历史可以追溯至13世纪。早在1250年左右，巴伐利亚王国就出现了第一份关于土地合并的书面文件，表明当时已有局部、零星土地整理活动。到了16世纪，涉及农地合并、村庄迁移、河流改造等内容的土地整理活动开展较多，但尚无法律依据，仅据相关规划对有关土地进行简单调整。1779年以后，相关土地整理活动逐渐增加土地测量、土地置换以及分等定级等内容。1886年，巴伐利亚国王路德维希二世签署第一部土地整理法，首次在法律上提出"土地整理"概念，规定了土地整理程序，明确了负责合并分散田块和调整田间道路等工作的机构。1918年，德国颁布《农地整理法》。1933年德国开始酝酿制定全国性土地整理法律并于1937年正式出台。1953年，联邦德国基于之前德意志帝国和各公国制定的土地整理法律，颁布了第一部较为系统、详尽和先进的《土地整理法》，规定了适于全国的土地整理程序，并允许各州根据实际进行调整。1976年、1988年和1994年，分别对《土地整理法》进行了修订。历经数百年发展，德国土地整理已从单一注重农业生产转向实现乡村地区社会、生态、经济整体效益最大化。

在德国，涉及土地整理的法律主要包括欧盟空间发展战略、联邦土地整理法与各州实施细则及条例等。在欧盟层面，欧盟空间发展战略是超越国家范畴的法律框架，德国土地整理活动受制于此。在联邦层面，《基本法》是德国的法律和政治基石，土地整理法律受其影响；《空间规划法》与土地整理密切相关，为落实该法，德国先后制定了《建筑法典》《土地整理法》等法律，其中，《建筑法典》主要对城市地区建设用地整理与重建、相关土地交易权益、城市改造与更新、土地征收等内容进行界定和规范；《土地整理法》还与民法、公法以及行政法等三大法律有所关联和交叉，并且涉及区域规划、居民地发展、农业、自然保护、水利、道路建设以及测量等方面。在州级层面，联邦《土地整理法》是各州进行土地整理的法律基础，各州在不违背该法的前提下相继制定了符合地方实际的具体法规，如巴伐利亚州1977年颁布的《实施土地整理法的法规》、1980年州议会通过的《农村发展纲要》等，对本州土地整理实践做出了更为详细和便于执行的规定。基于前述法律，市级政府要结合市镇（包括乡村）实际，采取具体措施确保联邦和州级"空间布局规划""州发展规划""区域发展规划"等得到实施，其中，市镇土地整理必须符合联邦和州空间规划设定的指导方案和目标任务。

二、荷兰

荷兰早在20世纪初就在乡村地区开展了较大规模的土地整理活动，以使土地利用更好适应机械化、规模化生产需要，达到提高农业生产力的目的。为进一步促进土地整理事业发展，1935年荷兰成立专门管理土地整理事务的土地整理服务局。20世纪60年代和70年代早期，荷兰将土地整理作为扩大农业用地面积和调整农业生产结构的重要手段在实践中大力推广，土地整理发展较快。但这种以经济回报率作为土地整理项目实施主要衡量标准、政府优先开展经济回报率较高土地整理项目的做法，造成了土地整理实施目标较为单一的后果，并对传统乡村造成了难以挽回的负面影响，美丽的乡村景观往往在整理后不复存在，而这种负面影响也逐渐成为人们非议的焦点。经过 20 世纪 70 年代发展后，土地整理重心开始转向乡村地区土地多重利用——生态、保护和景观，而非单纯的农业生产。

荷兰土地整理配套法律制度不断健全，确保了土地整理实践的成效开展。1924 年，荷兰颁布第一部《土地整理法案》，首次在法律上明确土地整理的目标和任务是改造农业土地、提高农村生产力、推动农业发展。1938 年，荷兰修订原有法律，出台第二部《土地整理法案》，对土地整理中出现的新情况新问题进行规范和明确，重点简化了审批程序。1947 年，荷兰颁布《瓦赫伦岛土地整理法》，从简单的土地重新分配转向更为复杂的土地发展计划。1954 年，为进一步提高农业、林业以及养殖业生产力水平，荷兰颁布《土地整理条例》，将土地整理视为对乡村地区进行结构性调整的一种重要手段，将景观规划纳入土地整理规划并作为该规划的重要组成部分。1965 年，荷兰出台《空间设计规划法案》，规定省级土地整理项目必须与地区空间规划吻合。1985 年，荷兰出台新的《土地整理条例》，为实施土地整理提供更为完善的法律框架，强化土地整理的综合利用土地目的，弱化以提高生产力为主要目的的做法，该法的最大特点在于根据不同项目区的特点和目的进行规划设计，为实施土地整理活动提供多种方案，农业生产不再是最重要目标，其他方面利益得到重视。20 世纪 90 年代以来，面对经济全球化给农业生产带来的前所未有的压力、经济高速发展和生态环境保护矛盾日益尖锐，以及城市化导致日趋严重的建设用地和农业用地冲突等情况，荷兰于 2005 年制定新的《土地整理条例》，统筹兼顾农业生产和生态景观保护，进一步简化土地整理程序，并且赋予乡村规划部门土地整理权限，改变了该项权力之前集中于中央的状况，地方政府可以根据本地实际制定合适的土地整理政策。

三、日本

日本是典型的人多地少、耕地资源稀缺国家，曾受中国井田法影响建立了土地整理制度。初期的土地整理只是停留在编制地号、明确土地位置，以及为了方便生活、保证灌溉而修建道路和水渠等做法上。随着社会变迁，特别是明治维新后发生大的变革，土地整理也在不断发展，除了修建改造道路、水渠和对土地实行网络化管理外，还根据需要进行土地的变换、分合。目前，日本面向农业农村的土地整理称为农业农村整备事业，不仅包括农用地及其农业基础设施整理，而且还包括村庄整理。作为全方位、综合性的系统工程，日本土地整理具有范围广、投入大、时间长等特点。有关研究表明，"二战"后日本经济之所以能够迅速恢复而且乡村发展令人瞩目，主要与其完善的土地管理制度特别是"二战"后在乡村地区加快开展的土地整理息息相关。换言之，日本通过实施土地整理等，以较小的土地利用代价获得了较快经济发展速度和较高经济发展水平，尤其体现在乡村地区发展上。

日本近现代意义上土地整理开展较早，相关法律建设相对较早，时至今日已较完善。在农村土地整理方面，日本1899年制定《耕地整理法》并在实施后收到良好的经济社会效益。该法经过1909年全面修改后成为土地改良的基本法律框架，并一直维系到1949年《土地改良法》正式出台，而在此期间，土地改良事业范畴以最初的整理区划和田埂改良为中心逐渐扩大。针对之前即已存在的旨在增加粮食生产的开垦事业，1919年制定了《开垦补助法》，规范有关资金补助行为，1937年又对未开垦地贷款问题增加相关规定。1938年制定了《农地调整法》，对地方公共团体和其他团体征用或者使用未开垦地做出规定。1941年制定了《农地开发法》，明确农地开发事业由政府代理机构——农地开发营团负责实施。从1947年开始，日本对开拓法案、农地改良法案等新制度进行探讨，并于1949年制定了《土地改良法》，充分吸收、继承了《耕地整理法》《水利合作社法》和《北海道土地合作社法》等法律的有关规定精神，明确了土地改良事业的种类、参加土地改良事业的资格、土地改良区、不同主体实施的土地改良事业等内容，并自1949年后进行了十余次修改，满足了不同时期规范推进农村土地整理的需要。

四、中国台湾地区

中国台湾地区土地整理最初包括农地重划和市地重划两类。其中，农地重划始于1958年3月至1959年2月，由"中国农村复兴委员会"在台南县、屏东县试办。1959年台湾中部地区"八七大水灾"后，为重建受灾农村、恢复耕地生产能力，台湾地方政府在嘉义县、云林县、彰化县、南投县、台中县、苗栗县等地办理灾区农地重划，并在取得良好示范效应后推行全台。1962—1971年开展了"十年农地重划运动"，并在该运动完成后将农地重划纳入"农村建设计划"和"经济建设计划"。1971—1991年，台湾地区完成重划农地面积占全台农地总面积的94.81%，剩余需要重划农地面积不足2万公顷，农地重划重点自此转向更新改善早期重划区内的农路水路。到20世纪80年代末期，台湾地区农业生产的规模化、机械化水平明显提升，农业生产效率大幅提高，但乡村地区发展依旧缓慢，而且居民点布局无序、道路弯狭、居住环境脏乱、生活品质低下等问题突出。为改善农渔村生活环境、缩小城乡差距，台湾地方政府将乡村地区土地重划重点逐渐从提高农业生产效率转向提高农村生活品质。特别是在 20 世纪 80 年代后期进入后工业化发展阶段后，先后推出农村社区发展、农宅改善示范村等一系列推动农村发展计划，旨在改善农村公共设施，提高农民生活水平，促进乡村地区休闲旅游产业发展，进而推动农业产业转型，增加农民收入，逐渐恢复农村活力。台湾地区从 1987 年开始试办农村社区土地重划，并于 2000 年另立法规进行规范，成为独立的土地重划类型。进入 21 世纪后，乡村地区土地重划从以农业生产为导向调整为以农村发展为导向，而且自 2006 年起农地重划与农村社区土地重划一起办理，并结合当地产业文化及生态、生活环境的实际，整体规划土地重划业务，以更好促进当地农业农村发展。研究表明，土地重划和土地征收是台湾实施土地改革的两个重要手段，也是台湾经济发展的原动力，而且，土地重划是地政机关促进土地有效利用、提高土地利用价值的最有效手段之一，对农村经济、都市发展及台湾地区整体建设贡献至巨。

近几十年来，台湾地区相继出台了一系列与土地重划有关的法律法规。1930 年颁布的《土地法》、1935 年制定的《土地法施行法》和 1946 年出台的《土地登记规则》等法律，已经包含土地重划方面内容。随着农村土地重划工作的开展，特别是重划实践中暴露出越来越多问题，台湾地区在完善已有法律的同时不断出台新法，如 1961 年颁布的《台湾省十年农地重划方案》、1980年颁布的《农地重划条例》、1982 年制定的《农地重划条例实行细则》、1987年颁布的《台湾省农村社区更新土地重划试办要点》、1998 年颁布的《台湾省农村社区更新土地重划实施办法》、2000 年以修订《区域计划法》划定农村社区地区为契机颁布的《农村社区土地重划条例》等，这些专门性法律与《区域计划法》《平均地权条例》《促进产业升级条例》《农业发展条例》以及与土地有关其他单行法律如《森林法》《矿业法》《水利法》《水土保持法》等，从法律层面对农村土地重划进行了规范和引导。

第二节　土地整理主要内容的法律界定

德国、荷兰、日本和中国台湾地区在推进土地整理过程中，重视做好立法工作，特别是对土地整理的一些关键问题从法律上予以明确。

一、概念内涵

1976 年德国在修订《土地整理法》时，将土地整理定义为"为改善农林业的生产和工作条件，以及促进土地改良和农村发展，对农村地块进行重新调整"。根据服务对象和发展目标差异，土地整理除常规土地整理（《土地整理法》第 1 条和第 37 条，目标是改善农林经济的生产作业条件，促进土壤改良和土地开发）外，还包括简化土地整理（《土地整理法》第 86 条）、重大工程土地整理（《土地整理法》第 87—90 条）、快速土地合并（《土地整理法》第 91—103 条）和自由土地交换（《土地整理法》第 103a—103i 条）等类型。其中，简化土地整理适于某些部门的特殊目标，如实现农村发展、消除农业文化缺陷、缓解土地使用矛盾和重新规划已整理地区地产等；重大工程土地整理适于因国家重大利益等特殊原因需要征收大量农村土地，并且要求在较大范围内分摊征收土地面积的情形，以免一些农民因失地成为无地农民；快速土地合并适于尽快改善农林业生产和工作条件、实施自然景观保护措施而暂不需要进行大规模道路和水利建设的情形；自由土地交换适于迅速简单合并农用地以改善农业结构和保护自然景观的情形。

根据荷兰现行《土地整理条例》，土地整理"是在空间规划框架内，根据区域发展的功能对农业地区的结构进行调整和改善"，分为基于非农目的的土地整理、基于农业目的的土地整理、土地调整和基于协议的土地整理四种类型。其中，基于非农目的的土地整理是在非农用途占主导地位的区域进行，包括整理区全部或部分土地重新分配，这些区域分布在重要城市周边，休闲娱乐、道路建设等活动不断占用农业和自然用地，而这些地方或许对自然景观保护以及农业生产很重要；基于农业目的的土地整理面向以农业用途为主的区域，对整个项目区土地进行重新合并与分配，忽略农业之外的其他用途；土地调整专为消除那些因道路、铁路、河流整治等基础设施建设而产生的各种限制因素，往往与基础设施建设结合进行，但土地调整范围通常有限；基于协议的土地整理是土地所有者之间的土地分配协议，旨在改善小范围内、数量有限土地所有者的土地分布状况。

在日本，根据《土地改良法》等法律，土地整理包括新建、管理、废止或者变更农业专用排水设施、道路等其他农业用地保全或利用方面的必要设施，划分调整，农业用地造地，填海造田或是排水开垦，农业用地或土地改良设施灾害修复，农业用地相关权利交换划分合并，以及其他农业用地改良或是保全土地的必要事业。其中的耕地整理，主要是通过土地的交换、分割合并、土地开垦、地类转换及其区划的形式内容变更，以及排水造田、填海造田和改造道路、堤塘、畦畔、沟渠、蓄水池等，以改善农业耕作环境，而在集中整理中需对原有土地进行评价，并要求农户献出部分土地用于道路等公共基础设施建设；村庄整理的主要目标是协调城市郊区化、农村城镇化和农业现代化的用地矛盾，促进城市和农村双向交流，完善农村基础设施建设，改善农村居民居住环境和生活条件。

在中国台湾地区，根据《农地重划条例》等法律，农地重划是为改变农地零星分散、机械作业不便以及农场经营规模较小等状况而进行的农地利用改革活动。根据《台湾省农村社区更新土地重划实施办法》等法律，农村社区土地重划是将一定范围内杂乱不规则的地形地界以地籍整理的方式予以理清，以及对畸零细碎不合经济实用的土地进行整体规划，并通过土地重划方式加以重新整理、交换分合，从而使各块土地都能成为大小适宜、权属清晰、能够有效利用的土地。

二、实施主体

德国的土地整理通常由联邦州将其作为一项重要工作推动实施，其特点是多主体协同运作。具体操作中，在政府机构领导下，相关土地所有者和公共利益承担者及农业职工联合会等协同配合，按照程序在土地整理区范围内实施。以巴伐利亚州为例，州政府农林食品部除设有主管农业和林业的司外，还设有农村发展局，该局职能包括土地整理实施、村庄更新、景观维护、技术指导等，主要依据《土地整理法》领导土地整理，监督参加者联合会和土地整理协会。在社会组织方面，参加者联合会、土地整理协会等是土地整理的主体，其中，参加者联合会是主要实施主体，土地整理区涉及的土地所有者及与所有人具有同等权利的土地权利人都是成员，承办参加者集体事务，具体职能包括规划和建造集体与公共设施、对地产进行价值调查、制定土地整理规划，特别是重新划分地产等。而土地整理协会是由几个参加者联合会组成的联合体，旨在为参加者联合会完成适于集中完成的工作；另外，土地整理涉及的乡镇和乡镇协会、为了获得集体和公共设施用地或者改变公共土地地界的其他公众社团、同土地整理区在空间上相连或对其有影响或受其影响的水源和土地协会、属于土地整理区的地产权利所有者或者有权占有或使用及有权限制这些地产使用的权力所有者等，都是协同部门或一般参加者。

荷兰土地整理的实施主体包括土地所有者、乡村地区水资源和土地资源管理局、土地整理委员会、土地管理基金委员会和省级政府等。其中，乡村地区水资源和土地资源管理局负责土地整理和农村开发项目实施过程管理，土地整理委员会负责地方项目具体决策，土地管理基金委员会为计划实施和正在实施的土地整理项目收购土地，省级政府决定土地整理项目是否实施。

日本农村土地整理实施主体包括土地行政管理部门、土地整理项目实施者和土地所有者三类。其中，土地行政管理部门分中央政府、都道府县、市町村三级。以耕地整理为例，一般的耕地整理由实施者组成合作组织推进，也有几人或个人实施情况，合作组织和合作组织联合会都是法人；原则上参加耕地整理的是土地所有者，土地所有者可以是私人、国家、王室成员或某一自然人；为了耕地整理事业发展，土地所有者以外的人，如地上权、永久租种权、土地租用权持有者及依据国有财产法准备实施开荒、填海造田、排水造田者，也可作为例外参加。

在中国台湾地区，直辖市或县（市）主管机关办理农地重划时，需要组建农地重划委员会，必要时在重划区组建农地重划协进会，协助办理协调推动事宜，地政机关会同农业及水利等机关统筹策划、配合实施，重划涉及的土地所有权人和其他权利主体为参与人。直辖市或县（市）主管机关办理农村社区土地重划应设置农村社区土地重划委员会，农村社区需组建农村社区更新协进会，协助办理农村社区更新、土地重划协调推动及成果维护等事宜，农村社区更新协进会需聘请专家、学者参与规划、咨询，重划涉及的土地所有权人和其他权利主体为参与人。

三、基本程序

德国《土地整理法》规定了长达 10 多年（最长为 20 年）的程序步骤。土地整理依托具体项目开展，主要包括项目准备、项目清点、项目规划和项目实施等四个主要阶段。其中，项目准备阶段要得到项目区一定比例土地所有者认可，或者希望实施项目土地所有者的土地面积占项目区土地总面积比重达到一定比例，相关土地所有者对项目存在异议时可以申诉；项目清点阶段要调查项目区内土地和房屋所有者相关信息并向相应权利主体及时公布和告知调查报告，对项目区内土地所有者土地进行价值评估，以及将清点成果建立数据库和编成文字材料；项目规划阶段要准备一份详细的土地整理规划，清晰设计整理后的土地分配状况，向公众公布规划草案，并由管理部门在举行听证会后予以批准；项目实施阶段要划清地块边界、计算补偿和成本，为符合要求的利益相关者分配新地块，配套建设道路和管道系统、拆旧建新相关建筑物，以及进行地籍信息登记或权属更新等。

在荷兰，土地整理程序一般分为三个阶段，即启动阶段、准备阶段和实施阶段，每个阶段又分若干步骤。其中，在启动阶段，有关权威机构、私有土地所有者、社会团体、基金协会等要向农业部申请项目，农业部将申请以书面方式递交中央土地整理委员会，中央土地整理委员会就这些申请向相关省政府发出咨询函，以及建议农业部将申请区域列入项目计划，并在部长同意后进入准备阶段；在准备阶段，土地整理委员会被指定负责项目准备工作，准备工作又包括分阶段准备和简单准备，分阶段准备包括制订计划和制定规划两步，简单准备阶段仅包含制定规划，基于非农目的的土地整理是否实施由省政府做出决定，而基于农业目的的土地整理是否实施由土地所有者和使用者投票决定，只有做出决定后，规划才能付诸实施；在实施阶段，要完成土地重新分配、划界规划、土地所有权分配、公共用地管理与维护等，一些步骤在特殊情况下可以省略，基于农业目的的项目区土地合并后再划分，基于非农目的的项目区土地也可全部、部分或者不重新分配。

在日本，农村土地整理一般包括前期准备、工程实施、权属调整、事业结束四个阶段。以耕地整理为例，前期准备阶段要制定设计书并附相关人员同意书，合作组织或联合合作组织共同实施时要制订合约，手续完备后向地方长官提出申请，并将备有实施整理地块及与之相邻土地或水面现状图的申报书向所属税务所长申报；工程实施阶段要按设计书内容施工，工程实施结果与设计书内容一致即完成整理；权属调整阶段要进行土地的交换、分割、合并处理，制作换地处分书并向地方长官申请得到换地处分认可，换地前后土地评定价格存在差异时需要征收适当费用，根据整理导致的变化情况变更土地租赁价格，以及重新进行土地登记；事业结束阶段要将其余工作转给市町村相关部门或合作组织，并要得到地方长官认可。

在中国台湾地区，农村土地重划一般包括前期准备、项目实施、权属调整、财务结算四个阶段。其中，前期准备阶段要勘选重划范围，拟订、核定重划计划并公告，对将要重划土地进行测量、调查及地价查估；项目实施阶段要进行土地改良物拆迁补偿及工程施工，计算公共设施用地负担和费用负担，扣除折价抵付共同负担土地（抵费地）后，其余土地依各宗地地价数额比例分配给原所有权人；权属调整阶段要进行权利清理、整理地籍、交换土地及权利清偿；财务结算阶段要对重划区内抵费地订定底价并定期公开标售。

四、资金渠道

德国土地整理费用包括程序费用和实施费用。其中，程序费用为行政机构和管理组织的人员工资和业务经费，实施费用为实施土地整理程序而发生的费用。程序费用一般由项目所在州拨款，实施费用一般由参加者联合会承担，土地整理机构负责平衡资金收支，必要时使用公共资金。参加者联合会负责收取土地整理费，参加者可以现金、实物、劳务、服务或其他方式支付，不在整理区范围内但因整理获益的其他相关土地权利人也需根据获益情况承担部分费用；如果土地整理费用庞大，土地整理机构也可向参加者征收附加费，并在严控减免标准和规模的前提下，全部或部分免除个别参加者的缴纳义务；如果参加者的经济能力不足以承担全部资金投入，参加者联合会可向金融机构申请贷款，贷款利息记入实施费用，但要通过向参加者分摊、筹集经费的方式严控贷款规模。在自愿基础上，乡镇政府可提供资助或承担贷款利息，以减轻参加者和参加者联合会负担。总的来看，土地整理经费来源包括欧盟、联邦和州提供的财政资金，以及相关土地权利人支付的费用，但各乡镇资金构成不一，比较富裕的乡镇获得的财政资金最低只占全部费用的 20%，边远地区和山区较穷乡镇最多可得占全部费用的 80% 财政资金支持。

在荷兰，土地整理费用来自国家、省级政府、有关公共机构和相关土地权利人。其中，国家承担的费用由农业系统的地区服务部门负责支付（前提是该费用与该部门服务内容有关），其他公共机构承担的费用根据规定或者按照协议内容支付，因土地整理产生的费用，如果未包含在投资预算、其他补助金或政府公共资金中，或者相关协议未确定该费用支付事项，则由土地整理涉及的相关权利人共同承担（由全部所有权人分摊，每位所有权人只需支付其分摊的部分费用），国家、其他公共机构以及土地所有权人不需承担的费用则由省级政府承担。

日本农村土地整理资金来源包括自筹资金、补贴、贷款和税收等。其中，自筹资金最主要的来源，其一是用整理项目实施后地价升值带来的收益平衡道路及公共设施建设费用，其二是实施者自行缴纳经费。补贴有三种来源，一是政府专项拨款；二是地方公共团体公共设施共同支付体系；三是政府财政部门对整理项目中社会资本的补贴；四是上述整理项目中超出整理项目范围产生的费用，若符合社会资本整理条件也由国家在预算范围内补贴。银行贷款也是一项重要来源，贷款优惠政策分为低息贷款和免息贷款。在税收上，一方面，通过征税充实财政，直接为整理项目投入资金；另一方面，通过减免部分整理项目税赋，间接为项目提供资金。

在中国台湾地区，实施农地重划时，除区域性排水工程由政府兴办并负担费用外，其余农路、水路及有关工程由政府或农田水利会兴办，工程费由政府与土地所有权人分担，土地所有权人应分担工程费由所有权人提供重划区内部分土地折价抵付。办理农村社区土地重划时，行政业务费及规划设计费由政府负担，工程费由政府与土地所有权人分担，重划区内规划的道路、沟渠、电信电力地下设施、下水道、广场、活动中心、绿地，以及土地所有权人认为需要的其他公共设施用地，除以原公有道路、沟渠、河川及未登记土地等进行抵充外，其不足的土地及拆迁补偿费与贷款利息，由参加重划土地所有权人按受益比例分担。

五、权属管理

德国土地整理中最复杂并直接影响参加者利益的工作是对地产的重新分配，为此其特别重视做好权属管理，并在此过程中积累了丰富经验。《土地整理法》的许多章节提及土地权属问题的，尤其体现在立项阶段、整理期间和整理后权属登记三个方面。其中，立项阶段要弄清整理区内土地权属现状，明确地产所有者的权益和责任，确定整理范围以及相关地产的临时限制，核定土地权利人，拟订地产重新划分方案；土地整理期间要开展地产交易、地产重新归整、地产评估、土地重新分配等；实施土地整理形成新的土地产权关系后，要及时进行变更登记。

在荷兰，省级政府决定进行土地整理时应向地区委员会提交计划书，包括待整理地块的边界，涉及土地重新合并及分配的要明确每个项目区边界，还应包括对道路或河道及相关工程、具有自然及景观保护和风景等价值区域，以及其他公共事业设施等所有权分配内容。省级政府应对每个项目区提出一份交易计划书和一份财务列表，其中，交易计划包括权利人列表和分配计划，权利人列表要以地籍注册信息及公共注册信息为基础，尽可能注明项目区内相关土地权利人的权利性质及范围；分配计划要包括土地划分及分配、公共道路等公共设施所有权的限制、维持或解除以及建立租赁关系、有关不动产的相关权利和义务管理等内容。

日本农村土地整理涉及土地权属的产生、灭失以及变更等问题，权属调整主要包括换地处分和登记。其中，换地处分是在整理完成后，对所有权发生变化的土地进行交换、分割、合并处理，分为单纯的换地交付与特殊的换地处分两种，换地交付是在整理完成区域内将相当于整理前各宗地的替代地交付土地所有者，特殊的换地处分是对从前的土地不交付换地或增加换地的处分，当难以按从前的土地种类、面积、等级进行交付换地时，需对整理前后的土地价值进行评定，并以货币形式协调土地所有者间的差异；登记是在土地相关权利关系因为换地处分发生变动并与已有登记不一致时，必须进行变更登记，以使登记与实际相符。

在中国台湾地区，当选定农地重划地区并报经上级主管机关核定及公告禁止、限制事项后，在禁止或限制期限内，要将重划区土地列册送主管登记机关，禁止土地移转、分割或设定负担事项，并对重划区内建筑改良物的新建、增建、改建或重建及采取土石或变更地形等事项进行管制；重划计划书经核定并公告后，主管机关应立即组织测量重划区范围、公共设施用地及土地使用现状，调查各宗土地使用状况，编造有关清册；土地分配结果公告后，主管机关应根据重划前后土地分配清册所记录的分配面积和重划后土地分配图的分配位置，在实地埋设界标、办理地籍测量，并在完成地籍测量后，将重划前后土地分配清册及重划后土地分配图等资料送交登记机关办理权利变更登记；对于重划前订有耕地租约的公、私有耕地或重划前订有耕地三五七租约的土地，以及重划前已办理他项权利登记的，要按照规定进行处理。农村社区土地重划在权属管理方面也有类似规定。

六、公众参与

德国土地整理的每个阶段都有公众参与。项目立项之前，主管机构要以适当方式向可能涉及的土地所有者详细说明土地整理程序，包括可能产生的费用，农业职工联合会等机构和部门都应参加听证；土地整理决议做出后，决议的关键部分要向社会公告，而且决议连同论证都要向项目所在乡镇及相邻乡镇公示；土地整理决议公布后，整理区涉及的土地所有者及与所有人具有同等权利的土地权利人要成立一个社会法人团体——参加者联合会，参加者联合会承担参加者的共同事务，包括大部分公共设施的建设和维护以及必要的土壤改良、相关费用的支付和收取以及完成整理所需准备工作等，参加者联合会通过制定章程处理事务；在土地估价方面，一般由经过推选的农业专家在基层土地整理机构组织下进行土地估价；在重塑土地整理区时，农业职工代表及农业主管部门指派的专业技术顾问要参与提出土地整理区重塑总原则，公共利益承担者包括农业职工代表要参与针对集体和公共设施规划的听证会；在制定补偿措施时要与参加者充分协调沟通；在制订地产重新划分方案前，要广泛听取参加者关于赔偿方面的意见，土地整理规划要向参加者公布并当场解释新的土地划分方案；在土地整理规划得到实施并且参加者无异议后，土地整理部门确认参加者联合会已经完成本处土地整理任务并向社会公布结束，土地整理协会领导小组可以对此结束决定提出异议。

公众参与使得荷兰土地整理的利益关系更加明晰。首先，项目的选择或立项与否必须由项目区内 50% 以上土地所有者和使用者决定；其次，项目规划是公众参与和各方协商的结果；再次，土地整理委员会组成中必须有项目区土地所有者和使用者代表；最后，土地收益分配以整理前的土地价值为计算依据，而土地价值评估需有相关专家参与。而且，在土地整理计划制订过程中，省级政府可就土地整理事项向相关拥有所有权、管理权或者维护权的公共机构和法人征询意见。

日本的农村土地整理制定了周密的工作程序并严格执行，保证了公众的广泛参与。如在进行农村土地整理前，由土地整理区中各村村民代表和指导人员组成委员会，对规划方案、土地权属和地块调整方案等进行讨论和表决，经委员会 2/3 以上成员同意后，整理工程才可实施。

在中国台湾地区，农村土地重划中的公众参与主要包括对农民重划意愿的调查和引导，即在确定重划区范围后举行复勘研讨会，征求土地所有权人意见，了解农民需求，为先期规划制定提供参考。在完成土地重划建设后的土地再分配中，政府部门要通过协进会、报告会和居民说明会等形式，集中统一农民意见，初步确定土地再分配方案；为公平公正解决产权分割问题，采用"还权于民"的做法，将需要分配土地的所有权人集中起来，让共有土地所有权人、相邻土地所有权人或者利益关系密切的土地所有权人等自行分组讨论土地分配调整方案，形成统一意见后报土地重划委员会统一公示，公示期间无异议后发放土地权利证书。

七、责任追究

根据德国《土地整理法》，自土地整理决议公布到整理规划执行期间，如果未经批准就建立、制造、变更或者拆除建筑物、水井、壕沟等设施，以及清除果树、浆果灌木、葡萄、啤酒花、零星树木、灌木丛等，就属违规，要对违规行为处以罚款并可没收所涉违规实物；土地整理机构专门人员为准备和实施土地整理进入相关土地并造成明显损失的，土地整理机构应确定合理补偿并由参加者联合会承担；自土地整理决议公布到地产重新划分方案实行期间，如果未经批准而超常采伐林木，采伐者应恢复被采伐地原状；实行简化土地整理项目时，如果不考虑整理计划存在的缺陷而且在缺陷清楚明了的情况下，因建造、改建或拆除带来的缺陷由开发者承担弥补费用；实行重大工程土地整理项目时，如果企业没有用临时用地进行补偿，企业主必须用现金补偿临时规定给参加者造成的损失，并以基层土地整理机构规定的数额支付给参加者联合会。

根据荷兰《土地整理条例》，如果中央政府已经下拨了投资预算款项，但是各省并未实现投资预算项目的目标，各省要对相关后果负责。土地整理过程中违反有关法律规定的，需要按照相关法律的适用规定予以惩处。

日本的《土地改良法》设置了"惩罚条例"专章，对一些违法违规行为进行追责。如对没有得到都道府县知事许可就改变农业用地形状并给交换分割合并造成障碍的，处以一年以下徒刑或 50 万日元以下罚款；对公务人员拒绝、妨碍或者逃避有关规定进行测量、检查、搬迁、除掉、拆除等的，处以一年以下徒刑或 20 万日元以下罚款；对挪动、污损、损坏或者除掉土地改良事业所设置标识的，处以 20 万日元以下罚款；对利用职权收受或者提出要求及应允贿赂人的，处以 3 年以下徒刑（做出不正当行为或者没有行使其应有作为的，处以 7 年以下徒刑）；任职期间受人托请有不当行为或者没有做出应有作为的，处以 3 年以下徒刑；利用职务接受别人请求向第三者行使贿赂或者应允贿赂的，处以 3 年以下徒刑；对提供或者提出及应允贿赂的，处以 3 年以下徒刑或 100 万日元以下罚款；对土地改良区、土地改良区联合会或者联合会的理事、监事或者清算人违反有关规定的，处以 20 万日元以下过失罚款；对农地保有合理化法人干部违反有关规定的，处以 20 万日元以下过失罚款；对违反另外规定的，处以 10 万日元以下过失罚款。

中国台湾地区的《农地重划条例》设置了"罚则"，对一些违法违规行为进行追责。如对未经许可私自变更重划农地的使用者、违反有关规定妨害农地重划实施者、妨害农地重划计划实施者，处以一年以下有期徒刑、拘役或2000 元以下罚金，并责令恢复原状；对移动或毁损重划测量标桩而妨害了重划工程设计施工或重划土地分配、妨害重划工程施工，或者妨害农路水路灌溉排水或通行的，处以 3 年以下有期徒刑、拘役或者处罚 5000 元以下罚金。中国台湾地区《农村社区土地重划条例》对限期缴纳而逾期未缴纳差额地价的，规定要移送法院强制执行。

第三节 有关国家和地区经验做法总结

纵观前述国家和地区土地整理概况、重要内容界定情况可以发现，虽然这些国家和地区因为土地资源禀赋和产权制度设计等存在差异，但都在一些关键问题上具有共同点，成为可供其他国家和地区参考的经验。

一、根据形势变化加强立法建设

在前述国家和地区，土地整理已由传统的单一目标逐步转向多元目标，整理内容从过去的地块合并、基础设施建设发展到现代的综合整理，整理重点也由早期改善农业生产条件、提升农业生产力逐步过渡到促进乡村发展、保护自然环境和生态景观，以及注重维护区域生态安全和土地生态系统重建等方面，成为解决乡村经济、社会、资源、环境问题和实现乡村复兴的重要手段。在这一过程中，及时、科学的立法发挥了重要的引领和规范作用。

以德国为例，1886 年第一部《土地整理法》颁布实施后，又分别于 1918 年、1937 年、1953 年、1976 年、1982 年等对该法进行修改完善。具体而言，1886 年《土地整理法》规定，土地整理目标在于通过合并零散地块及调整田间道路来提高农业生产力，提高农业综合生产能力是当时土地整理的重要内容；随着经济发展和工业化城市化推进，建设用地需求急剧增加并占用大量农地，需要通过土地整理来促进农业发展、保证食物供给和确保社会稳定。20 世纪 30 年代修改的土地整理法强调，土地整理一定要注重提高土地的肥力和产量，改良土地的不良性状和发掘土地生产潜力，从根本上保障农业生产发展。从 20 世纪 70 年代起，随着经济发展以及人们观念的转变，土地整理不再是仅仅为了改善生产条件，而是转向既重视农业利益又重视自然环境保护和景观保持，这一时期修改后的《土地整理法》规定，土地整理要增加景观和环境保护方面内容，要从以前片面追求提高土地生产力转为追求经济、社会和环境的统一、协调发展。从 20 世纪 80 年代开始，土地整理职能随着经济社会发展又发生新变化，主要标志就是村镇改造成为其中一项重要职能，这一时期修订《土地整理法》时，将村庄更新明确为土地整理需要达到的法律目标之一，村庄更新包括了村庄生态环境的保护和治理、村内建筑和破旧房屋的维修和保护、村庄内部和外部交通条件的改善等内容，要经过一系列更新措施，促使村庄的整体建设得到提升，进而使土地权属关系得到合理调整，同时通过对乡村特色建筑进行价值评估和购买，完成对相应建筑的维修和完善。

二、形成多元主体土地整理模式

作为投入大、见效慢的事业，推动土地整理必须有足够的力量。前述国家和地区土地整理实施模式有三种，即政府主导、社会资本参与模式，第三方机构主导、辅以政府引导模式，土地所有者等相关土地权利人自发组织模式等。一般而言，土地整理事业发展初期，政府需要发挥主导作用，从规划引导、资金投入、财税政策设计、制度激励导向、利益关系协调等层面发挥作用；到了一定阶段后，政府公共部门要与民间机构、私人或民营经济体协同合作，充分调动、发挥公共部门与私人部门、各利益相关方和土地所有者等各方资源，使土地整理向精细分工与弹性分工模式发展。前述国家和地区均以法律形式明确了土地整理行为的主体、客体、效力和形式等，界定了不同主体的权利义务关系，并根据相应价值准则分配利益，确认、维护不同主体的权利和义务，把土地整理行为纳入法制轨道，特别是在参与主体多元化背景下，保障了多元主体实施模式的规范、有序。

在荷兰，土地资源管理局负责实施土地整理项目，由代表各方利益人组成的土地整理委员会是土地整理的决策组织，土地整理机构的职能是项目确认、项目监测、环境保护、土地登记等，土地管理基金会的职能是为计划实施和正在实施的项目收购土地。在中国台湾地区，农地重划和农村社区土地重划分为政府主动办理、政府优先办理以及土地所有权人自行办理三种，除政府主动办理土地重划（也需得到相关土地所有权人和其他权利主体的支持和参与）以外，政府优先办理和所有权人办理的土地重划，都由农地所有者和开发商根据种植、产业的发展需求主动办理，并且土地重划的费用和收益遵循获利主体共同负担、共同分配的原则，由政府和土地所有权人共同承担、分配，这一举措使得政府、开发商和土地所有权人在土地重划中处于相对平等地位，同时因为促使相关权利人积极参与而推动了土地重划事业发展，并且减轻了政府负担。另外，由于参加者能够从中获益，也有助于运用市场机制调动社会力量参与其中。

三、多渠道筹措土地整理资金

土地整理涉及面广、工作量大，充裕的资金投入是这项工作顺利推进并取得成效的前提和关键。前述国家和地区土地整理经验表明：实施土地整理是优化土地利用格局和调整土地利用关系的重要措施，只有建立多渠道、多元化的资金筹措体系，才能使其按照符合长远利益和全局利益的要求顺利实施。

在德国，《基本法》从宪法高度做了抽象的总则性规定，联邦和州政府都有责任支持土地整理，包括融资。《土地整理法》从法律层面做了相对具体的实施性规定，通过列举方式明确了土地整理资金的使用方式和来源渠道。在此基础上，辅以其他相关法律、规定和各州地方立法，确保了资金渠道明晰和畅通。总的来看，德国确定的是复合型融资结构，土地整理资金主要由联邦政府、州政府和土地所有者、其他团体共同承担。其中，联邦政府是土地整理的主要倡导者和资助方，通过制定《土地整理法》对土地整理进行调控，同时每年从财政收入中拨出专项基金资助各州土地整理但不直接参与；州政府是土地整理的主要组织方和监督方，土地整理融资主要由州土地整理机构进行（若无其他利益参与方，融资以联邦政府下拨专项基金和州政府财政收入为主；若存在其他利益参与方，则在州土地整理机构指导下，与土地所有者和其他利益相关人一起组成土地整理参加者联合会，具体承担土地整理工作，土地整理资金由多方承担）；土地所有者、其他团体是土地整理融资参与方，个体土地所有者承担的土地整理费用较少，可采取与州政府以钱换地或以地换地并支付地价差额等方式参与，乡镇和乡镇联合会、与土地整理有关社会团体、水土保持协会、他项权利人、不属于土地整理区但要承担部分费用或要设置界桩的地产主等，只要在土地整理中产生相关既得利益，就要承担与投资回报率挂钩的部分费用。以上多措并举，确保了整理资金充足。

四、权属调整中加强权益保护

土地整理不可避免涉及不同利益方的土地权属调整，维护好相关权利人的切身利益非常关键。前述国家和地区在土地整理中均十分重视做好土地权属管理，将其置于土地整理工作首位，并以立法形式对权属调整的管理机构、程序、原则和标准、争议及其处理、操作方法，以及技术资料构成等做了详细规定，确保了土地产权明晰、权能完整、权能构成合理以及产权流转顺畅。

在机构设置和运行方面，这些国家和地区一般设有土地整理及其权属调整管理机构，不仅解决权属调整后有关文件、资料、档案管理问题，而且便于相关权属调整争议、纠纷当事人找到解决问题的业务部门；在产权设置方面，这些国家和地区的土地权利设置精细、界定清楚，明晰的土地产权不仅避免了"公地悲剧"，也为利益相关方主动参与并监督补偿活动提供了激励；在权属调整内容方面，有些国家和地区的权属调整以所有权调整为主体，对于整理前已设定的合法的他项权利，依法视情况转移至新地块，或者通过协商给予适当资金补偿；在权利及其权属认定方面，一般以土地登记为准，如某人能以某项官方文件证明自己拥有某一宗地或某种地产权利（即便未予登记）的要予以承认，对于不能确定所有者的地产要在进行土地整理及其权属调整时认定实际占有人为所有者；在权属调整运作方式方面，调整方案的形成和确定以民主、公开、公正方式进行，调整方案要公示、公告，通知相关权利人，并在征求和协调相关权利人意见基础上确定；在权属调整原则方面，要保证参与的土地所有者均有权要求对被依法用于土地整理的土地给予价值相当的土地实物补偿，对于分得土地较差、放弃原有土地或原有土地上青苗或树木等权益受损者要给予适当货币补偿；在权属调整技术依据方面，权属调整方案的制订要以整理前后土地价值评估结果为依据，先通过比较整理范围内土地价值大小确定其相对价值关系，再求算出相同面积地块间的折算关系，并依据土地整理规划计算整理前每宗地的公共用地负担率及整理前后由于公共用地负担所造成的每宗地面积缩减率，作为权属调整土地分配主要技术指标。

五、保障广泛充分的公众参与

实施土地整理涉及众多主体的切身利益，需要采取措施引导相关主体积极参与，否则容易引发社会矛盾和利益冲突。前述国家和地区在推进土地整理中特别重视公众参与，相关利益群体全程深度参与，而公众的积极参与和广泛支持也成为土地整理目标顺利实现的关键。通过立法对公众参与进行确认和保护是前述国家和地区的有效做法，无论是德国的《土地整理法》、荷兰的《土地整理条例》，还是日本、中国台湾地区的相关法律，都明确规定了公众参与的机构组织、参与规模、参与形式、参与步骤等，以此保证公众参与的合理性与合法性。

在德国，土地整理机构是负责土地整理的官方机构，负责制定相关规章制度和技术规则并组织实施，在土地整理中承担执行有关法律规定和有效使用经费的法律责任，但土地整理项目的申请由农民和地产主自主申请，土地所有者是土地整理项目实施主体并承担一定费用，土地整理项目的规划方案要充分征求所有地产主和利益相关方意见，而且在整个项目实施中，土地整理机构扮演的更多是指导者和服务者角色。土地整理参加者联合会等组织由土地整理区内全部地产所有者和整理期间全部合法建筑所有权人共同组成，在土地整理中的地位不可替代，农业、环保、水利等政府部门，以及乡镇政府和环保协会、农业协会、农村发展协会等各种公共利益代表机构也有权利和义务参与其中。在德国，公众参与贯穿土地整理全程，土地整理中任何一个重要决定，如立项决定、土地估价成果、权属调整方案、土地整理规划等，都要向社会公告并征求意见，参加者可以自始至终参与决策，并把自己的意愿纳入决策。

六、运用多样化手段追究责任

责任追究是对土地整理各类主体违法违规行为的惩戒。在前述国家和地区，无论是国家层面还是地方政府制定、颁布的涉及土地整理法律，都具有法律效力。进行土地整理执法时，任何组织和个人都不享有特权，只要发生了违法行为，都会受到法律严惩。前述国家和地区对相关违法者，运用行政、经济和法律等多种手段进行严厉制裁，减少了土地整理中的违法行为，提高了土地整理效力。

在行政手段使用方面，行政主管部门往往不需借助法院力量，仅通过自己的行政权力就可强制执行相关法律。以日本为例，日本广泛认可行政上的强制执行，当国民不愿执行由法令或行政规章所设义务时，行政长官无须借助法院力量，可以凭借自己的判断对该义务实行强制执行。在法律手段使用方面，用法律形式把各种行之有效的手段固定下来，并加强执法监督，使违法者受到应有的法律制裁，法院在其中起到至关重要的作用。德国州级最高行政法院设立土地整理法庭，主要对土地整理中的违法行为进行判决；日本的土地整理完全纳入法制轨道，一切重大问题都有特定法律予以规定，凡违反法律规定的都会受到法律制裁。在经济手段使用方面，用赋税和罚款等手段处罚土地整理中的违法行为。而且，为了确保前两种手段有效执行，往往离不开必要的经济惩罚。就某种意义而言，经济手段最直接、有效，也是对违法行为处罚较轻的方式。日本在执法中主要采取行政手段和法律手段，如对违反租税法者往往征收各种加算税，对违反土地使用法律法规者加以罚款等；中国台湾地区《农地重划条例》的违法处罚措施以罚款为主，一般处以 2000 元以下罚金，并责令恢复原状。总体上看，前述国家和地区在执法中运用的各种手段相辅相成，如法律手段中的罚款是重要内容之一，而所谓的行政手段也往往以法律制裁为补充，实际操作中通常是三者并用但以法律手段为主。

第二章 农村土地整治的概念内涵

中国目前的农村土地整治脱胎于土地整理，而近现代意义上的土地整理则在学习借鉴国外经验基础上结合中国实际而产生和发展。由于政治、经济、文化和地理的不同，特别是资源禀赋、习俗和管理制度等方面差异较大，中国农村土地整治走了一条与其他国家和地区土地整理不尽相同的发展之路，打上了中国特色的烙印。在这一过程中，农村土地整治的概念内涵随着经济社会发展及其对农村土地整治需求的变化而变化。截至目前，农村土地整治的概念名称尚未统一。

第一节 农村土地整治概念演化

概念是人们对事物本质的认识，也是逻辑思维的最基本单元和形式。农村土地整治的概念本应反映人们对其本质的认识，但是该项工作行政化主导色彩过浓的特征使其名称多变、概念混淆，一定程度上影响了人们的正常认知[1]。

一、农村土地整治简史

作为一个土地开发历史悠久、农耕文明灿烂的国家，中国早在 3000 多年前的殷周时期就对如何整治土地进行了探索。有研究认为，土地整理的雏形在中国出现较早，西周时期实行的井田制可以视为原始型土地整理形式。《孟子·滕文公上》有关于"方里而井，井九百亩，其中为公田。八家皆私百亩，同养公田，公事毕，然后敢治私事"的记载。根据古文献，井为比亩大的面积单位，九块面积相等的方块田构成一井，中间一块田为公田，由奴隶共同耕种，收获归公，四周八块田为私田，分配给奴隶耕种。秦汉以前，在土地王有

---

[1] 本书本着尊重事实的态度，虽然作者对何为农村土地整治有着自己的看法和认识，但尽量保留各个时期的不同名称。

制下，田地的经界与沟渠的布置相配合（也即古代的沟洫制度）。根据郑玄注《周礼·地官·小司徒》关于"沟洫为除水患"的记载，沟洫是当时排水防涝的必要设施。而且，将田块规划成正方形后，沟洫的建筑工程量最小。虽然秦汉以后，随着土地私有制出现，沟渠与田地经界逐渐分开，但历朝土地行政人员仍然重视方田规划原则，直至北宋大理丞郭谘首创"方田均税法"（最早称为"千步方田法"），王安石推行变法时还想通过推行此法将全国土地规划成正方形。综上，井田制反映了西周时土地产权关系（可把井田作为俸禄多寡的标准，以及考查奴隶勤惰的依据）以及为划分地界而进行的沟渠和道路等农业基础设施建设情况。如果这一制度在历史上确实存在过，可以算作中国古代土地整理的早期代表。

秦昭襄王时，商鞅后学针对战国时期农民往往因战乱、灾荒、苛政等辗转他乡成为流民的状况，基于秦与韩、魏国情对比后，提出一种优待移民进而削弱敌国并增强自身实力的战略（具体见《商君书·徕民篇》）。其中关于"地方百里者，山陵处什一，薮泽处什一，溪谷流水处什一，都邑蹊道处什一，恶田处什二，良田处什四，以此食作夫五万，其山陵、薮泽、溪谷可以给其材，都邑道足以处其民，先王制土分民之律也"的记载可理解为：方圆百里（约为现今 1190 平方公里）的地方，如想安排移民，要先整理土地，用地的布局与结构是山林、水草沼泽、河流水域、城市及道路各占十分之一，质量较差的低产田占十分之二，优质高产良田占十分之四，这样可安排 5 万劳动力；除耕地种庄稼外，加上山、林、草、水的自然产出，足以安排 5 万户居民（25万~30 万人）。虽有专家考证后认为，历史上秦国应该没有实施过这一战略，但将土地整理上升到立国强国的战略高度，足以证明古人对其重要性的认识，而且其用地结构在当时毫无疑问较为先进。

此后，中国历史上相继出现的汉代屯田制、西晋占田制、北魏隋唐均田制等，均可从土地整理视角去看待和审视。其中，屯田制起源于西汉，至曹魏时趋于完善，是国家强制农民或士兵耕种国有土地并征收一定数额田租的土地制度，有军屯、民屯之分，为后世开创了一种大规模寓兵于农、兵农合一的先例。占田制是西晋颁布的一种既保证政府收入又保护士族特权的土地制度，占田制允许农民占垦荒地，并对官僚士族占田、荫客、荫亲等特权做出规定，占田制下的农民负担较之屯田制有所减轻，有助于提高农民生产积极性，而且鼓励人们占田垦荒的规定则有利于扩大耕地面积。均田制是北魏至唐朝前期实行的一种按人口分配土地的制度，部分土地在耕作一定年限后归耕作者所有，部分土地在其死后还给官府，均田制肯定了土地的所有权和占有权，减少了田产纠纷，有利于无主荒田的开垦。

中国近现代意义上的土地整理出现在 1949 年以后。20 世纪 50 年代，苏联在东北援建的友谊农场是新中国第一个按照先勘探、后设计、再开荒程序建立的大型机械化国营农场，可以视为当时土地整理的典范。20 世纪 50 年代初期，中国还在不同类型地区开展了农业生产合作社土地整理试点，包括调整用地单位之间、水旱地之间的插花地、飞地，使其便于集中经营和管理；合理安排农、林、牧用地，扩大种植面积；调整渠道系统，兴建道路网络，改善土地利用条件。1958 年，基于全国土壤普查，中国进一步开展人民公社土地整理工作，包括平整土地、合并田块、兴建新村、整理沟渠和道路等，组织土地利用，提高了农作物的单产。20 世纪 70 年代全国"农业学大寨"，土地整理以开荒造地、修筑梯田、平整土地、整理沟渠和修建道路等为特点。20 世纪 80 年代，各地在编制相应层级地方土地利用总体规划并划定基本农田保护区后，开展了后备土地资源开发利用、废弃土地复垦、迁村并点等工作。但总的来看，中国大规模、有组织地开展土地整理发生在 20 世纪 80 年代中后期以来的 30 多年时间里，并可大体划分为三个阶段：

（一）1986—1997 年：地方探索为主阶段

1987 年，全国首次土地开发经验交流会在辽宁本溪召开。1988 年，德国汉斯基金会在山东青州南张楼村开展"土地整理与村庄革新"试验。1988 年出台的《国家土地开发建设基金回收管理试行办法》和《国家土地开发建设基金管理试行办法》，建立了国家土地开发建设基金，使用范围包括开垦荒地、围垦滩涂和整治改良中低产耕地。1995 年财政部、国家土地管理局联合发布《关于加强土地使用权出让金征收管理的通知》，明确"土地出让金应全部上缴财政，由财政列入预算，专款专用"，土地开发是其两项专项用途之一。1997 年中共中央、国务院以中发 11 号文下发《关于进一步加强土地管理切实保护耕地的通知》，第一次正式将"土地整理"写入中央文件，提出要"积极推进土地整理，搞好土地建设"。虽然前述规范性文件的颁布实施，表明土地整理相关活动开始纳入中央政府工作内容，但这一时期的土地整理实践主要是各地参考借鉴国外经验做法并结合地方实际进行探索尝试。截至 1997 年底，全国已有 400 多个县开展了一定规模的土地整理实践，形成了一批典型，如以江苏苏南地区和浙江湖州为代表的结合基本农田建设开展的农田整理，以上海为代表的农民住宅向中心村和小集镇集中、乡镇企业向工业园集中以及农田向规模经营集中的"三个集中"综合整治，以安徽六安为代表的"田、林、路、渠、宅、塘、渔、墓""八位一体"小区综合治理等。

（二）1998—2007年：国家主导加强阶段

1998年修订的《土地管理法》提出"国家鼓励土地整理"，"土地整理"首次进入国家法律；同年12月修订的《土地管理法实施条例》提出"各级人民政府应当加强土地利用年度计划管理"，而且"土地开发整理计划指标"是年度计划的重要内容；2004年国发28号文《关于深化改革严格土地管理的决定》要求定期考核土地开发整理补充耕地情况。1998年原国土资源部成立后，结合经济社会发展和生态环境保护形势需要及时发文引导和推进土地整理工作，如1998年出台《关于进一步加强土地开发整理管理工作的通知》、1999年印发《关于土地开发整理工作有关问题的通知》、2005年下发《关于加强和改进土地开发整理工作的通知》、2006年颁布《关于适应新形势切实搞好土地开发整理有关工作的通知》等，推动土地整理的规划体系建设、资金渠道拓展、标准规范建立等。土地整理总体上进入有组织、有规范和有比较稳定投入的新阶段，国家在土地整理工作中的主导地位不断加强。原国土资源部从1999年开始设立土地开发整理示范区，并将基本农田整理列为从2005年开始的国家基本农田保护示范区建设的首要内容。2000—2007年，仅原国土资源部、财政部就利用中央分成新增建设用地土地有偿使用费（以下简称新增费）安排3054个土地开发整理项目，总建设规模248万公顷（3730万亩），预计新增耕地45.2万公顷（677万亩），总投资450亿元。1998—2007年，全国通过土地整理补充耕地4042万亩，大于同期建设占用耕地面积（3129万亩）。

（三）2008年以来：国家强化调控阶段

这一时期，"部级监管、省级负责、市县组织实施"的农村土地整治管理格局加快形成，国家调控能力大大加强。在完善规划体系方面，"十二五""十三五"全国土地整治规划均由国务院批复印发，着力推动建立国家、省、市、县四级规划体系；在监管平台建设方面，农村土地整治实施监管充分利用国土资源遥感监测"一张图"，致力于构建"天上看、地上查、网上管"监测监管体系；在资金收支管理方面，根据形势发展需要调整专项资金使用管理规定；在健全标准体系方面，推动实现科研、规划、设计、建设、施工、监理、

23

质量管理、竣工验收等各环节均能做到有标准可依。有关研究认为，这一时期，随着农村土地整治"政府主导、国土搭台、部门联动、群众参与、整合资源、整体推进"工作机制建立，各级土地整治规划编制全面展开，项目设计、工程建设、资金使用等标准规范相继出台，实施监管平台加快建设并投入使用，农民群众参与热情得到调动，专业机构队伍不断发展壮大，农村土地整治形成了有规划引导、有标准规范、有科技支撑、有平台监管、有机构推进、有资金支持的良好工作局面，但也日益暴露出一些不容忽视的问题和不足，而这些问题和不足已经或即将对正在推进的乡村振兴战略实施产生影响。

二、农村土地整治概念

在中国，农村土地整治的概念名称几经变化，大致分为这样三个时期：

（一）20世纪90年代中后期之前的"土地整理"

20世纪50年代初期，"土地整理"一词源于俄语，受苏联影响，中国学界经常使用"土地整理"，但到了20世纪50年代末期，"土地整理"渐为"土地规划"替代。之后较长一段时间，中国为利用和改造自然、发展农业生产、实现稳产高产，采取工程措施或生物措施等对农田进行改造和建设等类似土地整理的活动统称"农田基本建设"。在20世纪80年代后期至90年代中后期，现代意义上的国际土地整理认知和做法被引入中国，"土地整理"概念再度兴起。从这一时期相关研究来看，中国学界对于土地整理的概念并无科学界定，相关学者的观点也不完全一致，但大家对土地整理概念的认知总体上与国际通行看法类似。例如，董祚继认为，土地整理是指根据需要对土地利用及土地权属关系进行调整，以充分合理利用土地的行为；姜爱林认为，土地整理是采取一定的法律手段，对土地利用方式、土地利用结构与土地利用关系进行重新规划与调整，以提高土地利用率的行为。

（二）1998—2007年的"土地开发整理"或"土地整理复垦开发"

土地开发、土地整理和土地复垦曾是相互独立的概念，如2003年原国土资源部出台的《全国土地开发整理规划（2001—2010年）》，界定土地整理为"采用工程、生物等措施，对田、水、路、林、村进行综合整治，增加有效耕地面积，提高土地质量和利用效率，改善生产、生活条件和生态环境的活动"，土地复垦为"采用工程、生物等措施，对在生产建设过程中因挖损、塌陷、压占造成破坏、废弃的土地和自然灾害造成破坏、废弃的土地进行整治，恢复利用的活动"，土地开发为"在保护和改善生态环境、防止水土流失和土地荒漠化的前提下，采用工程、生物等措施，将未利用土地资源开发利用的活动"，《土地管理法》中无"土地开发整理"或"土地整理复垦开发"，但不少学者仍倾向于将土地开发、整理甚至复垦放在一起，如朱德举认为，土地开发整理是"在一定区域内，为进一步提高土地利用率和利用效益，明晰土地权属关系所采取的一切措施或行为"，国家或相关部委出台的一些文件也常提到"土地开发整理"或"土地整理复垦开发"。

（三）2008 年以来以"土地整治"为主但多个概念并存

2008 年十七届三中全会第一次在中央文件中提出"大规模实施土地整治"。2009 年中央"一号文件"提出，"大力推进土地整治，搞好规划，统筹安排土地整理复垦开发、农业综合开发等各类建设资金，集中连片推进农村土地整治"，同一份文件中连续出现"土地整治""土地整理复垦开发""农村土地整治"说法。2009 年 4 月 27 日，时任原国土资源部部长徐绍史在《中国国土资源报》发表《深入开展农村土地整治 搭建新农村建设和城乡统筹发展新平台》，将农村土地整治界定为"以土地整治（土地整理复垦开发）和城乡建设用地增减挂钩为平台，田、水、路、林、村、房综合整治"，该文虽是官员为落实当时中央提出的"保增长、扩内需、调结构、保民生、保稳定"要求而部署工作时所作，仍大大影响了学界认知，直观表现是"农村土地整治"一定程度上替代了之前的"土地整理"，但多个概念并存问题并未根本解决，"土地整治""土地整理复垦""土地开发整理""土地开发整理复垦""农村土地整治"等不同概念在有关文件中交替出现。2010 年中央"一号文件"提出"支持农田排灌、土地整治""有序开展农村土地整治"，2012 年国务院政府工作报告提出"开展农村土地整治""加大土地开发整理复垦力度"等。

有研究认为，"土地整治"一词偏向管理语言，而且之前长期使用的"土地整理"一词其实已经包含土地整治含义。何为土地整治？目前学界尚无权威定论，国家层面法律也未明确，但中央政府及其相关部门出于推进工作需要对其做出的界定却在很大程度上影响了学界认知。2012 年 3 月国务院批复、原国土资源部编制的《全国土地整治规划（2011—2015 年）》指出"土地整治是对低效利用、不合理利用和未利用的土地进行治理，对生产建设破坏和自然灾害损毁的土地进行恢复利用，以提高土地利用率的活动，包括农用地整理、土地开发、土地复垦、建设用地整治等"。2013年1月原国土资源部发布的《县级土地整治规划编制规程》和《市（地）级土地整治规划编制规程》将土地整治界定为，"以提高土地利用率、保障土地资源可持续利用为目的，对未合理利用土地整理，因生产建设破坏和自然灾害损毁土地的修复，以及未利用土地的开发等活动"，并且指出"土地整治包括农用地整理、农村建设用地整理、城镇工矿建设用地整理、土地复垦和宜耕后备土地资源开发等"。前述同一政府部门的不同文件对于何为土地整治认知出入较大，在其类型划分上更未形成共识，但足以对学界产生影响。吴海洋认为，土地整治是"对低效利用、不合理利用和未利用的土地进行综合治理，对生产建设和自然灾害损毁的土地进行恢复利用，以提高土地利用效率和效益的活动，包括农用地整治、建设用地整治、宜农未利用地开发、土地复垦等"。赵博洋认为，农村土地整治是"对乡村地区低效利用、不合理利用、未利用以及自然灾害损毁、生产建设破坏的土地，通过增加资金投入，采取生物工程等措施，对田、水、路、林、村进行综合治理改造的活动"，并按整治土地的地类划分为农用地整治、农村建设用地整治、宜农未利用地开发和土地复垦。

国家层面和学界尚且如此，地方层面的土地整理或土地整治概念不清问题更为严重。2009年之前，有关地方出台的地方性法规和政府规章界定了土地开发整理概念。《湖南省土地开发整理条例》明确土地开发整理为"运用财政专项资金，对农村宜农未利用土地、废弃地等进行开垦，对田、水、路、林、村等实行综合整治，以增加有效耕地面积、提高耕地质量的行为"。《天津市土地开发整理管理规定》将其确定为"运用财政专项资金，对宜农未利用土地、废弃地等进行开垦，对田、水、路、林、村等实行综合整治，增加有效耕地面积，提高耕地质量，改善农业生产条件和生态环境的行为"。2009年以后，有关地方制定出台的地方性法规或政府规章结合实际对土地整治概念进行了界定。关于土地整治，《贵州省土地整治条例》界定为"对田、水、路、林、村等实行综合治理，对自然灾害损毁或者生产建设活动破坏的土地进行复垦，对宜农未利用土地进行开发，增加有效耕地面积，提高耕地质量，改善农业生产条件和生态环境的行为"。《山西省土地整治条例》界定为"对田、水、路、林、村进行综合整理，对宜农未利用土地进行开发，对历史遗留损毁和自然灾害损毁土地进行复垦的活动"。《浙江省土地整治条例》界定为"为增加有效耕地面积、提高耕地质量，对未利用或者未合理利用的土地进行整理、垦造和开发，包括农用地整理、建设用地垦造为农用地和宜耕后备土地资源开发等活动"。综观前述法规和规章对土地整治概念的界定可以看出，虽然各地对于土地整治（土地开发整理）概念的核心要素（如田、水、路、林、村综合整治等）的认识能够基本形成共识，但对其工作范围、主要类型和目标指向的认识还存在较大差异。

中国的土地整治由土地整理演化而来，而且土地整理有广、狭义之分，其中，广义土地整理包括土地开发、土地整理和土地复垦。虽然土地整治的类型划分有多种，但仍然可以归为土地开发、土地整理和土地复垦三大类，只是根据需要将土地整理细分成农用地整理、建设用地整理两类或者农用地整理、村庄建设用地整理和城镇工矿建设用地整理三类。在土地开发、土地整理和土地复垦三大类型中，除土地开发概念尚无国家层面的法律界定外，土地整理和土地复垦的概念均可按照相关法律的表述进行界定或者法规本身即已做出界定。依据现行《土地管理法》，土地整理是县、乡（镇）人民政府组织农村集体经济组织，按照土地利用总体规划，对田、水、路、林、村综合整治，提高耕地质量，增加有效耕地面积，改善农业生产条件和生态环境的活动。2011 年 3 月公布的《土地复垦条例》面向生产建设活动和自然灾害损毁的土地，将土地复垦界定为对前述损毁土地"采取整治措施，使其达到可供利用状态的活动"。土地开发的概念也可从地方性法规或政府规章中得到较为权威的界定，如《河北省土地开发整理管理办法》将土地开发界定为"通过一定的工程或者生物措施，将未利用地变为耕地的活动"。综上，"土地整治"取代"土地整理"，不仅未能统一概念，而且远未达到有关研究所认为的不再局限于农用地和农村而是"全域"土地。"土地整理"改为"土地整治"可能更多缘于主管部门领导个人喜好，过去的"土地整理"即已涵括当前"土地整治"几乎所有类型，不过囿于当时的经济社会状况和人们的认识理解程度，局限于农用地和乡村地区而已。目前的"土地整治"远未被社会各界普遍接受，而且目前开展较好并引起广泛关注的仍然局限于农用地和乡村地区❶。概念不清还给地方操作带来极大不便，某省近年实施的土地整治类项目名目繁多，如土地整理项目、土地复垦项目、占补平衡土地整治项目、农村土地整治重大工程项目、农村土地整治重点工程项目、高标准基本农田整治项目、其他土地整治项目等，管理之难可见一斑。

---

❶　正因如此，本研究定位为农村土地整治。

第二节　农村土地整治内涵浅析

内涵是一个概念所反映事物本质属性的总和，也即概念的具体内容。中国目前的农村土地整治概念容易混淆，导致其内涵界定难以形成共识。较之那些土地整理工作开展较早而且成效较为显著的国家和地区，中国的农村土地整治内涵界定随着实践发展出现了一定程度的偏离其真实本源的态势。

一、农村土地整治的内涵本源

德国土地整理的内涵随着经济社会发展而相应调整。早期的土地整理，主要以产权调整方式将小块土地合并成更有利于生产的大块土地，即"小块并大块"。随着农业生产不断发展，改善农村和农业基础设施的需求增加，土地整理相应增加了农业基础设施建设、村庄更新改造等内容。根据现行《土地整理法》，德国土地整理任务有三方面，即改善农业和林业生产条件、促进土地文化、促进农村发展。其中，改善农业和林业生产条件不仅注重提高农业和林业产量，而且注重农场和林企的经济效益和市场竞争力，并以此为导向鼓励人们以提高生产率代替提高产量。"土地文化"的词义在过去几十年内发生了较大改变，1970年之前人们将其理解为持续提高土地的肥沃程度和产量，1970年以后人们日益重视农业结构改善和景观维护之间的联系，特别是乡村地区的生态补偿功能，但要确切理解土地整理如何促进土地文化，还应从1976年联合国粮农组织（FAO）出版的《土地评价纲要》一书对"土地"的定义来看，"它包括影响土地用途潜力的自然环境，如气候、地貌、土壤、水文与植被，还包括过去和现在的人类活动结果"，因此，促进土地文化意即土地整理要有助于将人们过去和现在在土地上留下的人类活动结果（文化）很好地保护和传承下来。Jansma D. J. 等认为，农村发展是"乡村地区的人在经济、社会、制度和自然环境等方面的整体性提高"，但该定义仅关注农村居民福利提升，而德国土地整理希望促进的农村发展应该是为了实现国家空间规划和州立发展规划在乡村地区制定的目标，即为改善和保持乡村地区居住、经济和休闲功能的所有项目措施的规划、准备和实施，旨在促进和持续改善城市之外地区的生活水平，因此包括农业现代化、基础设施发展、区域人口维持、生态景观维护和管理、农村经济多样化发展、经济社会协调、乡村地区减贫等。

慕尼黑工业大学马格尔教授针对德国土地整理理论在长期实践探索中的不

断完善，提出了通俗易懂的"套娃理论"和"洋葱头理论"（见图 2-1 和图 2-2）。其中，"套娃理论"受俄罗斯"套娃"玩具启发，借用这个形象化模式揭示了土地整理内涵的深化过程：首先，对土地进行平整和小块并大块，便于农民生产，提高生产效率；其次，注重土地文化的保护和传承，使土地整理既科学合理又有文化品位；最后，把有文化品位的土地整理同土地权利人生活的农村发展紧密联系起来。"洋葱头理论"是马格尔教授及其团队对"套娃理论"的深化和发展，强调对某个区域进行土地整理，要与本地区的生态平衡及更大区域乃至全国发展规划紧密衔接。该理论中，法定土地调整即通过权属调整实现土地小块并大块居于基础地位，是土地整理的真正内核，基于土地调整，才可进一步根据农业生产、农村发展甚至国家发展需要，配套建设农业基础设施、农村公共服务设施等，以及在更大区域安排和布局土地整理项目。"洋葱头理论"比较恰当地诠释了土地整理内涵的层层递进关系。

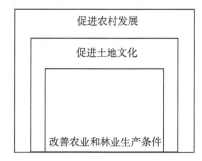

图 2-1　德国土地整理任务
（"套娃理论"）

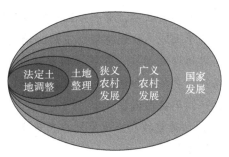

图 2-2　土地整理的
"洋葱头理论"

为纪念荷兰土地整理 100 周年，由荷兰地籍、土地登记和制图局（KADASTER）、国际测量师协会（FIG）、联合国粮农组织和土地整理专业人士非正式团体（LANDNET）联合主办，世界银行和全球土地技术网络联盟协办，以"可持续发展的土地整理与土地重划"为主题的国际研讨会于 2016 年 11 月 9日至 11 日在荷兰阿培尔顿召开。会上，来自荷兰、德国、中国等 52 个国家的200 余名代表讨论并发表了《土地整理与土地重划阿培尔顿倡议》。该倡议既是各国土地整理做法和经验的凝练，也是荷兰土地整理 100 年实践的总结和凝练。由此倡议可以看出，国际上较为普遍地认为，土地产权结构调整在土地整理内涵中占据不可替代的重要地位，而为使权属调整科学合理，有必要配套建设农业基础设施。

土地整理与土地重划阿培尔顿倡议

土地整理和土地重划国际研讨会全体与会者，于 2016 年 11 月 9 日至 11 日相聚在阿培尔顿，并在此发布土地整理和土地重划倡议。

联合国粮农组织认为，土地整理是"统筹调整土地所有者和使用者产权结构的综合措施。土地整理包括以消除土地碎片化影响为目的的地块重新分配，但不限于此。土地整理从最初运用时就已经与经济和社会改革密切相关"。这一定义并不排斥任何土地整理目标，也不推广具体的方法。

联合国人居署和全球土地技术技能网络联盟认为，土地重划是"将特定地区的所有地块集中进行整体规划，增加道路、排水和其他基础设施，并重新将土地分配给原有的土地所有者或使用者"。土地重划后，其中一部分土地用于道路和公共空间，而原有土地所有者和使用者重新得到的地块，通常小于之前的面积，而调整后的地块变得更有价值：有基础设施和服务，有正式证书，重新分区后可调整用途。

基于土地产权调整概念下的土地整理和土地重划，可根据具体情况进行内容的增减调整。开展土地整理和土地重划，倡议推广和遵循综合性、适用性、参与性和包容性原则。

一、与会者倡议

1. 土地整理和土地重划应在自愿准则、可持续发展目标和新城市议程指导下进行

自愿准则、可持续发展目标和新城市议程下的土地整理和土地重划反映多种类型土地使用权："国家应认可和尊重所有合法的土地所有者及其权利，采取合理措施识别、记录和尊重合法的土地所有者及其权利；无论是否正式记录，不得损害他人土地使用权及履行土地使用权相关义务。"为此，与会者同样借鉴了《联合国 2030 年可持续发展议程》（"可持续发展目标"——SDGs），其中提到"拥有土地使用权的所有成年人口，根据性别和所有权类型，有法定文献记载的，将视同其拥有稳定的土地权利"。同样，新城市议程提出："我们致力于在适当的政府层面，包括次国家层面和地方政府，推动为所有人土地使用权增加保障性，认可多种土地使用权类型，在土地与产权统一体内提出符合目的、年龄、性别和环境响应相关的解决方案，重点关注通过有效的管理体系授权的女性土地使用权保障。与会者进一步参考了世界银行集团国际金融合作部分的"环境和社会考核标准和指南摘要"。

2. 应加以运用多种实践经验

土地整理和土地重划在许多国家历史久远。实践表明，它不仅可以提高农村和城市地区的生活和住房条件，促进粮食生产，改善基础设施和自然环境，还可以促进当地基于公共目的需求的土地征用。当然，这些已很好地纳入法律、制度和技术框架内，并作为农村和城市间以及各类发展间相互依存的管理基础。但同时也有教训，如由土地整理和土地重划所带来的非预期和非期望的社会、经济和环境影响。

3. 现有土地整理和土地重划非万全之策

综合的土地整理和土地重划可促进可持续发展，造福人民，造福地球，提高经济效益。土地整理和土地重划是土地管理的有效手段。土地权利的空间调整可以减少如气候变化等带来的负面影响，如暴雨或干旱、海平面升高、全球气候变暖、盐碱化和物种适宜栖息地减少（生物多样性）等。而当与其他治理不可持续发展问题的政策和措施结合时，将发挥更大作用。

土地权利和土地利用的调整从微观层面（地方）到宏观层面（国家或跨境）均可解决不同的空间需求。应用情况千差万别，没有万全之策，唯有因地制宜。

4. 基于土地整理和土地重划的土地管理

有力的土地管理可以促进土地整理和土地重划的发展和实施，反之亦然。土地整理和土地管理作为土地整理实践不可分割的一部分，可解决土地登记问题。因为如果事前土地使用权没有明确界定，则可能阻碍土地整理进程。而成功实施土地整理和土地重划则可以促进土地管理和土地用途管制。

5. 基于公共目的的土地征用

基于公共目的的土地征用可以使用多种手段，如自愿和强制的土地收购、优先购买权和征收。土地整理和土地重划由于其具有综合性和参与性，可合理重划土地并进行土地储备，是基于公用目的的土地征用方面的有效手段。基于公用目的的土地征用应符合土地用途管制原则。

二、与会者呼吁

1. 政府：支持土地管理、土地整理和土地经营

在全球议程背景下，各级政府应进一步推进土地整理和土地重划，并在战略和操作层面与其他国家共享知识和经验。当前，土地整理不仅要经常应对诸如气候变化、可持续粮食生产和人口增长等方面带来的挑战，同时其仍然是许多国家促进农业和农村发展目标的重要手段。土地整理需要

从世界范围的角度，而非仅从地方或区域的角度来回答如何以最可持续发展的方式使用我们的土地。政府应遵循"完善治理"的一般原则。

2. 土地所有者和土地使用者：拥有过程中的发言权

土地所有者和使用者应要求并参与土地整理和土地重划活动。利益相关的人在过程中有发言权且可通过参与活动获知区域可持续发展相关的所有观点、技术和需求。

3. 学术界：设置土地整理课程

学术界应支持将土地整理和土地重划纳入空间规划、土地经营、土地管理、农业和测绘工程学科课程；支持土地整理和土地重划在保护人权、应对气候变化、保障粮食安全等方面的研究；支持以实现可持续发展为目的的土地整理和土地重划方面的土地信息管理。

4. 地籍界：利用数据，完善系统

土地管理机构——土地登记和地籍机构应按需求开发可适合现有各级土地整理及土地重划项目数据的接口。现有的土地管理系统主要用于"登记"。随着系统中可用信息及空间数据结构中的数据相关性增强，可"设计"并完善系统。

5. 空间规划师：运用土地整理和土地重划作为实施工具

空间规划师认识到土地整理和土地重划有利于优化土地利用，实施空间规划。

6. 专业人士：发展和传播知识

专业人士应进一步发展和推动土地整理和土地重划以支持城市和农村发展，建立可靠、稳定的治理框架，让利益相关者参与土地整理和土地重划，并从中获益。

7. 国际开发机构和非政府组织：发挥桥梁作用

国际开发机构和国际或地方非政府组织应发挥其在政府和土地所有者以及使用者之间的桥梁作用，促进利益相关者之间的合作，为土地整理和土地重划项目提供经济和技术支持，号召并组织知识交流活动，传播所学经验。

通过简述有关国家和地区的土地整理情况，以及分析相关国际机构观点，可以认为，土地整理是一个涵括自然、生态、经济、社会、工程和技术等诸多领域的复杂巨系统，不仅涉及土地利用不同利益主体的关系重构，而且涉及低效利用、不合理利用和未利用土地的治理改造，调整土地关系和改善用地条件是土地整理内涵中最为重要的两点。换言之，土地整理既是应用性和实践性强的系统工程技术，也是针对性和实效性强的社会治理事务，兼具工程建设属性和社会治理属性，权属调整和工程建设应被视作土地整理的两大核心任务。具体而言，工程建设属性表现为平整土地和配套建设田间道路、灌排沟渠等农业基础设施，以及为做好这些建设而开展的勘察测绘、规划设计、地价评估、竣工验收等活动，有助于改善农村（准）公共品供给状况；社会治理属性表现为土地权属的合理调整以及经由土地整理形成的（准）公共产品的优化配置和土地资源持续利用，需要在政府及其组成部门的指导和支持下，由相关利益主体通过协商方式实施，有助于改善农村社会治理状况。分析前述国家和地区的相关法律规定还可看出，土地整理的社会治理属性居于基础地位，是法律规范的重点，相关条文详细介绍了土地整理前权属调查、土地权利人确定和意见征集，整理过程中地块交换合并、新增土地分配、地价评估、纠纷处理，以及整理后权属登记等具体程序和方法；而工程建设属性实际上处于辅助地位，平整土地或者配套建设沟渠、道路、林网等农业基础设施，旨在使地块的交换合并与权属调整更加便捷而且基于"地价相等"原则之上。而且，相关基础设施的建设通常交由市场主体按照市场规则去实施，土地整理的相关法律甚至对此不予提及。

二、农村土地整治的内涵演化

中国古代土地整理的雏形——西周时的井田制以明确产权关系为主要特征，并可能辅以必要的农业基础设施建设。其后古代中国能从土地整理视角审视的相关田制，也均以明确土地关系为前提。综观国际土地整理经验做法大量引入、有关地方加强探索实践的 20 世纪 80 年代中后期至 90 年代中后期这一段时间，学界对其的认知和理解也抓住了现代土地整理内涵中最为重要的两点，即优化土地关系（权属调整）和改善用地条件（工程建设），专家们似乎更为看重土地权属关系调整。蔡运龙认为，开展土地整理（主要指土地界限及权属的有计划调整和优化）是农业从小农经济走向现代化规模经济的必经过程，针对中国农业土地利用规模不经济导致的农业比较效益低下、市场经济下耕地不可避免向非农用地转移，需要把分散、零星的农户用地"整理"为适度规模的农场。王万茂将土地整理的主要内容归纳为建立土地制度（包括建立和完善土地占有和使用制度，以及为此进行的土地划界和调整，估算地租、地价和地税以及土地补偿损失等）、调整土地关系（包括土地整理区内城镇居民点体系和用地选择、交通运输干线用地选择、水利工程用地选择、土地总供需分析与估算、土地使用单位用地划定与调整等）、提高土地利用率（包括田块整理、道路建设、村庄更新、土地保护、沟渠调整、景观维护、土地复垦、地价查估、地籍管理、土地分配等）、提高土地产出率（包括低产地改良、废弃地复垦、水源灌溉效率提高、肥土回填、农作物轮作制度、牧草地轮牧制度、土地保护、土地绿化、建设用地提高建筑密度和容积率等）四个方面，并且认为，土地整理是一项调整土地关系、组织土地利用的重要措施，经过整理的土地可以获得显著的利用效益。冯广京认为，现代意义上的土地整理更注重全面调整土地关系和土地利用布局。

人多地少的土地资源国情和较快发展的经济社会，加上各级政府的积极介入和主导，虽然学界起初在土地整理内涵界定上抓住了本质，但随着时间的推移，不可避免地被行政意图所影响，开始出现偏离本源的态势。20 世纪 80 年代后期至 90 年代中后期，正值改革开放后各类建设开始全面铺开并导致耕地资源较快流失阶段。如 1987—1995 年，全国耕地净减少 310.38 万公顷，年均净减少 34.49 万公顷。面对耕地过快流失问题，有关学者对土地整理寄予厚望。蔡运龙认为，"土地整理与开发、复垦"对符合国情的土地"开源"思路做了更全面、更准确的表述，开发利用大片宜农荒地可直接增加耕地数量，整理和开发大片宜林、宜牧、宜渔、宜建等荒地可减少耕地占用，以及可以整理和复垦利用各类生产建设破坏废弃土地、闲置废弃土地等，并且认为，"土地整理"在土地"节流"方面作用也不可忽视，对闲置土地、开发利用率不高的土地、用地结构不合理的土地进行"整理"非常必要而且非常可行和有效。王万茂认为，土地整理是保护耕地、实现耕地总量动态平衡和集约利用土地的有效措施，只有做好土地整理才能实现耕地总量动态平衡。中央政府也注意到耕地过快流失的问题和土地整理能够增加耕地数量的功能，1997 年 4 月以中发 11 号文发布《关于进一步加强土地管理切实保护耕地的通知》，指出要认真贯彻"十分珍惜和合理利用每一寸土地，切实保护耕地"的基本国策，并在中央文件中首次提出"积极推进土地整理"。在此基础上，1998 年修订的《土地管理法》提出"国家鼓励土地整理"。中发 11 号文和经修订的《土地管理法》虽未界定土地整理内涵，但都指出要按照土地利用总体规划对田、水、路、林、村进行综合整治，以提高耕地质量、增加有效耕地面积、改善农业生产条件和生态环境。中央政府的表态和相关文件的提法对社会各界之于土地整理内涵的认知及其实践产生了较大影响（出现了所谓的土地整理或土地整治工程化态势，本研究将在随后章节对此做较为深入的分析）。

进入 21 世纪以来，土地整理（治）内涵进入功能快速增加阶段，除了耕地保护被一以贯之提及外，其他方面功能被不断赋予。2001 年，罗明等认为，土地整理是在一定区域内，按照土地利用规划或城市规划所确定的目标和用途，采取行政、经济、法律和工程技术手段，对土地利用状况进行综合整治、调整改造，以提高土地利用率，改善生产、生活条件和生态环境的过程。较之以前学界做出的界定，土地整理外延有了较为明显的扩张，而且这种内涵深化、外延扩张态势此后愈发明显。2003 年，王军等认为，土地整理涉及自然、社会、经济、工程等各个方面，横跨众多学科领域，是一项技术性和实践性极强的系统工程；土地整理的内容和目标随着经济社会的发展而发展，表现为一个持续的动态发展过程；土地整理不仅包括土地利用的空间配置和土地利用内部要素的重新组合，还包括土地权属和土地收益的调整；土地整理不仅协调自然过程，还协调社会经济和文化过程，追求生态效益、经济效益和社会效益的统一。2004 年，王万茂等虽然强调调整土地关系和组织土地利用是土地整理内涵中最重要的两点，但也认为，土地整理是一项综合性土地管理措施，包括产权确认、田块调整、水利建设、道路构筑、居地更新、土地保护、废地改造、景观营造、利用组织、土地分配和地价分割等内容。2011 年，吴次芳等提出了由"本质功能""核心功能""叠加功能"共同构成的土地整治功能系统，其中，本质功能包括调整土地权属、组织土地利用，与之前的一些权威认识一脉相承，而核心功能包括保障粮食安全、保证资源供给、保护生态环境，以及叠加功能包括统筹城乡发展、促进社会和谐、维持景观文化等。此外，促进新农村建设或美丽乡村建设、促进扶贫开发或脱贫攻坚，以及促进农业现代化发展、促进生态文明建设等功能也被相继赋予。

针对土地整理（治）内涵变化，赵博洋认为，现在的土地整治较之过去的土地整理不仅是名称上有变化，其内容和手段等也处于变动中。王军等认为，早在 20 世纪八九十年代，土地整理即已超越了单纯扩大农地面积和提高农产品产量的意义，转为更加注重土地权属关系和土地利用布局的调整，保护生态环境，提高土地利用率和产出率。另有研究认为，20 世纪 80 年代中后期以来，特别是进入 21 世纪以来，土地整理（治）内涵不断深化、外延不断拓展、地位不断上升，在范围上已由分散的土地开发整理向集中连片的田、水、路、林、村综合整治转变，在内涵上已由增加耕地数量为主向增加耕地数量、提高耕地质量、改善生态环境并重转变，在目标上已由单纯的补充耕地向建设性保护耕地与推进新型城镇化发展、新农村建设和城乡统筹发展相结合转变，在手段上已由以项目为载体向以项目为载体结合激励政策的运用转变。2012年6月26—27日，原国土资源部、财政部共同主办的"贯彻实施全国土地整治规划、加快建设高标准基本农田现场会"在湖北咸宁召开，时任原国土资源部部长徐绍史指出，"十一五"期间土地整治在"规模扩张、内涵延伸、品质提升"方面实现了重大转变。客观而言，土地整理（治）兼具工程建设属性和社会治理属性，调整土地关系和改善用地条件是其最为重要的两项功能，在此基础上适度扩充，能够发挥土地整理（治）功能多样、目标多元的特点，促进区域经济社会生态持续发展。但截至目前，在土地整治概念名称尚未统一、内涵界定较为随意的情况下，围绕部门利益人为提升土地整治地位、刻意增加土地整治功能的做法，有时往往适得其反。

绿色土地整治上海宣言❶

人类进入21世纪，土地面临着更加复杂困难的未来。从全球范围来看，人类的生态足迹已超过了全球生态承载力的35%，40年来全球生物多样性下降近30%。中国面临更加严峻的土地压力，荒漠化土地面积261.16万平方公里，沙化土地面积172.12万平方公里，水土流失面积294.91万平方公里，20%左右的耕地受到污染，超过1亿亩的耕地已经次生盐渍化，优质耕地比例很低，土地健康状况堪忧。与20世纪50年代相比，人均土地生存空间被压缩到原来的1/5。人类已经站在历史的十字路口，必须做出理性和睿智的选择：寻找人与自然共生、探求人地系统协调、建设山水林田湖生命共同体。

绿色，象征生命、健康、共生、活力和文化，包含均等、协调、理性、复兴、低碳、伦理和公平。新石器以来人类发展的历史证明，为了促进人与地球共生，在人类全部主体和所有能运用的手段中，土地整治工作者最应该而且能够成为大地生命景观的"绿色工程师"，绿色土地整治更是一种最直接而有效的共生途径。

---

❶ 2016年6月25日，"土地整治与乡村发展论坛"在上海市松江区举行。会上，专家学者们围绕"土地整治与生态文明建设""土地整治与乡村文化复兴"进行了演讲及沙龙讨论。讨论过后，来自浙江大学土地与国家发展研究院、原国土资源部土地整治中心、上海市规划和国土资源管理局、江苏省土地开发整理中心等20多家单位的与会专家共同签署了《绿色土地整治上海宣言》。

今日，我们相聚上海，怀抱"美丽中国"的梦想，践行"绿色发展"的国家战略，以渴望真知的精神和碰撞观点的激情，在过去与未来的对话中，探寻生态文明和文化复兴框架下的新模式——绿色土地整治。为此，我们发出以下倡议：

一、以2016年上海土地整治与乡村发展论坛为起点，打造绿色土地整治研究与实践持续对话的交流平台和学习示范基地，复兴土地整治的"绿色发展"文化；

二、建构绿色土地整治模式，坚持与自然共生、与环境共生、与区域共生，最大限度地节约资源和创造生态环境绩效，修复土地健康，携手建设山水林田湖生命共同体；

三、发现土地之美，发掘乡村价值，推进多功能土地整治，增加绿色资产和绿色福利，重塑土地整治的核心目标：为了乡村居民，改善他们的生产生活质量，为了全国人民，改善乡村的发展质量；

四、强化绿色土地整治工程技术发展，通过创新、开放、共享，推进绿色土地整治工程技术体系建设，建设绿色土地整治监测网，共同培养绿色土地整治工程技术人才；

五、着力改善绿色土地整治发展环境，以绿色发展为指引，重构土地整治的价值体系、评价标准、考核制度、奖惩政策和实施机制，共写绿色土地整治的美好明天！

我们希望，今日的倡议，将为乡村的美丽未来铺下坚实的路基！我们更希望，今日的倡议，能够为人类的明天创造更多承载田园牧歌生活的土地！

第三节 类似活动的联系与区别

农村土地整治概念名称不一、内涵界定不清，导致其功能定位不准，不仅难以发挥其应有的平台作用，而且易陷入与其他相关活动的同质化竞争。国家层面部委内部和部委之间对于有关问题的定位不准，既影响社会各界对农村土地整治的正确认知，也使得一些地方出现难以适从之感。

一、原国土系统的试点

进入 21 世纪以来，面对经济社会快速发展导致的用地需求快速增长，土地资源行政主管部门在增加新增建设用地指标的同时，积极探索如何加大内涵挖潜和开拓建设用地空间。2012 年 12 月 25 日时任国土资源部部长徐绍史向全国人大常委会报告土地管理情况时介绍，中国建设用地管理坚持控制总量、优化增量、盘活存量、用好流量、提高质量，有疏有堵、有保有压，形成了"1+8"组合政策。其中，"1"指每年的建设用地增量安排，"8"指拓展建设用地空间的八条途径，分别为农村土地整治、城乡建设用地增减挂钩、低丘缓坡开发、工矿废弃地复垦、城镇低效用地二次开发、闲置建设用地处置、科学围填海造地、戈壁荒滩沙漠等未利用地开发利用。根据前文徐绍史对农村土地整治的界定，前述城乡建设用地增减挂钩、低丘缓坡开发、工矿废弃地复垦、科学围填海造地、戈壁荒滩沙漠等未利用地开发利用五条途径，均可纳入农村土地整治范畴。

（一）城乡建设用地增减挂钩

该项工作经历了从自发开展到政策引导到试点推进再到全面铺开的过程，也经历了从微观项目管理到宏观制度设计的转变。20 世纪 90 年代后期，一些地方相继采取建设用地置换、周转和土地整理折抵等办法，盘活城乡存量建设用地。2000 年 6 月《中共中央国务院关于促进小城镇健康发展的若干意见》要求，"鼓励农民进镇购房或按规划集中建房，节约的宅基地可用于小城镇建设用地。"原国土资源部 2000 年 11 月《关于加强土地管理促进小城镇健康发展的通知》提出，"试点小城镇，可以给予一定数量的新增建设用地占用耕地的周转指标，用于实施建新拆旧。"2004 年 10 月，《国务院关于深化改革严格土地管理的决定》进一步提出，"城镇建设用地增加要与农村建设用地减少相挂钩。"2005 年原国土资源部组织开展挂钩试点工作，相继出台《关于规范城镇建设用地增加与农村建设用地减少相挂钩试点工作的意见》《关于进一步规范城乡建设用地增减相挂钩试点工作的通知》和《城乡建设用地增减挂钩试点管理办法》等文件。2010 年 12 月 27 日，国务院印发《关于严格规范城乡建设用地增减挂钩试点切实做好农村土地整治工作的通知》。2011 年 12 月 26 日，原国土资源部发布《关于严格规范城乡建设用地增减挂钩试点工作的通知》，对挂钩试点提出完整的政策要求。目前，增减挂钩已经结束试点而在全国范围内开展。

城乡建设用地增减挂钩，是指依据土地利用总体规划，将若干拟整理复垦为耕地的农村建设用地地块（拆旧地块）和拟用于城镇建设的地块（建新地块）等面积共同组成建新拆旧项目区，通过建新拆旧，在保证项目区内各类土地面积平衡基础上，实现增加耕地面积，提高耕地质量，节约集约利用建设用地的目的。增减挂钩实行行政区域和项目区双层管理，以项目区为主体组织实施。项目区内建新和拆旧地块要相对接近，便于实施和管理；项目区内建新地块总面积必须小于拆旧地块总面积，拆旧地块整理复垦耕地的数量、质量应比建新占用耕地的数量有增加、质量有提高。挂钩试点通过下达挂钩周转指标进行，周转指标专项用于控制项目区内建新地块规模，同时作为拆旧地块整理复垦耕地面积的标准，周转指标应在规定时间内用拆旧地块整理复垦的耕地面积归还。项目区实施前，应当对建新拟占用的农用地和耕地进行面积测量和等级评定，并登记入册。实施过程中，项目区拆旧地块整理复垦要严格执行有关规定。项目区竣工验收后，要按规定完成地籍调查和变更调查，明确地块界址，依法办理变更登记。

（二）工矿废弃地复垦利用

1986 年出台的《土地管理法》对土地复垦做了原则规定，1988 年国务院颁布实施《土地复垦规定》后，全国土地复垦率从 1987 年的 1% 提高到 2010 年的 25% 左右。但是，损毁土地"旧账未还清，新账又增加"情况仍较普遍。据不完全统计，截至 2009 年，生产建设活动和自然灾害损毁土地仍有约 1 亿多亩尚未复垦。同时，每年生产建设活动新损毁土地仍在增加。2011 年 2 月国务院颁布实施《土地复垦条例》，为更好落实节约优先战略，促进耕地保护和矿山环境治理恢复，拓展建设用地空间，保障经济社会发展，原国土资源部决定开展工矿废弃地复垦利用试点工作，并于 2012 年 3 月印发《关于开展工矿废弃地复垦利用试点工作的通知》，确定河北、山西、内蒙古、辽宁、江苏、安徽、河南、湖北、四川、陕西为首批试点省份。2015 年 3 月，原国土资源部再次印发面向各省份的《历史遗留工矿废弃地复垦利用试点管理办法》，该项试点从之前个别省份推开，并有从试点工作转向日常工作之势。

工矿废弃地复垦利用，是将历史遗留的工矿废弃地以及交通、水利等基础设施废弃地加以复垦，在治理改善矿山环境基础上，与新增建设用地相挂钩，盘活和合理调整建设用地，确保建设用地总量不增加，耕地面积不减少、质量有提高。主要任务包括：（1）组织编制工矿废弃地复垦利用专项规划。拟开展工矿废弃地复垦利用试点的县、市，应当依据土地调查最新成果，组织编制工矿废弃地复垦利用专项规划。（2）确定试点县、市。省级国土资源主管部门制订试点工作方案，拟定试点县、市名单，向原国土资源部提出开展试点申请。（3）确定工矿废弃地复垦项目。试点县、市依据试点工作方案、专项规划和土地调查成果，提出工矿废弃地复垦项目，报省级国土资源主管部门审批。（4）组织废弃地复垦。试点县、市按照批准的项目和要求，组织工矿废弃地的复垦。（5）规范建设用地审批管理。项目区内的复垦与建新实行整体审批，复垦面积必须大于建新面积，复垦耕地的数量和质量必须高于建新占用耕地的数量和质量。（6）做好项目区土地权属管理。做好土地权属调查，明晰产权，维护群众合法权益。（7）加强项目区资金管理。鼓励运用市场化机制，多渠道筹措资金，规范资金管理。（8）严格项目区实施验收考核。项目实施完成后，由试点县、市国土资源主管部门进行初验，初验合格后逐级上报省级主管部门组织验收，并将结果备案。

（三）低丘缓坡开发和戈壁荒滩沙漠等未利用地开发利用

近年来，原国土资源部在一些地区部署开展了低丘缓坡荒滩等未利用地开发利用试点工作。2012年2月27日，全国低丘缓坡未利用地开发利用试点现场观摩会在云南昆明召开，部署七省（自治区、直辖市）低丘缓坡未利用地开发利用试点工作。2012年10月，原国土资源部组织相关力量对内蒙古、西藏等七省（自治区）戈壁荒滩等未利用地开发利用情况进行调研，为出台相关支持政策做准备。选择具有一定规模、具备成片开发利用条件的低丘缓坡和戈壁荒滩等区域，是从中国人多地少、耕地资源稀缺和低丘缓坡戈壁荒滩等资源丰富国情出发，进一步落实保护耕地国策，优化国土空间开发布局，减少工业城镇建设占用城市周边和平原地区优质耕地的重要举措。但是，个别省份在试点期间的"胆大妄为"及其导致的负面效应（相关新闻报道之前几年较多）让原国土资源部心有余悸，这两项试点并未如预期般全国推开。

以低丘缓坡开发为例，试点工作需要遵循的基本原则：（1）坚持在统筹部署中突出专项规划。科学编制低丘缓坡土地综合开发利用专项规划，并做好与其他相关规划的协调衔接。（2）坚持在整体利用中体现生态优先。低丘缓坡利用要维系地貌的整体连续性，尽量顺应坡地自然形态，形成梯级开发，维护山体稳定，防范地质灾害。按照"宜建则建""宜林则林""宜草则草"的原则，合理安排建设用地，统筹做好"宜农""宜林"地开发利用。（3）坚持在统一开发中分期建设。对专项规划确定的宜建区块，在完成土地政策处理和保障农民合法权益的前提下，统一进行场地平整和配套基础设施建设。按照基础设施和生态环境保护工程先行要求，合理确定开发建设时序，提出相应保障措施，分期分片建设。（4）坚持在规范管理中维护权益。规范管理建设项目用地，涉及地质灾害危险性评价、水土流失评价、环境质量影响评价、林地征占许可等的，可在确定项目区时，按区域范围先行整体开展；涉及农用地转用和土地征收的，须按规定程序分期报批。涉及集体土地的，要做好被征地农民安置补偿工作，严格土地权属管理，维护群众合法权益。

（四）围填海造地

适度进行围填海造地，科学利用海岸线和近岸海域资源，不仅可以保障国家重大建设项目和重点行业用海需求，同时可以有效缓解沿海地区经济社会发展与建设用地供给不足的矛盾。但是，一旦围填无度，海洋生态环境破坏及海域资源浪费等负面影响将不可避免，近年来沿海各地因为围填海不当引发的生态环境问题愈演愈烈。进入21世纪以来，中国逐步加大围填海规范管理力度，对围填海由原来的鼓励支持转向严格控制，制定实施了一系列相关法规和规章，一定程度上缓解了围填海引发的生态环境问题，但效果并不是十分明显。

2010年，原国土资源部联合国家海洋局发布《关于加强围填海造地管理有关问题的通知》，主要内容为：（1）加强规划、区划对围填海造地的引导和管理。沿海地区在修编各级土地利用总体规划和海洋功能区划时，应合理确定围填海造地的用途、规模、结构、布局和时序。（2）进一步强化围填海造地的计划管理。依据国家国民经济和社会发展计划，国家海洋局下达建设用和农业用围填海计划。原国土资源部在下达土地利用年度计划时，将建设用围填海计划同时下达。（3）明确围填海造地项目审查相关要求。严格依照法定权限审批围填海项目，严禁将单个项目化整为零、拆分审批。（4）规范围填海造地的供地方式。对用于建设且区域成片开发的围填海造地，由同级政府作为实施主体，编制区域用海规划。具体项目依法履行围填海审批手续后组织实施，形成的土地按具体项目依法履行土地供应手续。（5）明确围填海造地，形成土地的调查登记有关事项。对具体围填海项目竣工验收后，符合划拨用地目录的，由取得海域使用权的单位和个人申请划拨国有建设用地使用权初始登记。（6）明确围填海造地监督检查。此后，这方面的管理愈发收紧。2018年7月

25 日，国务院专门印发《关于加强滨海湿地保护严格管控围填海的通知》，更加严格管控围填海活动。

1998 年 12 月《土地管理法实施条例》提出"土地整理新增耕地面积的百分之六十可以用作折抵建设占用耕地的补偿指标"后，各地在建设用地计划指标吃紧的情况下找到了缓解用地供需矛盾的"有效"方式，土地整理被赋予拓展建设用地空间的使命。特别是进入 21 世纪以来，由于经济社会持续较快发展，全国建设用地需求一直居高不下，土地供应形势日益严峻，违法违规用地现象较为普遍。在一味的"堵"难以奏效的情况下，如何"疏堵结合"化解各地用地矛盾成为加强和改善土地管理的一大难题。土地整理（治）无论从"开源"还是"节流"方面，似乎均适合应对经济社会发展对土地管理提出的现实需求，在这一时期得到长足发展，农村土地整治内涵和外延进一步深化和拓展。这有一定的合理成分，但更多则是用地形势倒逼使然，这也是农村土地整治的一项中国特色，而一旦追求建设用地指标成为农村土地整治的重要目标甚至唯一目标，农村土地整治就会"义无反顾"出现偏离本源的冲动。城乡建设用地增减挂钩、工矿废弃地复垦利用、低丘缓坡和戈壁荒滩等未利用地开发、围填海造地等所谓的试点或工作，更多的是在建设用地指标压力下基于农村土地整治平台设计的能够进一步调动地方政府和农民、开发商等有关方面积极性的激励政策，究其本质仍然属于农村土地整治范畴。但从之前的实践情况看，原国土资源系统内部存在将前述试点或工作与农村土地整治相提并论的倾向。主管农村土地整治的部门在制定政策时尚且如此，处于一线的基层政府自然难免陷入盲从或者随意"创新"状况，以致一些试点开展不久即成为治理和整改重点，徒增社会各界对农村土地整治的误解和偏见。

二、同质化的相关工作

改革开放，特别是农村税费改革以来，农业基础设施薄弱的特征日益凸显，成为农业现代化的突出短板。为此，国家持续加大针对农业农村的财政投入，在增加农村（准）公共产品供给方面不遗余力。相关涉农部门也发挥专业优势，开展了具有部门特色的支农、惠农、富农工作。囿于之前部门分割的管理体制，一些隶属不同部门的工作不可避免地存在交叉重复，甚至无序竞争的情况，无助于提升国家资源利用效率和改善农业农村生产生活条件。农村土地整治就一定程度上陷入与农业综合开发、农田水利建设、高标准农田建设等"剪不断、理还乱"的怪圈中。

（一）农业综合开发

农业综合开发是中央政府为保护、支持农业发展，改善农业生产基本条件，优化农业和农村经济结构，提高农业综合生产能力和综合效益，设立专项资金对农业资源进行综合开发利用的活动，主要包括平整土地、兴修水利、改良土壤、开垦荒地、植树造林、装备机械、改进生产技术、发展多种经营等。农业综合开发以项目形式实施，而且自 1988 年立项实施以来，项目类别几经变化：1988—1993 年统称农业综合开发项目；自 1994 年起，分为土地治理项目和多种经营项目两类；自 1999 年起，增设科技示范项目；自 2004 年起，分为土地治理项目和产业化经营项目两类，不再设立科技示范项目（从 2008 年起，2004 年前建设的科技示范项目全部完工）。农业综合开发实行"国家引导、配套投入、民办公助、滚动开发"的投入机制，资金来源主要有中央财政资金、地方财政配套资金、银行贷款、自筹资金等。另外，从 1998 年起，农业综合开发还先后组织实施了利用世界银行贷款、英国国际发展部赠款等外资项目。

目前，土地治理项目包括稳产高产基本农田建设，粮棉油等大宗优势农产品基地建设，良种繁育、土地复垦等中低产田改造项目，草场改良、小流域治理、土地沙化治理、生态林建设等生态综合治理项目，中型灌区节水配套改造项目；产业化经营项目包括经济林及设施农业种植、畜牧水产养殖等种植养殖基地项目，农产品加工项目，储藏保鲜、产地批发市场等流通设施项目。农业综合开发项目管理遵循原则有：因地制宜，统筹规划；规模开发，产业化经营；依靠科技，注重效益；公平竞争，择优立项。农业综合开发项目实行自下而上申报，以土地治理项目为例，主要阶段和环节为：前期工作阶段（总体规划、前期准备、编制项目建议书、建立项目库、编报可行性研究报告、评估审定）—申报批复阶段（下达投资控制指标、编报年度项目实施计划、审批年度项目实施计划、编制初步设计）—项目实施阶段（项目工程实施和资金管理）—验收管护阶段（项目验收—工程管护—建后评价）。

（二）农田水利建设

农田水利建设是通过兴修为农田服务的水利设施，包括灌溉、排水和防治盐渍灾害等，建设旱涝保收、高产稳产农田。农田水利建设主要包括整修田间灌排渠系，平整土地，扩大田块，改良低产土壤，修筑道路和植树造林等。农田水利建设的基本任务是采取蓄水、引水、跨流域调水等措施调节水资源时空分布，为充分利用水土资源和发展农业创造良好条件；采取灌溉、排水等措施调节农田水分状况，满足农作物需水要求，改良低产土壤，提高农业生产水平。针对中国小型农田水利设施普遍老化失修、效益衰减的问题，2005 年中央财政设立小型农田水利工程建设补助专项资金，以"民办公助"方式支持各地开展小型农田水利建设，2009 年国家开始实施的小型农田水利设施建设全称为"全国小型农田水利重点县建设"，主要指一个流量以下渠道、5 万方以下山塘等。小型农田水利设施是农业基础设施的重要组成。

小型农田水利重点县建设遵循原则：（1）统一规划，因地制宜。各县要组织编制县级小型农田水利建设规划，科学确定工程措施和类型，分期分批组织实施。（2）集中连片，突出重点。项目建设要相对集中连片、形成规模，重点解决影响农业综合生产能力提高的"卡脖子"工程和"最后一公里"工程。（3）尊重民意，民办公助。按照村民"一事一议"筹资筹劳要求，组织农民参与工程规划、筹资、筹劳、建设、运行、管护全过程。（4）整合资源，完善机制。整合中央与地方、各部门相关资金、技术等资源，加强部门合作；继续完善小型农田水利长效投入机制，形成以用水户管护为主、基层水利服务组织指导为辅的工程管护机制。主要任务是以现有小型农田水利工程和大中型灌区末级渠系配套改造为主，因地制宜建设高效节水灌溉工程，适度新建小微型水源工程。主要目标是在全国范围分批次分阶段建设，使每个重点县经过若干年建设，基本完成县域主要小型农田水利工程配套改造，形成较为完善的灌排工程体系，实现"旱能灌、涝能排"。

（三）高标准农田建设

为加快发展现代农业，确保国家粮食安全和重要农产品有效供给，进一步提高农业水土资源利用效率，提升农业科技应用和农业机械化水平，促进农业持续增产稳产，加快高标准农田建设十分必要。2011 年 8 月 23 日时任总书记胡锦涛在中央政治局第 31 次集体学习会上指出，"大规模建设旱涝保收高标准农田，夯实农业现代化基础。"按照党中央、国务院战略部署，依据《土地管理法》《农业法》《水法》《基本农田保护条例》等法律法规有关规定，根据近年中央"一号文件"和《国民经济和社会发展第十二个五年规划纲要》要求，国家发展改革委会同原国土资源部、农业部、财政部、水利部、国家统计局、国家林业局、国家标准委等部门，组织编制了《全国高标准农田建设总体规划》。此外，近年有关部门相继组织编制了《高标准农田建设通则》《高标准农田建设评价规范》等国家标准，并要求有关部门和地方组织编制相关行业标准和地方标准。

高标准农田是指土地平整、土壤肥沃、集中连片、设施完善、农电配套、生态良好、抗灾能力强，与现代农业生产和经营方式相适应的旱涝保收、持续高产稳产的农田。主要建设内容：（1）整治田块。合理划分和适度归并田块、平整土地，合理确定田块长度和宽度，改善农田耕作层，因地制宜修筑梯田。（2）改良土壤。提升土壤有机质含量，实施测土配方施肥，推广保护性耕作，治理盐碱土壤、酸化土壤和重金属污染土壤。（3）建设灌排设施。配套改造和建设输配水渠（管）道和排水沟（管）道、泵站及渠系建筑物，因地制宜推广渠道防渗、管道输水、喷灌、微灌、沟畦灌、水稻控制灌溉等节水灌溉技术。（4）整修田间道路。优化机耕路、生产路布局，整修和新建机耕路、生产路，配套建设农机下田（地）坡道、桥涵等附属设施。（5）完善农田防护与生态环境保持体系；加强农田防护与生态环境保持工程建设；新建、修复农田防护林网；合理修筑岸坡防护、沟道治理、坡面防护等设施。（6）配套农田输配电设施。合理铺设高压和低压输电线路，配套建设变配电设施。（7）加强农业科技服务。提高农业科技服务能力，配置定位监测设备，加强灌溉试验站网建设，开展农业科技示范，大力推进良种良法、水肥一体化和科学施肥等农业科技应用等。（8）强化后续管护。引导和激励新型农业经营主体参与高标准农田设施的运行管护，完善监测监管系统。

吴次芳等较早认识到，中国目前的土地整治工作在项目的选址、可行性研究、规划设计、工程施工及项目验收各方面都以增加耕地面积为主要目标，属于典型的"实体形态"整治。2012年4月财政部和原国土资源部联合发布《新增建设用地土地有偿使用费资金使用管理办法》，更是直接将农村土地整治内容界定为土地平整、灌溉与排水、田间道路、农田防护与生态环境保持四大工程。应该说，"实体形态"农村土地整治在中国土地整治工作的起步和探索阶段发挥了巨大作用。根据《全国土地整治规划（2011—2015年）》可知，2001—2010年，全国通过农村土地整治新增耕地276.1万公顷（4142万亩），超过同期建设占用和自然灾害损毁的耕地面积，保证了全国耕地面积的基本稳定。但目前无论是研究还是实践都过分关注其在改善用地条件方面的贡献，而忽视了其另一个本质内涵——调整土地权属关系。调整土地权属关系是农村土地整治区别于农业综合开发和农田水利建设的根本，是其具有不可替代性的表现。正是因为对农村土地整治概念内涵认知不清，特别是因为执着于追求易于显化的部门利益而在农村土地整治中偏重农业基础设施配套建设，使得农村土地整治与农业综合开发、农田水利建设存在较多内容冲突，与高标准农田建设的关系更是说不清、道不明。

2008年1月15日，原国土资源部举行新闻发布会，正式对外公布土地整理全国统一标识，该标识由田、水、路、林、村综合整治后的美丽画卷创意而成，蕴含着土地整理后"田成方、林成网、路相通、渠相连、村集中"的意义。土地整理改成农村土地整治后，该标识也由农村土地整治所承继。与此相对应的是，农业综合开发也有类似标识。其中，"ACD"是农业综合开发英文Agricultural Comprehensive Development 的缩写，图形含义为山、水、田、林、路综合治理，周边四个三角形代表山地（山丘资源），中间一滴水代表水利设施（节水灌溉），中间田字格代表农田整治（格田成方），周边四棵树代表林业措施（农田林网），田的十字线代表机耕道路（四通八达），寓意"田成方、林成网、路相通、渠相连、旱能浇、涝能排"（见图2-3、图2-4）。仅从两者的标识及其含义就可看出，它们在农业基础设施配套建设上具有较多相似性，这也正是在高标准农田建设得到社会普遍关注后，两者都可几乎无缝对接高标准农田建设任务。但若细究，农村土地整治还具有农业综合开发所不具备的社会治理功能，而这需建立在其权属调整内涵上。

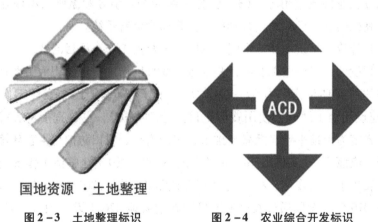

国地资源·土地整理

图2-3　土地整理标识　　　　图2-4　农业综合开发标识

灌溉与排水工程是农村土地整治的四大工程之一，旨在实现"旱能灌、涝能排"，且被寄予厚望在解决农田灌溉"最后一公里"方面发挥重要作用。应该说，灌排设施与其他农业基础设施都是农村土地整治为了土地权属调整方便而配套建设的，本不应成为农村土地整治的重点，更不应成为农村土地整治的唯一（一些地方确实如此）。目前农村土地整治热衷于灌排设施等农业基础设施建设，一方面是因为农业基础设施历史欠账太多并已严重阻碍农村土地整治等工作推进，另一方面就是因为农村土地整治由于内涵认知不清导致定位错误。其实，农村土地整治因为能够进行土地权属调整，容易使经过交换合并后的每个地块实现"临渠"，而单纯的农田水利建设就很难，甚至因为地块权属问题而无法正常推进。但实际上，农村土地整治在实践中往往因为没有开展权属调整而达不到每个地块都"临渠"的效果。原本农村土地整治可以与农田水利建设有效协作，但在目前两者存在较大交叉重复的情况下很难真正做到。

高标准农田建设成为社会各界关注重点后，农村土地整治的很大一部分精力投入进去，并在一些地区造成了农村土地整治就是高标准农田建设的认识误区。2012年6月的"贯彻实施全国土地整治规划　加快建设高标准基本农田现场会"上，时任原国土资源部副部长的王世元就将高标准农田建设关键环节归纳为"划得准、调得开、建得好、保得住"。其中，"划得准"指要根据有关规划合理划定建设重点区域和项目；"调得开"指建设涉及的地块归并、权属调整等要充分尊重农民意愿，凡权属有争议的，不得强行开展；"建得好"指要加强政府主导下的多部门协同配合，有效整合资金，严格按照标准规范建设高标准农田；"保得住"指要建立管护制度，完善动态监测体系，实现实时、全面跟踪监测监管，确保建成的高标准农田得到永久保护。这成为此后原国土资源系统推进高标准农田建设的准则（虽然实践中并未完全做到）。近年来，原国土资源系统强调以土地整治为平台推进高标准农田建设。应该说，在之前农村土地整治内涵不清、高标准农田建设又被中央政府高度关注的情况下，有关部门纷纷争抢高标准农田建设主导权，原国土资源系统此举本无可厚非，但这种跟风做法带来的建设效果并不很好（后文将有相应分析和介绍），而且可能丧失本职工作的优势和特点。

第三章　农村土地整治的法治建设

2014 年党的十八届四中全会做出全面推进依法治国的重大决定，提出了"科学立法、严格执法、公正司法、全民守法"这一新时期依法治国基本纲领十六字方针。农村土地整治由于影响范围广、触及利益深，开展这项工作既要明确规定涉及任务内容、程序方法的制度规范，又要妥善解决有关资金筹措、权属调整等重大问题，需要强有力的法治保障。目前严重滞后的法治建设，已在很大程度上影响了中国农村土地整治工作的持续健康开展。新时期要更好地统筹政府与市场力量、平衡不同权利人利益、调节农村和城镇关系，以及规范实施主体行为等，都需进一步树立法治思维，更好发挥法治对农村土地整治工作的引领和规范作用。

第一节　农村土地整治法治建设现状

中国现代农村土地整治的发展历程也是其法治建设不断探索和实践的过程。但截至目前，农村土地整治法治建设总体上严重滞后于实践发展需要。

一、农村土地整治的立法

（一）国家层面的立法

中国现代意义上的农村土地整治迄今尚未形成专项法律，仅相关法律法规对其一些或某些方面内容做出了零星规定。

在宪法层面，现行《宪法》没有提及农村土地整治，但有学者认为，《宪法》第 9 条关于"禁止任何组织或者个人用任何手段侵占或者破坏自然资源"、第 10 条关于"城市的土地属于国家所有。农村和城市郊区的土地，除由法律规定属于国家所有的以外，属于集体所有；宅基地和自留地、自留山，也属于集体所有……一切使用土地的组织和个人必须合理地利用土地"的规定，从国家根本大法的高度明确了土地的产权归属和利用原则，是农村土地整治工作开展的宪法依据。

在法律层面，1986 年六届全国人大常委会通过的《土地管理法》首次从法律上对土地开发和土地复垦做出原则规定，如第 17 条指出"开发国有荒山、荒地、滩涂用于农、林、牧、渔业生产的，由县级以上人民政府批准，可以确定给开发单位使用"，第 18 条指出"采矿、取土后能够恢复的土地，用地单位或者个人应当负责复垦，恢复利用"。1998 年九届全国人大常务会修正的《土地管理法》强化了针对未利用土地开发和生产建设损毁土地复垦的相关规定，如第 38 条指出"国家鼓励单位和个人按照土地利用总体规划，在保护和改善生态环境、防止水土流失和土地荒漠化的前提下，开发未利用的土地"，第 42 条指出"因挖损、塌陷、压占等造成土地破坏，用地单位和个人应当按照国家有关规定负责复垦……"并首次在法律层面对土地整理做出原则规定，如第 41 条指出"国家鼓励土地整理"。1986 年出台、1998 年修订的《土地管理法》，虽然迈出了农村土地整治法治建设尤其是立法建设的关键一步，但只是个别条款简单提及农村土地整治主要类型的概念内涵、任务内容或者组织方式。《土地管理法》出台前后颁布的其他相关法律也从特定方面对农村土地整治做出了规定，如 1984 年六届全国人大常委会通过的《森林法》第 23 条规定"禁止毁林开垦和毁林采石、采砂、采土以及其他毁林行为"，1985 年六届全国人大常委会通过的《草原法》第 46 条规定"禁止开垦草原"，1986 年六届全国人大常委会通过的《矿产资源法》第 32 条指出"耕地、草原、林地因采矿受到破坏的，矿山企业应当因地制宜地采取复垦利用、植树种草或者其他利用措施"，2002 年九届全国人大常委会修订通过的《水法》第 40 条指出"禁止围垦河道"等，主要是划设某类整治活动禁区。

在行政法规层面，1988 年以第 19 号国务院令发布的《土地复垦规定》对土地复垦的概念内涵、适用范围、复垦原则、管理体制、复垦规划、复垦要求、复垦标准以及复垦验收和交付使用等做了规定，是关于农村土地整治某一类型活动的第一部真正意义上的专项法规。1994 年以第 162 号国务院令发布的《基本农田保护条例》第 19 条就非农建设占用基本农田后的垦造补偿问题做了规定。1998 年以第 256 号国务院令发布的《土地管理法实施条例》第 17 条、第 18 条、第 41 条就《土地管理法》提及的土地开发、土地整理和土地复垦进行了较为详细的规定，进一步增强操作性，如第 18 条指出"县、乡（镇）人民政府应当按照土地利用总体规划，组织农村集体经济组织制定土地整理方案，并组织实施。地方各级人民政府应当采取措施，按照土地利用总体规划推进土地整理……土地整理所需费用，按照谁受益谁负担的原则，由农村集体经济组织和土地使用者共同承担"。1998 年以第 257 号国务院令发布的新版《基本农田保护条例》要求"占用基本农田的单位应当按照县级以上地方人民政府的要求，将所占用基本农田耕作层的土壤用于新开垦耕地、劣质地或者其他耕地的土壤改良"。2006 年以第 471 号国务院令发布的《大中型水利水电工程建设征地补偿和移民安置条例》对土地整理也有涉及，第 25 条指出"为安置移民开垦的耕地、因大中型水利水电工程建设而进行土地整理新增的耕地、工程施工新造的耕地可以抵扣或者折抵建设占用耕地的数量"。2011 年以第 592 号国务院令发布的《土地复垦条例》废止了之前的《土地复垦规定》，对土地复垦做了较为全面的规定，明确了土地复垦责任主体，完善了土地复垦义务履行的约束机制，强化了土地复垦激励机制，明确了主管部门监管职责。

在部门规章层面，1999 年以第 2 号国土资源部令发布的《土地利用年度计划管理办法》将土地开发整理指标纳入年度计划管理范畴。2004 年修订并以第 26 号国土资源部令发布的《土地利用年度计划管理办法》对列入计划管理的土地开发整理指标做了进一步规定，如第 4 条指出"土地开发整理计划指标。分为土地开发补充耕地指标和土地整理复垦补充耕地指标"。2006 年第二次修订并以第 37 号国土资源部令公布的《土地利用年度计划管理办法》强化了土地开发整理的计划管理，如第 12 条指出"土地开发整理补充耕地应当不低于土地开发整理计划确定的指标"。2016 年第三次修订并以第 66 号国土资源部令公布的《土地利用年度计划管理办法》，用"土地整治"替代了之前的"土地开发整理"。2006 年以第 33 号国土资源部令发布的《耕地占补平衡考核办法》确立了占用耕地的建设用地项目与补充耕地的土地开发整理项目挂钩制度，第 9 条、第 10 条、第 11 条、第 12 条从确保耕地占补平衡的角度对补充耕地的土地开发整理项目管理做了相关规定，如第 11 条指出"通过实施土地开发整理项目补充的耕地数量，不得少于挂钩的建设用地项目所占用的耕地数量。实施补充耕地的土地开发整理项目，应当与被占用的耕地等级相同或者高于被占用耕地的等级，按照占用耕地面积确定补充耕地面积"。2012 年以第 56 号国土资源部令发布的《土地复垦条例实施办法》进一步细化和落实了《土地复垦条例》的有关规定。2014 年以第 61 号国土资源部令发布的《节约集约利用土地规定》第 28 条、第 29 条、第 30 条、第 31 条、第 32 条界定了土地整治特别是农村土地整治的内涵、目标、组织实施方式和注意事项等，如第 29 条指出"农用地整治应当促进耕地集中连片，增加有效耕地面积，提升耕地质量，改善生产条件和生态环境，优化用地结构和布局……"其他部门出台的相关规章也从不同角度对农村土地整治偶有涉及。

（二）地方层面的立法❶

除了前述国家和部门的立法建设，农村土地整治作为实践性和区域性特征很强的土地利用活动，各地为了规范推进和科学指导这项工作，在加强立法方面做了大量探索和尝试。

在地方性法规方面，截至目前，共有湖南、贵州、山西、浙江和山东五省先后出台关于农村土地整理（治）的省级法规。其中，2006 年 11 月 30 日湖南省十届人大常委会第 24 次会议通过《湖南省土地开发整理条例》并决定自 2007 年 3 月 1 日起施行；2010 年 11 月 30 日贵州省十一届人大常委会第 19 次会议通过《贵州省土地整治条例》并决定自 2011 年 3 月 1 日起施行；2014 年 5 月 29 日山西省十二届人大常委会第 10 次会议通过《山西省土地整治条例》并决定自 2014 年 10 月 1 日起施行；2014 年 9 月 26 日浙江省十二届人大常委会第 13 次会议通过《浙江省土地整治条例》并决定自 2015 年 1 月 1 日起施行；2015 年 9 月 24 日山东省十二届人大常委会第 16 次会议通过《山东省土地整治条例》并决定自 2016 年 1 月 1 日起施行。2014—2016 年，相继有山西、浙江和山东三省制定出台地方性法规，表明农村土地整治地方立法步伐一度加快，以及地方对农村土地整治立法建设诉求曾经较为迫切（目前更是如此）。

在地方政府规章方面，截至目前，共有河北、天津、湖北和广西四个省区市相继公布关于农村土地整理（治）的省级政府规章。其中，2002 年 9 月 10 日河北省人民政府以第 13 号令公布《河北省土地开发整理管理办法》并自 2002 年 10 月 1 日起施行，该办法出台时间相对较早，随着后来管理体制发生较大改变，河北省人民政府于 2010 年 11 月 30 日对其予以废止和宣布失效；2008 年 8 月 5 日天津市人民政府以第 9 号令公布《天津市土地开发整理管理规定》（该规定共 26 条）并自 2008 年 10 月 1 日起施行；2011 年 7 月 29 日湖北省人民政府以第 344 号令公布《湖北省土地整治管理办法》并自 2011 年 10 月 1 日起施行；2016

---

❶　各地出台的地方性法规和地方政府规章虽然提及土地整治（理）的其他类型，但总体上仍然偏重农村土地整治（理）。

年12月6日广西壮族自治区人民政府以第116号令公布《广西壮族自治区土地整治办法》并自2017年3月1日起施行。具体见表3-1。

表3-1 部分省级法规和政府规章内容结构

地方性法规和地方政府规章	内容结构
湖南省土地开发整理条例（共33条）	第一章总则，第二章规划与立项，第三章实施，第四章土地权益保护，第五章资金管理，第六章法律责任，第七章附则。
贵州省土地整治条例（共37条）	第一章总则，第二章规划和计划，第三章项目申报和审批，第四章项目实施，第五章项目资金管理，第六章新增耕地指标管理，第七章法律责任，第八章附则。
山西省土地整治条例（共37条）	第一章总则，第二章规划与计划，第三章项目立项与设计，第四章项目实施与管护，第五章资金管理与补贴，第六章新增耕地指标的管理与使用，第七章法律责任，第八章附则。
浙江省土地整治条例（共41条）	第一章总则，第二章土地整治规划，第三章土地整治实施，第四章监督管理，第五章法律责任，第六章附则。
山东省土地整治条例（共49条）	第一章总则，第二章规划与计划，第三章组织实施，第四章后期管护，第五章监督管理，第六章法律责任，第七章附则。
河北省土地开发整理管理办法（共34条）	第一章总则，第二章项目立项，第三章项目实施，第四章项目验收，第五章项目资金，第六章法律责任，第七章附则。
湖北省土地整治管理办法（共53条）	第一章总则，第二章土地整治规划，第三章项目立项与设计，第四章项目实施与工程管护，第五章土地权属调整管理，第六章资金管理，第七章法律责任，第八章附则。
广西壮族自治区土地整治办法（共54条）	第一章总则，第二章规划，第三章立项与设计，第四章实施与管护，第五章耕作层土壤剥离利用，第六章土地权益维护，第七章补充耕地指标管理，第八章资金管理，第九章法律责任，第十章附则。

在已制定出台的省级法规和政府规章中，除了《天津市土地开发整理管理规定》在体例上以条款形式出现外，其余条例和办法（规定）均采取章节和条款形式，内容结构相对清晰，章数在6—10章间，多数为7—8章，主要

内容涵括农村土地整治项目管理的主要环节和组织实施的关键领域，但各地也结合实际和需要强化某些方面内容。如贵州省、山西省和广西壮族自治区突出新增耕地指标管理问题，浙江省和山东省突出监督管理问题，湖南省、湖北省和广西壮族自治区突出土地权益保护和权属调整问题。在具体条款设置上，由于缺乏国家层面法律指导，各地只能结合地方实际予以规定，但这些规定往往较多顾及有关部门利益（如对新增耕地指标管理做出专门规定、对土地整治机构做出倾向性规定等），失去了法律法规应有的公允性，而且由于缺少上位法支持，这些规定实际上很难得到执行。

（三）规范性政策文件

现阶段，国家层面关于农村土地整治的法律规定仅为前述一些原则性法律条款。在现行相关法律、法规和规章指引下，国务院以及原国土资源部等部委先后出台了一系列规范农村土地整治的政策文件和技术标准，各地也结合实际先后出台了相关地方政策文件和技术标准，在立法建设不能满足农村土地整治实践发展需要的情况下发挥了指导和规范作用。具体见表 3 – 2。

表 3 – 2　农村土地整治相关政策文件（部分）

文件主题	文件名称	文件编号	发文单位
项目管理	国家投资土地开发整理项目管理暂行办法	国土资发〔2000〕316 号	原国土资源部
	关于进一步明确国家投资土地开发整理项目管理有关问题的通知	国土资发〔2001〕226 号	原国土资源部
	国家投资土地开发整理项目实施管理暂行办法	国土资发〔2003〕122 号	原国土资源部
资金管理	土地开发整理项目资金管理暂行办法	国土资发〔2000〕282 号	原国土资源部
	用于农业土地开发的土地出让金收入管理办法	财综〔2004〕49 号	财政部、原国土资源部
	中央分成新增建设用地土地有偿使用费资金使用管理办法	财建〔2008〕157 号	财政部、原国土资源部
	关于加强土地整治相关资金使用管理有关问题的通知	财建〔2009〕625 号	财政部、原国土资源部
	新增建设用地土地有偿使用费资金使用管理办法	财建〔2012〕151 号	财政部、原国土资源部

文件主题	文件名称	文件编号	发文单位
规划管理	土地开发整理规划管理若干意见	国土资发〔2002〕139 号	原国土资源部
	关于认真做好土地整理开发规划工作的通知	国土资发〔2002〕57 号	原国土资源部
	关于开展土地整治规划编制工作的通知	国土资发〔2010〕162 号	原国土资源部
	关于加快编制和实施土地整治规划大力推进高标准基本农田建设的通知	国土资发〔2012〕63 号	原国土资源部、财政部
	关于开展"十三五"土地整治规划编制工作的通知	国土资发〔2015〕68 号	原国土资源部
权属管理	关于做好土地开发整理权属管理工作的意见	国土资发〔2003〕287 号	原国土资源部
	关于加强农村土地整治权属管理的通知	国土资发〔2012〕99 号	原国土资源部
整体指导	关于土地开发整理工作有关问题的通知	国土资发〔1999〕358 号	原国土资源部
	土地开发整理若干意见	国土资发〔2003〕363 号	原国土资源部
	关于加强和改进土地开发整理工作的通知	国土资发〔2005〕29 号	原国土资源部
	关于适应新形势切实搞好土地开发整理有关工作的通知	国土资发〔2006〕217 号	原国土资源部
	关于进一步加强土地整理复垦开发工作的通知	国土资发〔2008〕176 号	原国土资源部
	关于严格规范城乡建设用地增减挂钩试点切实做好农村土地整治工作的通知	国发〔2010〕47 号	国务院

前述政策文件涵括了农村土地整治管理的主要方面,如项目管理、资金管理、规划管理、权属管理,以及从整体上对该项工作进行指导等。在技术标准方面,原国土资源部自成立以来,就比较重视技术标准研制,特别是近年来,由于面临其他部门压力,更加重视抢占标准规范的制高点,标准规范研制提速,出台颁布节奏加快,并且自诩已建技术标准基本涵盖农村土地整治的科研、规划、设计、施工、监理、质量管理、竣工验收等主要环节。但是,更多出于维护或巩固部门利益意图而抢先出台标准规范的做法,容易造成出台的标准规范缺乏科学性,而且给地方执行带来困难,致使许多地方出现没有标准时希望有标准进行指导但标准出台后不知道如何执行标准的"两难"窘况。见表 3 - 3。

表3-3　农村土地整治相关技术标准（部分）

文件主题	文件名称	文件编号	发文单位
技术标准	土地开发整理规划编制规程	TD/T 1011—2000	原国土资源部
	土地开发整理项目规划设计规范	TD/T 1012—2000	原国土资源部
	土地开发整理项目验收规程	TD/T 1013—2000	原国土资源部
	土地复垦方案编制规程（1—7）	TD/T 1031—2011	原国土资源部
	高标准基本农田建设标准	TD/T 1033—2012	原国土资源部
	市（地）级土地整治规划编制规程	TD/T 1034—2013	原国土资源部
	县级土地整治规划编制规程	TD/T 1035—2013	原国土资源部
	土地复垦质量控制标准	TD/T 1036—2013	原国土资源部
	土地整治重大项目可行性研究报告编制规程	TD/T 1037—2013	原国土资源部
	土地整治项目设计报告编制规程	TD/T 1038—2013	原国土资源部
	土地整治项目工程量计算规则	TD/T 1039—2013	原国土资源部
	土地整治项目制图规范	TD/T 1040—2013	原国土资源部
	土地整治项目验收规程	TD/T 1013—2013	原国土资源部
	土地整治工程质量检验与评定规程	TD/T 1041—2013	原国土资源部
	土地整治工程施工监理规范	TD/T 1042—2013	原国土资源部
	生产项目土地复垦验收规程	TD/T 1044—2014	原国土资源部
	土地整治项目规划设计规范	TD/T 1012—2016	原国土资源部
	土地整治工程建设标准编写规程	TD/T 1045—2016	原国土资源部
	土地整治重大工程实施方案编制规程	TD/T 1047—2016	原国土资源部
	耕作层剥离利用技术规范	TD/T 1048—2016	原国土资源部

各级地方政府及其相关部门也出台了一系列相关政策文件，如2010年8月黑龙江省政府发布的《关于加强和规范农村土地整治工作的意见》、2011年1月南京市政府颁布的《关于规范推进农村土地综合整治工程的实施意见》等。

二、组织实施的法律视角

近年来，各地在保护耕地的压力下和追求政绩的驱使下，大力推进农村土地整治工作，客观上调整了土地配置结构，提高了土地利用效率，增加了有效耕地面积。但是，农村土地整治中违法违规现象易发高发，既不科学也不规范的农村土地整治更在一些地方成为常态。中部某省 Y 市仅在 2009 年至 2011 年 6 月，原国土资源系统就查处相关违法违纪案件 70 余起，涉案人员 75 人，其中刑事案件 6 起，开除 4 人，撤职 6 人，降级 3 人，记大过 3 人，记过 7 人，警告 19 人。当前农村土地整治组织实施存在许多漏洞，违法违规较为普遍，清除腐败土壤迫在眉睫。

（一）违法违规风险

政府主导的农村土地整治在组织实施环节存在的风险点较多，这些风险点很容易转化为组织实施方面的违法违规行为。

在立项审批环节，尽管后备资源不足，但地方政府看重指标、乡镇和村看重资金补助等原因，导致一些项目立地条件较差或者群众意愿不强，难于实施。

在预算编制环节，工程量计算把握不准、列项不准、不能准确使用定额、计量单位不一致、设备类型选取不合理等，造成预算投资偏差与资金浪费。

在规划设计环节，设计单位因为专业化程度不高、经验缺乏或责任心不强等原因，容易发生因为接受吃请等造成盲目选址、超标准设计问题，以及不深入实际、仅在图上作业、设计成果不够科学，以及骗取投资、虚列工程量等问题。

在招投标环节，存在标底编制只考虑国家规定的定额和取费标准，对实际市场价格考虑较少，致使标底价偏离市场价；招标文件表述不清、条款约定不明，量化指标不细，投标报价分值不当；信息发布范围、时间及约定的投标起止时间不当；资格审查重程序轻实际、重证件轻人员，一些不具备资质、不符合施工要求的单位通过借用资质、挂靠单位参与投标；评委结构缺少相关专业专家，对投标报价审核不严；决策权力缺乏制约、招标机构对资料保密和竞标资质审核不严、相关监管缺乏等，导致串标、围标、卖标等；对一些工程量较小的项目，以工程量小为由不采取公开招投标方式，随意确定施工队伍；有些招标文件规定的内容，在签订合同时不按要求执行，放宽许多限定性内容；有的在标书中限定不调价，但在合同中约定当市场价格变动时调价，而且工程项目变更较多，招投标失去作用；有的招标价及中标价均小于预算价，预算流于形式；有的中标企业违规将工程转包、分包给无资质企业，导致"高资质中标、低资质进场、无资质施工"。

在工程施工环节，有的项目在开工前不依法办理质量、安全监督手续；施工和监理单位不按规定健全质量与安全保证体系、制定保证工程质量与安全目标的规章制度和具体措施；施工的关键环节不符合国家工程质量与安全的强制性标准，质量与安全无法有效控制等。

在施工监理环节，有的地方现场施工管理和监督违章，监理不履职，现场监理临时外聘人员多，对工程质量、进度和投资控制把关不严，跟踪审计不到位，工程量随意变更现象较为普遍和严重等。

在资金拨付环节，工程款支付缺乏实质性监管，工程款多少和拨付时间较为随意，有的不按合同约定支付工程款或者支付手续不完备等；一些地方专项资金挤占截留挪用、白条报账、大额现金支付。

在资金使用环节，有的违反纪律和资金管理制度超预算开支，存在不按程序审批、不按计划拨款项、提前支取甚至套取挪用贪污项目资金、缺乏内部审计制度等现象；一些地方不按规定设立专户、预算分解缺乏依据；一些项目实施单位财务人员支出明细核算不规范、不细致，或对决算编制认识不够，造成决算编制不规范；工程验收突击花钱，人为消化资金结余；有的存在奢侈浪费和违规支出现象等。

在设计变更环节，工程设计变更不经设计和行政主管部门核准，手续不齐全，变更后对工程使用功能、合同履行产生影响，以及因为重大变更导致建设内容、规模、投资调整也不经原审批部门审批等。

在竣工验收环节，不按规定组织开展竣工验收工作，或者竣工验收中因为接受了建设方吃请或其他好处而有意降低验收标准，以及瞒报质量问题等。

（二）腐败案件特点

农村土地整治组织实施中的腐败现象主要呈现以下特点：（1）犯罪主体较为集中。农村土地整治工作业务性较强、权力相对集中，一些行政管理单位中层干部利用熟悉资料、程序、环节而且具有一定建议权、审核权和决定权等条件，在项目审报、项目施工、工程验收等决策中进行寻租。某省统计的近5年农村土地整治腐败案例中，涉案人员75人，其中正科级干部10余人、处级干部5人、副厅级干部1人。（2）手段较为隐蔽多样。有关人员利用职务之便，抓住一切可利用环节，虚报瞒报工程量、套取截留项目资金或在工程施工中与施工、监理单位人员、村组干部串通，偷工减料、以次充好、捞取好处，以及伪造单据虚报冒领、侵吞公款等。（3）涉案环节较多。从项目立项、工程招投标到工程施工，从拆迁补偿、资金使用到项目验收等，几乎每个环节都存在案子。（4）权钱交易高发。在工作中索贿受贿、吃拿卡要或违反公正原则为当事人透露信息、提供便利，大部分小项目未实施招投标，工程质量验收过程造假，从中收取好处费损公肥私等现象较为普遍。某市近5年农村土地整治方面违法违纪案件70余起，涉案人员75人，涉案金额2000多万元，仅三位副局长收受的贿赂就分别达到80万元、90万元、150万元。（5）犯罪后果严重。农村土地整治项目腐败直接导致项目工程质量低下，影响后续土地利用，造成资金浪费，侵害人民群众切身利益，容易引起农民越级上访，严重损害党和政府在群众心目中的形象。

（三）典型案例剖析

1. 操控农村土地整治项目招投标

2009年，X县审计局在全市农村土地整治项目审计中发现，W公司承担了4个农村土地整治项目，而其现任法人代表及总经理何某是某国土资源部门下属事业单位服务中心的一名职工。2004年，服务中心原下属单位某酒店撤销，为解决经费不足及部分人员分流问题，经该国土资源部门领导同意，服务中心以4名职工个人名义注册W公司，但仍操控该公司运营；W公司注册经营范围包括"土地复垦、平整"等，但却不具备相应施工资质；W公司注册资本是500万元，实际并未到位，而是花10万元通过中介虚假注册。W公司承揽过A、B、C、D共4个农村土地整治项目，并保证所有收入都交到公司账上。审计A项目发现，何某通过操控招投标拿到项目后，又低价转包给若干施工队，有的甚至只有中标价的20%，而何某上交W公司管理费仅为该项目中标金额的10%。经查，W公司共涉及农村土地整治项目14个，均存在围标串标、低价转包，协调项目、收取好处，私下转包、个人承包等问题。

2. 利用虚假农村土地整治项目骗取财政资金

某省L市自2003年以来在该省Y市易地补充耕地2245公顷，支付Y市耕地开垦费近2亿元。在对L市土地整理中心进行审计时，发现该市与Y市按每公顷10万元标准从A公司手中获得耕地指标1175公顷，共支付A公司11755万元。查阅A公司与Y市国土局资金往来账簿并调阅相关合同文件后发现：所谓A公司投入资金开垦荒地，实际上是A公司以每公顷5.25万元和4.8万元从Y市购买耕地指标后卖给L市，而购买指标价格远低于两市政府约定的每公顷6.75万元价格。详查两市自开展易地占补工作以来所有资金往来情况发现，有一笔由Y市国土局支付给L市私营企业S公司的1177.2万元工程款，国土局解释这是一笔土地开垦工程款，是国土局按照协议规定支付给 S 公司整治新增耕地的费用。但经调查，S 公司从未在 Y 市实施过任何农村土地整治工程，所谓的协议是 Y 市国土局为向 S 公司转移资金而签订的虚假协议；而1177.2 万元工程款经多次转账后去向不明。通过查询资金流向发现，L 市土地整理中心支付给 A 公司、S 公司的款项中，部分资金流入土地整理中心主任辛某个人账户。移送有关部门后，查明 L 市辛某和 Y 市国土局副局长盛某串通 A公司、S 公司，高价购入两公司低价从其他企业购买的耕地指标或两公司直接使用农民自行开垦耕地作为补充耕地指标。

3. 土地整理中心弄虚作假套取农村土地整治资金

A 县土地整理中心为该县国土局所属事业单位，承担了 4 个国家项目、2个省级项目、4 个市级项目、3 个县级项目，项目总投资 12943 万元，实际到位 7849 万元。该中心通过招标确定了包括 B 公司在内的 5 家施工单位。其中，B 公司为 A 县国土局所属事业单位投资兴办的企业。审计人员通过检查项目单位和施工单位财务收支资料、现场察看施工情况，发现三处疑点：一是审计前，土地整理中心紧急收回以前违规出借给土地整理与农村发展培训中心的1049 万元；二是施工单位大量工程支出以现金结算，并以白条和自制费用报销单做支出凭证，缺少工作量记录和现场监理记录；三是个别项目的土地平整工程实际并未实施，有的项目配套工程未实施，造成已建水利设施无法使用。通过突击盘库，弄清了套取资金的主要过程：在国土局授意下，土地整理中心通过 B 公司等施工单位虚报工程量，虚开收款收据，用虚假凭证编制假账，套取项目资金，然后提出现金，将其中一部分存入土地整理中心和 B 公司财务人员个人存折，用于购置车辆、维修办公楼、建设生态园等项目支出；另外一部分交给某房地产公司，由其投入土地整理培训中心建设。最终查实，土地整理中心共套取农村土地整治资金 5765 万元。

4. 重复立项骗取农村土地整治资金

在某省农村土地整治资金专项审计中，审计人员利用 ArcGIS 软件获取图层数据后，将相应 CAD 文件导入 ArcMap 中，确定几个基准点，生成新的图层，把当地所有农村土地整治项目（包括地方投资项目）的几个图层一起打开对比叠加后发现，中央投资项目的项目区和中央投资项目实施前已经验收的地方投资项目区大面积重叠。审计组将上述重叠的图斑明细及计算结果交由被审计单位核实后，将其中未重叠的部分图斑剔除，计算出重叠部分面积、项目重复申报的工程量及从有关部门相应取得的项目资金等关键信息，查出项目单位通过重复立项，即将地方政府以往年度已经投资实施的农村土地整治项目再次申报，骗取国家投资 5000 多万元。同时，由于农村土地整治工作在申报国家投资项目之前已经完成，新申报并通过验收的国家投资项目根本未曾实施，更不存在新增耕地，涉嫌虚报新增耕地 2900 多亩。

5. 鱼塘整理成"耕地"再由"耕地"变鱼塘，耕地补充效益低下

在审计 R 省 2008 至 2010 年农村土地整治情况时发现，A 项目区原为海水养殖场，R 省国土厅于 2006 年 9 月将其列为省级土地整理重点项目，业主单位为民营企业 B 公司（法人代表为王某），计划投资 4500 万元，其中省国土厅投资和补助 3077 万元。作为获取国家投资和补助的重要条件，B 公司需投资 1423 万元，项目完成后计划新增耕地 6325 亩。2007 年 2 月、2008 年 3 月国土资源部门先后两次对项目进行竣工验收，确认新增耕地 6000 亩。审计人员在查阅项目立项、设计及验收资料后，实地勘查了项目现场，结果发现该项目又由"耕地"变回了海水鱼塘。经向附近居民了解，该地块从未进行过整治，一直都是鱼塘。通过审计查阅、比对相关资料，以及厘清项目资金流向，查实 B 公司套取农村土地整治资金的手法：首先，利用虚假招投标控制项目施工单位及其银行账户。在确定项目施工单位的招投标中，王某组织陈某（B 公司股东之一）等私人包工头挂靠有资质公司参与投标，在评标委员会成员不符合法定人数情况下确定以上两公司为中标单位。其次，B 公司待省土地开发整理中心将国家投入的农村土地整治资金拨付至项目部银行账户后，再由王某通过转账、提现后转存等方式，将其中 1389 万元先后转入 B 公司账户，再将此款项以 B 公司配套投资款名义转入省土地整理中心银行账户，在实际未出资情况下，通过上述虚假配套手法，在套取国家专项资金作为虚假配套后，王某等人又以项目名义，先后从项目部账户提取现金共计 2027 万元。至此，国家投入的农村土地整治资金全部被骗，而 B 公司于 2007 年 4 月以每年 260 万元的租金把项目范围内的耕地出租，刚完成验收的近 6000 亩耕地又被开挖成海水养殖鱼塘。

第二节　存在的问题与面临的新形势

进入 21 世纪以来，特别是 2008 年党的十七届三中全会提出"大规模实施土地整治"后，中国农村土地整治驶入了快车道，同时也面临着日益严重的法治建设问题，尤其是在中国农村土地整治事业进入转型升级关键阶段后，亟

须围绕全面依法治国战略部署，有序推进法治建设。

一、法治建设的主要问题

综观农村土地整治实践，结合十八届四中全会对全面依法治国提出的新要求，当前农村土地整治法治建设存在的主要问题有：

（一）法律体系建设严重滞后于实践发展需要

农村土地整治法律体系建设虽然已在不同层面相继展开，但时至今日尚未出台全国性专门法律，而地方性法规、部门规章和地方政府规章等又面临法律效力相对较低的问题。

1. 规范性文件出台较多但不能从根本上替代法律法规

现行农村土地整治立法缺乏专门的、适于全国的法律，相关零散法律规定系统性差，无法形成一个完整的法律体系。在现行法律、法规和规章建设不能及时满足实践需要的情况下，相继出台并实施的一系列不具法律效力的"意见""通知""标准"等政策文件或技术指南，基本涵括了这项工作的关键环节和主要方面，一定程度上发挥了指导和规范作用，但并不能真正取代法律法规。《土地管理法》没有明确规定实行农村土地整治制度，也没有统一的《农村土地整治法》对农村土地整治工作做出符合法律原则的制度安排，各地农村土地整治工作多由地方政府在试点基础上根据该地出台的地方性法规、政府规章或者规范性政策文件等自行组织实施，由于没有强有力的法律效力与法律权威，容易导致立法权限的冲突与越位，也不可避免引诸诸多矛盾，如集体土地所有权置换问题、土地承包经营权和宅基地使用权调整问题、农民权益保护问题等。另外，随着该项工作的深入推进，因为制度缺失导致的障碍性因素日渐凸显，如缺乏有关概念和内涵的法律界定，目前社会各界在关于农村土地整治的名称、类型、目标、原则和范围等认识上尚未达成一致；缺乏关于农村土地整治主要环节和工作程序的统一规定，各地在其流程的认定上存在较大出入并给实施监管带来不便；缺乏关于工作机制的法律规定，资金筹措及其管理缺乏稳定性和权威性，各级政府及有关部门的协调联动难以建立和维持；缺乏关于相关权利人和行为人法律责任的明确规定，有关违法责任界定和追究不够严肃和严格，一些项目的建设质量和资金安全饱受诟病。

2. 现行农村土地整治立法体制存在严重缺陷与不足

截至目前，农村土地整治立法位阶不高、专门性不强的问题较为突出，出现低位阶立法层面对一些问题做出规定但更高位阶立法却未涉及的情况；农村土地整治的地域性特征明显，不同地区呈现出不同的组织实施模式，但现行有关地方性法规和地方政府规章在凸显地区差异的灵活性方面做得不够；部门规章、地方性法规和地方政府规章在位阶上虽属同位法，但是，基于可能的适用范围交叉与重合，特别是在缺乏更高位阶立法予以系统性、原则性规定的情况下，同位法层面的相关规定存在相互抵触现象。从实际立法案例看，程序立法专门性不强是中国立法的痼疾，虽然立法程序法、司法程序法基本健全，但是统一行政程序法典的缺失一定程度上表征了中国"重实体轻程序"的立法传统，导致出现相关立法如部门规章、地方性法规、地方政府规章等虽已对农村土地整治程序进行具体规定，而且内容涉及农村土地整治各个方面，但在更高位阶法律、行政法规层面如《土地管理法》等并未涉及农村土地整治程序问题的现象；目前仅部分省份制定了地方性行政法规或地方政府规章，其他绝大多数省份皆未启动，地方立法普遍缺位的现象往往由各级立法主体被动型立法习惯或立法启动程序不完备所致，农村土地整治应有的灵活性地方规定难以体现；同位法层面的相关设定存在抵触现象更为常见，如在农村土地整治环节设定上，《天津市土地开发整理管理规定》设定有 5 个环节，《贵州省土地整治条例》《河北省土地开发整理管理办法》设定有 3 个环节；在农村土地整治法律责任界定上也是如此，无论是责任主体、责任行为抑或责任形式等都有不同规定。

3. 立法语言在表述上存在语焉不详或不规范等现象

现有农村土地整治立法语言不仅较为繁杂零乱，而且可能相互抵触。以农村土地整治法律责任为例，在责任主体界定上，相关立法界定的责任主体有 9 种表述，如"土地开发整理项目承担单位和有关责任人员""项目管理部门和承担单位及有关责任人员""违法违纪的责任人""竣工验收有关人员""负责项目验收的原国土资源部门""直接负责的主管人员和其他直接责任人员""有关国家工作人员""直接责任人员和主要负责人员""土地整理中心及其委托单位的工作人员"，并且"中国目前还存在着责任主体难以确定，责任认定把握不准、责任难以落实到个人等问题"；在责任形式界定上，相关表述有"通报批评、停止拨款和终止项目等""追究经济、行政责任""追究刑事责任""采取果断措施予以制止和纠正""追究责任、给予党纪政纪处分""责令限期改正并予以处罚""予以纠正进行查处""严肃处理""追究民事责任""问责""责令改正并处以罚款"等。

4. 现行农村土地整治立法重要内容界定上存在不足

在规划方面，现行农村土地整治规划没有上升到法律高度，而且规划的编制实施缺乏民主性和科学性。在权属方面，土地权属调整是农村土地整治中极为敏感的问题，涉及地块调整、村庄合并等诸多权属重分，而现行农村土地整治中土地权属调整的规则过于简单，不能适应当前农村经济社会发展的需要。在土地价值评估方面，土地权属调整的主要依据应当是土地价值，但目前农村土地整治中农用地价值评估工作很不到位，许多地方在整治后只按数量相等标准重新划分土地使用权。在生态环境和景观保护方面，目前的农村土地整治首要目标仍然多为增加耕地面积和提高耕地质量，片面追求实现耕地总量动态平衡，虽然也有关于改善生态环境的规定，但明显着墨甚少甚至流于形式。在融资方面，现行立法在拓展资金来源而实现出资主体多元化的同时，没有完善相应的资金管理制度，缺乏将政府积极性和市场机制有效结合的政策杠杆。在监管机制方面，有关农村土地整治监管的法律规范较为模糊，"碎片化"趋势明显，而零散的监管主体规范、客体规范、内容规范、模式规范和"责任规范"不足以就农村土地整治监管法律行为、法律关系做出充分规制和调整，使得各类规范所指引的监管工作出现问题。

（二）有法不依执法不严违法不究现象较普遍

立法滞后使得农村土地整治依法推进基础不牢，而现行相关法律法规未得到执行、执行不到位使得违法成本很低，更加导致农村土地依法整治步履维艰。从各地调研情况和媒体反映问题来看，农村土地整治中有法不依、执法不严、违法不究现象在一些地方比较严重，特别是组织实施中的不规范、不严格、不透明、不文明等现象相当普遍。

1. 决策过程很难公开透明

目前，农村土地整治尚无完整的关于权力行使、组织运行以及法律责任方面的法律制度，加上现行管理体制造成的权力过分集中，以及有关管理人员存在放松学习、贪欲上升、法律意识淡薄等主观问题，一些握有实权的管理人员容易产生"一权独大"的错误思想，农村土地整治决策过程容易演变为少数人拍板定夺的暗箱操作，置既定工作流程于不顾，不仅漠视公众参与、专家论证、风险评估、合法性审查、集体讨论决定等必经程序，而且不及时不主动公开涉及群众利益的管理决策，甚至巧立名目设租寻租。这样决策的结果，往往导致农村土地整治项目不能很好发挥其应有的功能和作用，如在立项审批环节，一些决策者不能或不愿充分了解和掌握立项材料就武断决策，导致一些农村土地整治项目的立项条件较差或者群众意愿不强；一些中介机构或基层单位为牟取暴利或者争取农村土地整治项目，甘愿金钱铺路，想尽办法贿赂有关管理人员特别是具有决策权的少数人，致使农村土地整治中腐败现象时有发生。

2. 组织实施难以规范有序

农村土地整治的许多环节存在风险，这些风险的存在正是相关组织实施不能规范有序推进的根本原因。如预算编制中对标准定额的自由裁量、规划设计中对工程量的虚列夸大、招投标中对应实行公开招投标而不公开招投标、工程施工中不依规施工、施工监理中不按要求监理、资金拨付中随意性较大、资金使用时违反相关规定，以及涉及变更不按要求核准等。除此之外，现行法律建设滞后和相关规定相互冲突等，也导致其组织实施失范失序。如《森林法》明确规定"禁止毁林开垦"，一些省份在连续多年实现耕地占补平衡后，可开发利用的耕地后备资源主要集中在立地条件较差的低丘缓坡等，而低丘缓坡资源开发主要以废弃的园地、疏林地、灌木林地改造为主，这就面临涉林区块问题，产生了原国土资源部门和林业部门分别将同一个区块立项为垦造耕地项目和低产林改造项目的"两张皮"现象，如果涉林垦造问题不能解决，毁林开垦将被追究法律责任。另外，《土地管理法》规定"国家实行占用耕地补偿制度；县级以上人民政府土地行政主管部门会同同级有关部门根据土地调查成果、规划土地用途和国家制定的统一标准，评定土地等级"。原国土资源部明确要求依据有关标准评定耕地质量等级，但有些省份农村土地整治新增耕地质量评定主要依据省级耕地质量管理办法，采用省级耕地质量评定与地力分等定级技术规范，这些标准与国家标准差异较大，容易导致评定结果无法满足占补平衡需要。

3. 监督管理缺乏有效措施

现行农村土地整治管理体制下，工程立项、资金管理等重要环节一般由少数人拍板；同时，项目管理工作流程中，各分管部门大多各管一块，而且上至分管领导，下至具体管理人员，基本属于"一条线，各管一段"状况，上对下没有履行审查和审核的职责，下对上无法实施监督，相互间也不落实制衡机制，难以形成监管合力。正是由于缺少内控体制，权力滥用内部控制不力、腐败分子大钻其空成为可能。农村土地整治行政问责制度尚未有效建立，对不履行、违法履行或者不当履行行政职责，导致国家利益、公共利益或者公民、法人和其他组织合法权益受损，造成重大损失和恶劣影响的，并未实行对有关领导和责任人严肃问责，致使相关决策者心无所惮；原国土资源部门听证、监管、验收等环节执行不严，绝大部分工程验收完毕即交付使用，而且缺乏审计监督（即使有也多流于形式），造成外部监管缺乏；国家土地督察制度建立的本意旨在强化对省级人民政府土地利用和管理主体责任及其对下级政府监管责任的监督检查，促进地方人民政府提高土地利用和管理水平，但该项制度尚需完善，特别是现行顶层设计有待商榷，法治化、制度化、专业化水平更需提高，虽然近年开展过农村土地整治方面的专项督察，但未能成为常态，而且震慑作用不够。

二、法治建设面临的形势

全面依法治国战略目标的提出和农村土地整治转型发展的需要，是当前依法推进农村土地整治必须直面的新形势。

（一）加强法治建设成为时代发展的必然

当前，中国正处于改革开放的深水期、社会转型的关键期，各种利益冲突频繁、社会矛盾凸显。人民群众在物质生活条件不断改善的同时，民主法治意识、政治参与意识、权利义务意识普遍增强，对于社会公平正义的追求日益强烈，对于更加发挥法治在国家治理和社会管理中的作用也日益期待。与此同时，虽然中国社会主义法治建设已经取得巨大成就，但各级党政机关依法处理政务能力与民众日益增长的依法治国需求间仍然存在较大差距。依法治国，是坚持和发展中国特色社会主义的本质要求和重要保障，而要达到政府依法执政全面实现、司法公信力全面提高、民众法律意识全面增强等目标并非可以一蹴而就，必须抓住时机不懈推进。

从全面深化改革的内在要求看，法治对于改革具有极其重要的引领和规范作用，需要全面推进依法治国，为全面深化改革提供制度性引导和保障。市场经济首先是权利经济，市场经济条件下的权力和利益只有在法律确认与保障下才能成为现实；市场经济又是契约经济，契约本身具有法律约束力，也要由法律来确认；市场经济还是竞争经济，竞争规则要有法律来保证。全面深化改革的重点在于经济体制改革，核心问题是处理好政府与市场关系，这需要发挥法治的引导和保障作用。全面深化改革还要在社会主义市场经济基础上，按照社会主义市场经济要求调整和改革政治、文化、社会、生态的关系，这同样需要法律的引导和保障。

经过改革开放以来的社会主义法制建设，"中国特色社会主义法律体系已经形成，法治政府建设稳步推进，司法体制不断完善，全社会法治观念明显增强"。但在肯定中国法治建设取得巨大成绩的同时，必须看到当前法治建设还有许多不适应、不符合问题。现实生活中，有法不依、执法不严、违法不究、徇私枉法、司法不公等现象仍然存在，以权压法、以言代法、信访不信法等情况时有发生。现在较之以往任何时候都更加需要发挥法治在国家治理和社会管理中的作用，迫切需要做好顶层设计，全面推进依法治国，实现加快法治建设要求。

（二）农村土地整治进入转型发展新阶段

20世纪80年代中后期以来，特别是进入21世纪以来，多数学者认为，中国农村土地整治实现了从传统土地整理向现代土地整治的历史跨越，农村土地整治的范围、内涵、目标、手段和管理模式都发生了深刻变化，整治内容的综合化、目标效益的多元化、整治理念的科学化特征日益鲜明。客观而言，多种因素驱使下，中国农村土地整治虽然在偏离本源的道路上越走越远，但其本身的发展及其发挥的作用仍较显著。总体上看，农村土地整治范围已由零星分散的土地开发整理复垦向集中连片的田、水、路、林、村综合整治转变，整治内涵正由以增加耕地数量为主向增加耕地数量、提高耕地质量、改善生态环境并重转变，整治目标正由单纯的补充耕地向建设性保护耕地与推进城乡一体化发展相结合转变，整治手段正由以项目为载体向以项目为载体并结合激励政策灵活运用转变，以及管理模式正努力从之前的注重审批管理向注重实施监管转变。截至目前，农村土地整治已在形式上形成国家—省—市—县四级规划体系，建立了来源基本稳定的专项资金渠道，构建了不断壮大的机构队伍，建设了面向天地网一体化的监测监管平台，并被有关部门强调在坚守耕地保护红线、提高土地综合产能、巩固粮食安全基础，以及推进城乡一体化发展、促进"四化"协调互动和调整区域土地利用结构、优化国土空间开发格局、促进土地资源节约利用等方面发挥了重要作用。在此过程中，农村土地整治法治建设一直在探索推进，但直至现在，具有中国特色的法治体系远未形成，工作推进的规范性有序性亟待提高，特别是法律规定相对滞后、法律实施制度尚不健全、执法监督不够严格规范、权利救济渠道不够畅通、领导干部法治意识和能力有待提高，以及腐败案件易发多发等问题，都已严重影响到这项事业的持续健康发展。

随着《全国土地整治规划（2011—2015 年）》《全国土地整治规划（2016—2020 年）》相继由国务院批复实施，农村土地整治的重要性日益凸显，但其综合成效的发挥也将更加依赖治理体系和治理能力现代化建设。在党的十八届三中全会将"推进国家治理体系和治理能力现代化"列入"全面深化改革总目标"后，面对新时期中国深化改革、推动发展、化解矛盾、维护稳定对法治建设提出的迫切需要，党的十八届四中全会顺应中国经济社会发展要求做出了全面推进依法治国的重大决定，彰显了中国政府以群众利益为核心完善国家治理体系、提升国家治理能力的决心。作为当前社会治理的重要内容和表现形式，农村土地整治的地位和作用愈发突出和重要，但已无法沿袭过去一段时间"行之有效"的粗放模式（每年投入上千亿元财政资金，却无科学、完善的法律体系作为组织实施保障），加快实现从过去"以物为主"的农村土地整治（偏重工程建设和直观政绩）向"以人为主"的农村土地整治（偏重改善社会治理和便利群众）转型，亟须大力弘扬法治精神，依法决策、依法组织、依法实施，坚持运用法治思维和法治方式化解农村土地整治进入新的发展阶段后面临的新问题新挑战。党的十八届四中全会提出的"科学立法、严格执法、公正司法、全民守法"十六字方针是新时期依法治国的基本纲领，也为依法推进农村土地整治指明了方向、提出了要求。

第三节　农村土地整治法治建设思路

中国农村土地整治在经过近些年快速发展后，正在面临愈益凸显的发展瓶颈，特别是对照党的十八届四中全会做出的全面推进依法治国部署，农村土地整治的合法性、规范性问题受到越来越多的关注和质疑。农村土地整治法治建设是一项复杂的系统工程，也是农村土地整治领域亟须开展的一场广泛而深刻的革命。当前要围绕新时期法治建设"十六字方针"，研究提出法治目标，明晰法治路径，夯实法治基础，通过提升法治化水平保障农村土地整治工作持续健康开展。

一、法治建设的总体思路

（一）指导思想

农村土地整治法治建设需以科学立法为基础，以严格实施为前提，以公正司法为保障，以优秀队伍为导引，以全民守法为目标。指导思想可确定为：农村土地整治法治建设，必须结合中国土地资源国情和发展阶段特色，坚持社会主义法治原则，坚决维护宪法法律权威，依法维护土地权利人合法权益，维护社会公平正义，维护土地利用秩序，为实现土地资源持续利用提供法治保障。

（二）建设目标

全面推进依法治国总目标是建设中国特色社会主义法治体系，建设社会主义法治国家。鉴此，农村土地整治法治建设总目标是建设具有中国特色农村土地整治法治体系，全面依法推进农村土地整治工作，把法治理念、法治思维和法治原则贯穿到农村土地整治全过程和各环节，健全完善农村土地整治法律法规，依法履行农村土地整治管理职能，严格规范权力运行，切实加强执法监督，促进农村土地整治治理体系和治理能力现代化。

（三）实施路径

农村土地整治法治建设，既要立足现状又要着眼未来，既要借鉴国外有益经验又要结合中国国情特色，加强思路总体设计，研究提出中国特色农村土地整治法治建设的任务内容和实施路径。总体上看，要坚持政府引导和社会参与有机统一思路，积极探索中国特色农村土地整治法治体系建设道路，努力构建完善的法律体系、高效的实施体系、严密的监管体系、有力的保障体系，确保农村土地整治工作成效充分发挥，切实维护群众合法权益、维护社会公平正义。实施步骤上，近期应加快制定出台具有基本法性质的农村土地整治法律法规，依法建设农村土地整治的实施体系、监管体系和保障体系，使农村土地整治法治意识明显提升；中期应完成构建农村土地整治法律体系框架，基本建成符合法治要求的农村土地整治实施体系、监管体系和保障体系，使依法整治土地成为工作推进的基本方式；远期应建成中国特色农村土地整治法治体系，使"全面依法"成为农村土地整治工作的根本要求和自觉行动。

（四）主要任务

一是完善农村土地整治法律法规体系。着力解决农村土地整治立法有效性不足、针对性不强等问题，确保有法可依。二是规范农村土地整治组织实施体系。依法全面履行管理职能，健全依法决策机制，建立健全依法公正透明高效的行政权力运行体系和组织实施管理体系。三是健全农村土地整治实施监管体系。加强实施监管,确保权力行使不偏向、不变质、不越轨。四是构建农村土地整治法治保障体系。推动树立农村土地整治法治意识,健全公众参与机制,依法保障群众合法权益,拓宽法律援助渠道,健全依法维权和化解纠纷机制。

二、农村土地整治法治建设的对策建议

(一) 完善农村土地整治法律法规体系

农村土地整治法治建设必须立法先行,充分发挥立法的引领和推动作用。立法要抓住提高立法质量这个关键,以规范和约束公权力为重点,完善立法体制机制,把公正、公平、公开原则贯穿全过程,着力建设以基本法为核心并辅以配套行政法规、部门规章和地方性法规、地方政府规章的土地整治法律法规体系,以及配以系统化的规范文件和技术标准。

1. 健全立法体系

农村土地整治必须建立一套严格的法律体系,以规范和约束参与这项活动的不同人群。在法律层面,要立足《宪法》第9条、第10条关于自然资源和土地的根本规定,加快《土地管理法》修订进度,增加"农村土地整治"专章,明确农村土地整治的地位和作用,并对其概念内涵、基本原则、行为主体、主要环节、组织管理、运作方式、资金保障、纠纷解决、责任追究等做出原则规定,巩固其作为农村土地整治基本法的地位和功能。在行政法规层面,要制定出台具有中国特色的《农村土地整治条例》,对农村土地整治的主要内容和重大问题做出专门规定,并对诸如其工作机制、工作程序、管理体制、中介机构、权属调整、公众参与等内容做出专章介绍。在部门规章层面,要对农村土地整治的关键内容做出旨在指导实际操作的详细规定,如权属调整指导意见、公众参与若干规定、监测监管实施细则等。在地方层面,尚未制定地方性法规和地方政府规章的要结合上位法内容和地方特色加快制定具有地域特征的地方性法规和地方政府规章,已经制定出台类似法规和规章的要根据上位法规定及时修订。另外,农村土地整治管理部门要依法加强配套性政策文件和技术标准制定及修订工作。

2. 完善立法程序

当前,要完善农村土地整治科学立法、民主立法机制,创新公众参与立法方式,防止农村土地整治的部门利益和地方保护主义法律化。一是健全有立法权的人大主导立法工作的体制机制。发挥人大及其常委会在立法中的主导作

用，一般法律、行政法规草案和部门规章不得突破基本法律规定。二是加强和改进政府农村土地整治立法制度建设。完善行政法规、规章制定程序，完善公众参与政府立法机制；农村土地整治行政管理法律法规力争由政府法制机构组织起草；起草制发规范性文件应经部门全体会议或者办公会议审议通过，对涉及公民、法人或者其他组织权利义务的有关事项不得通过规范性文件越权规定；对部门间争议较大的立法事项，应由决策机关引入第三方评估机制。三是明确地方立法权限和范围。禁止地方制发带有立法性质的文件。四是拓宽公民有序参与立法途径。广泛吸收研究机构、企事业单位、行业协会、专家学者和社会公众参与起草农村土地整治法律法规草案和规章制定等立法工作，建立健全公开征求意见和公众意见采纳情况反馈机制，完善立法项目征集和论证制度。

3. 加强关键内容环节立法

在概念内涵上，要清晰界定农村土地整治的法律概念，明确其适用范围与重点领域。在行为主体上，要明确农村土地整治的组织者、实施者以及相关利益主体。在运作方式上，要原则规定各地可以根据实际情况选择或确定适宜的农村土地整治运作方式，如政府主导型或者土地所有者主导型等。在工作程序上，要规定农村土地整治的一些关键步骤，如申请的提出和批准、区域的选定、规划的编制和审查、组织实施机构、规划设计、项目建设、估价和补偿、竣工验收等。在资金保障上，要重视资金筹措的多元化和运作方式的市场化，规定投资方特别是各级政府要建立稳定的资金筹措渠道，主要包括管理机关、拨款方式、回收方式等。在权属调整上，要厘清产权主体、投资主体和监管主体三方间的权利义务关系。整治前，应摸清项目区内土地权属和土地利用现状，通过各种方式将相关信息进行公告；整治中，坚持"整治国有土地或者农民集体所有土地，原土地所有权原则不变"的原则，但因田块合并、农村水利、田间道路建设等原因导致国有土地与农民集体所有土地、农民集体所有土地与农民集体所有土地间边界模糊等情形的，可以按照等量或等价并使调整范围尽可能缩小的原则，经双方协商并签订所有权调整协议后调整；整治后，权属调整完成应及时变更登记。在公众参与上，要引导和鼓励广大群众广泛、深入参与农村土地整治全过程。在法律保障上，要规定行为人在进行相关管理、具体整治施工等活动时，实施违法行为而应承担的公法或私法责任，以及出现纠纷时可以诉诸的解决途径，丰富其救济渠道，可在确立诉讼救济途径基础上引入仲裁等非诉讼救济途径。

4. 做好法律法规立改废释

借鉴国外经验，立足现实需要，着眼未来发展，尽快制定一部规范农村土地整治的专门法律，是当前推动这项工作走上法治化轨道的关键。不仅如此，尚未出台地方性行政法规或地方政府规章的省份，也要在参考借鉴有关省份经验基础上，结合本省实际，加快研究制定的步伐和节奏。全国或地方层面农村土地整治立法要始终坚持公正、公平、公开，各级主管部门要增强立法主动性和前瞻性，保障农村土地整治法律法规的针对性、系统性和有效性。相关法律法规制定出台后，要加强法律解释，及时明确法律规定含义和适用法律依据。要紧密关注《土地管理法》等上位法律修改情况，上位法做出修改的，要及时修改完善下位法，特别是之前已经制定地方性行政法规和政府规章的省份，要结合形势变化和上位法修改情况，及时修改已有的地方性行政法规或地方政府规章；上位法未做出规定的，也要根据农村土地整治工作需要在立法权限范围内积极开展相关立法。此外，还要落实农村土地整治政府规章和规范性文件后评估制度，建立健全规章和规范性文件"实时清理、自动更新"长效机制；对不适应改革发展要求的法律法规，也要及时推动修改或废止。

5. 坚持立法和改革相衔接

土地管理制度改革目前已经进入深水区和攻坚期，农村土地整治也已进入关键阶段，一方面是改革需求旺盛，另一方面依法行政又要求现行改革限定在既定法律框架内。农村土地整治立法必须与改革决策相衔接，做到重大改革于法有据、立法主动适应改革和经济社会发展需要。具体而言，农村土地整治领域重大改革必须在宪法和法律框架内进行，改革试点内容涉及或者突破法律规定的，必须按照法定程序取得授权。对于改革方向明确、实践证明行之有效的改革措施，要积极推进相关法律的修改和完善，及时上升为立法决策；实践条件还不成熟、需要先行先试的，要按照法定程序做出授权。目前，如何真正凸显农村土地整治的民生工程、惠民工程效应，建立健全公众参与机制，让广大群众全程、深度参与并从中直接获益？如何在政府以一己之力组织实施的背景下，创新组织实施模式？以及如何加强建后管护，确保成果效益最大化？如此等等，都是当前困扰各地规范推进农村土地整治的重大难题，也是各地亟须改革创新的重要领域。在此情况下，更应做好相关立法与改革衔接，要通过加强前期研究，推动相关法律制度修改，完善配套法规规章，保障改革创新稳步推进。

（二）规范农村土地整治组织实施体系

立足发挥市场在土地资源配置中决定作用与政府在战略、规划制定中的主导作用，结合全面推进依法治国和行政审批制度改革，建立权责统一、权威高效的依法行政体制，规范实施农村土地整治。

1. 依法履行政府机构职能

完善农村土地整治行政组织和行政程序法律制度，推进机构、职能、权限、程序、责任法定化，克服懒政、怠政，惩处失职、渎职。推行农村土地整治行政机构权力清单制度，消除权力设租寻租空间。推进不同层级农村土地整治行政机构事权规范化、法律化，完善不同层级农村土地整治行政机构特别是中央和地方农村土地整治行政机构事权法律制度，强化中央层面农村土地整治行政机构宏观管理、制度设定职责，强化省级农村土地整治行政机构统筹推进省域农村土地整治职责，强化市县级农村土地整治行政机构执行职责。进一步建立和完善组织机构，明确各个机构的职权和工作程序，以保证部门之间的有效协调，减少运作环节。以县为例，县级政府应当负责组织领导县域内农村土地整治工作，农村土地整治行政主管部门要按照政府要求编制规划、运作项目，相关部门依照有关法律、法规和政府职能部门分工履行各自职责；乡镇政府主要是参与或承担项目实施，创造项目实施环境，协调处理整治中的矛盾，做好土地权属及利益关系调整。在农村土地整治中，充分发挥政府的协调作用，通过建立领导小组协调机制和联席会议制度等，促进有关部门沟通协作。

2. 健全土地整治决策机制

依法界定农村土地整治管理行政裁量权，加快推动简政放权和职能转变，从体制机制上降低决策风险。完善农村土地整治管理行政决策程序，把公众参与、专家论证、风险评估、合法性审查、集体讨论决定确定为农村土地整治重大行政决策的必要组成，并将其中一部分或全部确定为相关决策的法定程序，确保决策制度科学、程序正当、过程公开、责任明确。建立农村土地整治行政机关内部重大决策合法性审查机制，未经合法性审查或经审查不合法的，不得提交讨论。健全重大事项集体决策制度，农村土地整治管理方面的重大问题解决、重大项目安排、大额资金使用等决策事项，必须经集体研究后决定。建立农村土地整治重大决策终身责任追究制度及责任倒查机制，对决策严重失误或者依法应该及时做出决策但久拖不决造成重大损失、恶劣影响的，应当严格追究相关人员法律责任。探索建立农村土地整治主管部门法律顾问制度，建立以政府法制机构人员为主体，吸收有关专家和律师参加的法律顾问队伍，在制定农村土地整治重大行政决策、推进依法组织实施中发挥作用。借鉴国外经验，结合国内实践，进行农村土地整治决策时尤其注意做好以下几件事情：一是加强农村土地整治规划审议；二是健全完善农村土地整治公示制度；三是推动建立农村土地整治异议和评议制度；四是建立健全听证制度。

3. 严格规范关键环节管理

项目管理在当前及今后较长时间仍将是农村土地整治的主要管理形式，建立并严格执行诸如项目公告制、合同管理制、项目法人制、项目监理制，以及质量控制、档案管理与后续管理等规章制度，是推进农村土地整治规范有序的应有之义。随着组织实施管理模式创新力度加大，特别是农村集体经济组织和农民主体作用得到充分发挥，前述相关管理环节和工作内容需要适当简化，但招投标管理和财务资金管理在政府主导地位持续保持的情况下可能需要继续坚持。在招投标管理上，根据《招投标法》，超过一定金额的农村土地整治项目必须执行招投标制度。在目前鼓励实施模式创新，特别是引导不具备参加招投标的农民、农民集体经济组织或其他新型农业经营主体承担项目建设的背景下，需要进一步完善招投标制度。应当规定，除了一些技术难度不大、吸纳劳力较多的建设内容可以采取邀标或委托当地农民、农民集体经济组织或其他新型农业经营主体直接承担外，其他工程建设内容需要公开招投标。在财务资金管理上，严格按合同拨款，严格资金审批拨付手续，实行项目资金申请拨款制度，规范工程变更审批管理；规范竣工决算项目资金的管理、使用，严格执行批复的预算，加强项目资料管理，及时全面清理债权、债务，合理安排竣工验收工作。

（三）健全农村土地整治监督管理体系

创造机会，搭建平台，鼓励利益相关方以适当形式参与施工质量监管和规划实施监督等，强化项目实施监测监管，加强项目建设和资金使用督导，推动建立专项审计、专项督察，以及加强惩戒等。

1. 加强信息公开

农村土地整治行政管理部门全面推进"阳光行政"，实现决策公开、执行公开、管理公开、服务公开、结果公开。在广泛听取基层、专家学者和社会公众意见建议基础上制定并公告权力清单，向全社会公开农村土地整治的政府职能、法律依据、实施主体、职责权限、管理流程、监督方式等事项，特别是综合运用媒体平台，全面、及时、准确公开项目批准和实施等信息，方便公众查询，主动接受社会监督。涉及相关土地权利人或其他组织机构权利和义务的规范性文件，按照政府信息公开要求和程序予以公布。在加强信息公开的基础上，通过立法建立健全公众参与机制，明确规定公众参与的组织设置、参与规模、参与形式、参与步骤，为公众参与提供法律依据。

2. 加强实施监管

在监管能力建设上，着眼于提升农村土地整治实时动态监管能力，以高科技信息化手段为支撑，建立健全监测监管平台，运行和维护监测监管技术体系，积极应对形势发展对农村土地整治监测监管能力提出的挑战。在日常监测监管上，通过遥感监测、网上报备、实地采集等多源数据的融合和集成，实现信息资源共享和可追溯管理，推进备案信息监测分析、信息报备工作督导指导、遥感动态监测、实地评估考核等各项监测监管工作制度化、规范化、常态化，切实摸清底数、搞准情况，实现日常动态监测监管；充分运用"大数据"的思维和方法，加强相关数据统计汇总和综合分析工作，形成具有特色和权威的周期性专题分析研究报告和其他制度化数据成果，及时反映各类整治工作的进展、成效和存在的主要问题，为做好管理决策提供翔实的基础数据和研究结果支撑。

3. 加强审计督察

随着审计制度的日益完善，要推进农村土地整治资金工程专项审计制度化。专项审计内容包括工程现场审计、程序管理审计和建设工程审计。随着土地督察制度日益完善和农村土地整治日益成为各级政府工作重点，开展专项督察应该成为制度性的常态化工作。通过应用现代信息技术、改进完善工作方式，经常性开展农村土地整治专项督察，强化对省级人民政府的农村土地整治工作主体责任及其对下级政府农村土地整治工作监管责任的监督检查，确保农村土地整治目标任务得到贯彻落实。要合理运用专项督察结果，如把专项督查结果与干部的目标考核、单位的工作考核、领导的政绩考核乃至升降奖惩挂钩，对专项督查中发现的问题，采取批评教育、诫勉谈话等措施进行严肃查处；对在专项督查中执行认真、效果明显的，采取通报表扬、现场推广等办法加以弘扬，在政府部门内部营造出有利于推动农村土地整治工作的良好环境。

4. 加强责任惩处

加强农村土地整治行政主管部门内部监督，对涉及立项审批、项目管理、资金分配使用等权力集中的岗位，实行定期轮岗制度，坚持分岗设权、分级授权,强化内部流程控制,防止权力滥用。把农村土地整治纳入各级政府工作目标责任内容,对项目规划、资金筹措与使用、拆迁补偿、工程建设、群众安置等环节加强督促检查和考核评价。加快健全农村土地整治行政问责制度,对不履行、违法履行或者不当履行农村土地整治行政职责,导致国家利益、公共利益或者公民、法人和其他组织的合法权益受到损害,造成重大损失和恶劣影响的要严肃问责。强化上级行政主管部门对下级部门的监督机制,探索建立重大决策备案制度,各级农村土地整治行政主管部门自觉接受审计监督、社会监督、舆论监督和司法监督等外部监督,积极主动回应检察机关提出的相关公益诉讼。加快建立严格的监督处罚制度,严格依法追究惩处农村土地整治中各类问题。

(四) 构建农村土地整治法治保障体系

农村土地整治随着地位作用愈发突出,更加需要弘扬法治精神。保障群众合法权益,拓宽法律援助渠道和途径,健全依法维权和化解纠纷机制。在维护农村土地整治秩序中树立法治权威,在维护群众合法权益中彰显依法整治的良好形象,不断提升法治化水平。

1. 推动树立法治意识,增强法治思维

坚持把全民普法和守法作为农村土地整治法治建设的长期基础工作,运用"国家宪法日暨全国法制宣传日""世界地球日""全国土地日"等搞好农村土地整治法制宣传,通过广泛宣传教育,使得相关管理部门牢记"法定职责必须为、法无授权不可为",领导干部带头学法、模范守法,建设一支依法行政、服务高效、清正廉洁的农村土地整治干部队伍;引导全民自觉守法、遇事找法、解决问题靠法,将法治思维贯穿农村土地整治始终,依法参与、实施和监督农村土地整治工作。深化农村土地整治行业依法治理,推动中介机构建立行业协会,强化行业协会管理,规范行业行为,维护行业间公平竞争和正当利益。

2. 推动健全社会矛盾预防化解机制

健全法律服务体系,把法律服务融入农村土地整治的各方面和全过程,特别是加强涉及民生的农村土地整治法律服务。完善农村土地整治法律援助制度,扩大援助范围,健全司法救助体系,保证群众在遇到相关法律问题或者相关权利受到侵害时获得及时有效的法律帮助。各级行政主管部门建立健全农村土地整治社会矛盾预警机制、利益表达机制、协商沟通机制、救济救助机制,

畅通群众利益协调、权益保障法律渠道，完善信访、调解、仲裁、裁决、行政复议、行政诉讼等有机衔接、相互协调的矛盾纠纷调处机制。

3. 加强农村土地整治法治队伍建设

重视法治机构建设和法治人才培养，大力加强法治教育和普法宣传，提高法治队伍思想政治素质、业务工作能力、职业道德水准，建设一支依法行政、执法严明、服务高效、清正廉洁的农村土地整治管理干部队伍，增强依法依规整治意识，为加快推进农村土地整治法治建设提供有力组织人才保障。创新农村土地整治法治人才培养机制，加大实施法治人才培养计划，加强高校法学师资队伍建设，优化法学专业设置，通过创新法治人才培养机制，形成完善的农村土地整治法治理论体系，培养造就法治人才及后备力量。

第四章　农村土地整治的工程思维

2008 年十七届三中全会提出"大规模实施土地整治"后，尤其 2012 年《全国土地整治规划（2011—2015 年）》经国务院批复实施以来，土地整治在各地农村广泛开展。据原国土资源部数据，"十二五"期间，全国建成高标准农田 4.03 亿亩（以土地整治为平台），通过整治新增耕地 2556 万亩，耕地质量平均提升一到两个等级。鉴于近年农村土地整治成效显著，2016 年中央"一号文件"强调"大力实施农村土地整治"，2017 年年初国务院批复的《全国土地整治规划（2016—2020 年）》对"十三五"期间农村土地整治做出安排。从国家层面部署可看出，农村土地整治已经列入中央政府重要议程，每年投入专项资金高达千亿元。但从相关研究和笔者调研情况看，农村土地整治在一些地方陷入"地方政府有热情，主管部门有压力，农民群众有意见"的境地。尤应注意，农村土地整治还在许多地方呈现出与农业综合开发等同质化竞争格局。究其根源，客观存在的工程化倾向难辞其咎。

第一节　农村土地整治工程化倾向

20 世纪 90 年代中后期以来，农村土地整治规模逐年扩大，但由于偏重工程建设属性而呈现出日益严重的工程化发展态势，深刻影响了农村土地整治的总体走向，导致地方政府、主管部门和农民群众对于农村土地整治的认知不尽一致，以及与农业综合开发、农田水利建设等工作内容趋同。

一、农村土地整治的工程思维

（一）工程思维缘起

现代土地整理最初引进时（20 世纪 80 年代中后期至 90 年代中后期），正值中国各项建设活动刚刚全面铺开并导致耕地较快流失时期。根据国家土地管理局统计数据，1987—1995 年全国耕地净减 310.38 万公顷，年均净减 34.49 万公顷。针对耕地面积锐减、土地资产流失对粮食生产和农业发展、经济发展和社会稳定可能带来的不利影响，中央于 1997 年 4 月以中发 11 号文发布《关于进一步加强土地管理切实保护耕地的通知》，指出要认真贯彻"十分珍惜和合理利用每一寸土地，切实保护耕地"这一基本国策，并在中央文件中首次提出"积极推进土地整理"，土地整理从此与耕地保护紧密相关。1998 年修订的《土地管理法》又以法律形式提出"国家鼓励土地整理"。无论是中发 11 号文还是《土地管理法》均未界定土地整理内涵，但都提出要按照土地利用总体规划对田、水、路、林、村进行综合整治，以提高耕地质量、增加有效耕地面积、改善农业生产条件和生态环境。这一提法，不仅对学界认知产生了深刻影响，而且对土地整理实践产生了重大影响，很大程度上决定了土地整理及其农村土地整治走向。虽然从国际经验做法和国内学界初始认知看，中国引入现代土地整理的本意并非仅为保护耕地，但其引入不久即与耕地保护联系密切却是事实。在中国，抓好耕地保护除了严格审批耕地转为非农建设用地等行政管理以严控耕地资源流失外，还需运用工程技术措施增加有效面积（数量）和提高综合产能（质量），土地整理的工程建设属性较好适应了这一需求，并为日后工程化发展埋下了伏笔。

（二）工程思维发展

以提高耕地质量、增加耕地数量、改善生产条件和生态环境为出发点的土地整理在中国一经推行，相继出台的政策文件就表现出对其工程建设属性的青睐，并随着后来致力于缓解耕地保护压力和粮食安全担忧的努力而愈益加深，而其工程化发展脉络大体可从下列政策文件中一窥究竟：

1997 年中发 11 号文发布、1998 年《土地管理法》修订后，土地整理成为耕地保护的重要举措，而其工程建设属性尤受重视。1998 年 10 月原国土资源部出台的《关于进一步加强土地开发整理管理工作的通知》，从规范管理的角度规定以项目形式组织实施土地整理，项目内容由相关工程建设任务打包而成。2000 年 10 月原国土资源部出台的《土地开发整理项目资金管理暂行办法》，初步明确土地整理工程包括土地平整工程、农田水利工程和田间道路工程等。2001 年 5 月原国土资源部发布的《关于组织申报国家投资土地开发整理项目有关事项的通知》指出，土地整理工程包括土地平整工程、农田水利工程、田间道路工程和其他工程（农田生态防护林及水土保持工程等)。其中,土地平整工程一般包括土石方的开挖、回填、运输和土地平整等;农田水利工程主要包括排灌工程、喷微灌工程、竖井(机电井)工程、排灌电气工程等;田间道路工程主要是直接为农业生产服务的田间道路和生产路建设工程;其他工程是土地整理中涉及的农田生态防护林及水土保持工程等。自此,土地整理的工程建设内容基本明确并成为项目实施和考核的主要内容。2008 年 10 月,十七届三中全会第一次在中央文件中提出"土地整治"概念后,"土地整治"特别是"农村土地整治"很快就取代了之前的"土地整理"。2010 年 12 月国务院颁布的《关于严格规范城乡建设用地增减挂钩试点切实做好农村土地整治工作的通知》,将提高高产稳产基本农田比重确定为农村土地整治中农田整治的目标,手段和措施为开展土地平整、田间道路建设、农田防护建设和农田水利建设。2012 年 4 月财政部和原国土资源部联合发布的《新增建设用地土地有偿使用费资金使用管理办法》,直接将土地整治内容界定为土地平整、灌溉与排水、田间道路、农田防护与生态环境保持等工程。为了规范推进这项工作,主管部门还相继组织编制了《土地开发整理项目规划设计规范》等技术标准,基本涵括从可行性研究、规划设计到施工建设、竣工验收等农村土地整理(治)的主要环节,使得相关工程建设有标准可依。

　　虽然在已出台的省级行政法规和政府规章中,仅《湖北省土地整治管理办法》提及土地平整、农村水利、田间道路(含机耕道路)、生态防护和村庄整治等工程,但都无一例外要求按照工程项目形式对农村土地整治进行管理,如工程招投标、工程监理、工程施工、竣工验收、设施管护等。《湖南省土地开发整理条例》规定,"土地开发整理机构应当依法通过招标投标选定具有资质的施工单位进行工程施工,委托具有资质的监理单位进行工程监理","施工单位应当按照项目设计和施工合同合理组织施工","监理单位应当按照项目设计和监理合同,对工程建设的投资、建设工期和工程质量实施控制","开发整理的耕地的耕作层、平整度、灌排水条件、道路以及生态保护措施等,应当符合有关标准","工程施工结束后,土地开发整理机构应当组织项目所在地乡镇人民政府以及农业、水利等方面的专业技术人员与村民代表,根据项目设计要求,对项目工程进行验收,出具项目工程验收报告","有关乡镇人民政府、村民委员会或者村民小组应当建立管理和维护制度,对开发整理的土地和工程设施进行管理和维护,保证土地的有效使用和工程设施正常运转"。

前述政策文件和地方法规规章的发布实施，在指导农村土地整理（治）实践的同时，也使其被逐渐默认为保护耕地的工程建设项目，工程建设内容也被逐步明确并成为项目实施的核心任务和评价考核的主要对象。

（三）工程建设成就

1998 年《土地管理法》提出"国家鼓励土地整理"，特别是 2008 年十七届三中全会要求"大规模实施土地整治"以来，农村土地整治的工作基础得到强化，规模和影响不断扩大，国家和地方也大都将工程建设视作其主要内容甚至唯一内容，呈现出典型的"实体形态"整治特点。

不可否认，这种工程化取向的农村土地整治近年取得了较为亮丽的统计数据。全国层面上，根据《全国土地整治规划（2011—2015 年）》，2001—2010年，全国通过土地整治新增耕地 276.1 万公顷，超过同期建设占用和自然灾害损毁耕地面积，建成高产稳产农田超过 1333.3 万公顷，新（修）建排灌沟渠493 万公里，建成田间道路 460 万公里，经整治的耕地单产平均提高 10% ~20%。《全国土地整治规划（2016—2020 年）》指出，2011—2015 年，全国整治农用地 5.3 亿亩，建成高标准农田 4.03 亿亩，补充耕地 2767 万亩；建成田间道路 886.8 万公里，修建排灌沟渠 867.4 万公里，种植农田防护林 1.1 亿株等。省级层面上，浙江省"十二五"期间通过验收并备案 1746 个农村土地整治项目（高标准农田建设类），合计平整土地 91 万亩，土方工程量 4728 万立方米；新（修）建各类泵站、蓄水池等水源工程 1481 座，新（修）建涵洞、渡槽及倒虹吸等水利工程建筑物 4900 座，新（修）建各级灌排渠道、管道1.17 万公里；新（修）建田间道路、生产道路 9028 公里；种植各类农田防护林 15 万株。四川省"十二五"期间实施农村土地整治项目 2646 个，建成高标准农田 2621.83 万亩，新增耕地 128070.92 公顷，完成中低产田改造 1244.87公顷，新建、改建（维修）田间道路 557096.37 公里，新建、改建（维修）生产道路 543247.73 公里，新建、改建（维修）灌、排渠（管）道 418912.69公里，新建、改建（维修）各类灌排泵站 71 座，新建蓄水池 17350 口，新建农用井 181 口，新建、改建（维修）涵（含渡槽、倒虹吸）23582 座，新增和改善节水灌溉面积 65230.74 公顷。

笔者在各地调研中也发现，但凡实施过农村土地整治项目的地方，均以容易量化的工程建设数据作为其最直观表现成果。如西南一省某县，开展农村土地整治以来，投入资金 2.46 亿元，实施项目 32 个，建设规模合计 2.03 万公顷，新增耕地 2266.67 公顷，硬化 3.5 米机耕道路 359 公里，硬化 1 米生产便道 263 公里，修筑沟渠 243 公里，新建蓄水池 542 口，整治山坪塘 37 口等；中部某省某县一农村土地整治项目，投资 1094.94 万元，建设规模 467.47 公顷，新增耕地 2.75 公顷，修建灌溉渠道 124.82 公里、田间道路 52.53 公里，水利工程建筑物 2015 座。

客观而言，农村土地整治近年在改善土地利用条件、增加农村（准）公共品供给方面取得了较为明显的成效。前述成就的取得，可以视为积极实施工程建设的结果，但也反过来进一步固化了人们关于农村土地整治就是相关工程建设的认知。

二、农村土地整治的权属调整

（一）土地权属调整规定

在工程建设内容逐渐成为工作重点、工程建设属性日益凸显的同时，农村土地整治的另一项核心任务——因土地交换分合而产生的权属调整及其表征的社会治理属性却未得到同步发展。如果说工程建设是农村土地整治生产力方面的内容，那么权属调整就是农村土地整治生产关系（土地关系）方面的内容，也是一项综合性土地管理措施。但截至目前，这方面管理仍然远远落后于实践发展需要，虽然相关政策文件已有不少。

国家层面法律法规仅对土地开发和土地复垦涉及的权属调整做过原则规定，可见于 1986 年、1998 年版《土地管理法》及《土地管理法实施条例》，以及 1988 年《土地复垦规定》和 2011 年《土地复垦条例》中，但尚无土地整理权属调整方面的法律规定。随着土地整理深入开展，国务院和有关部门相继出台一系列文件对其予以规定。1998 年出台的《关于进一步加强土地开发整理管理工作的通知》将做好权属管理作为土地开发整理需要抓好的七个主要环节之一，要求开发整理前严格界定土地权属，开发整理后做好变更调查、确定权属和变更登记。原国土资源部 1999 年发布的《关于土地开发整理工作有关问题的通知》、2000 年发布的《国家投资土地开发整理项目管理暂行办法》和 2003 年发布的《国家投资土地开发整理项目实施管理暂行办法》都对做好土地整理权属调整做出规定。2003 年原国土资源部发布《关于做好土地开发整理权属管理工作的意见》，明确了土地开发整理权属管理的指导思想和主要任务，规定了权属管理的基本要求和主要程序，并对土地权属确认和土地权益分配，以及权属管理的保障措施等做出要求，第一次以部门文件形式对土地开发整理权属管理进行了规范。随后出台的相关文件，如2003年的《土地开发整理若干意见》、2005年的《关于加强和改进土地开发整理工作的通知》、2006年的《关于适应新形势切实搞好土地开发整理有关工作的通知》和《关于加强生产建设项目土地复垦管理工作的通知》等，对权属调整的个别环节和内容做了进一步细化和落实。

2010年国务院颁布的《关于严格规范城乡建设用地增减挂钩试点切实做好农村土地整治工作的通知》是第一个冠以"土地整治"的国发文件，该通知对在农村土地整治中做好农村集体土地权属管理做出诸如开展农村土地整治必须坚持确权在先，做到地类和面积准确，界址和权属清楚；农村土地整治涉及的土地原则上维持原有土地权属不变，开展土地互换的要引导相关权利人平等协商解决，有争议的要依法做好调处；农村土地整治实施后，要依法及时办理土地确权、变更登记手续等规定和要求。2012年出台的《关于开展工矿废弃地复垦利用试点工作的通知》对做好项目区土地权属管理做出规定，并要求"有权属争议的地块，不得纳入试点"；同年出台的《关于加快编制和实施土地整治规划大力推进高标准基本农田建设的通知》要求各地在实施土地整治项目中，要按照中央有关充分尊重农民意愿、切实维护农民权益的要求，做好地籍调查和权属管理，并对土地整治前、中、后等不同阶段做好权属管理进行了规定；这一年，原国土资源部还出台《关于加强农村土地整治权属管理的通知》，明确了农村土地整治权属管理的总体要求，提出了权属管理原则，理顺了权属管理程序，并将做好整治前土地调查和确权登记、抓好权属调整方案编制和报批、把握权属调整政策，以及做好整治后土地调查确权登记和信息化建设等明确为农村土地整治权属管理的重点工作。2016年，《土地整治权属调整规范》作为土地管理方面的行业标准正式发布，对在农村土地整治实践中做好权属调整进行了较为全面和系统地规范。

现已出台的省级行政法规和政府规章对于农村土地整治中权属调整问题或多或少有所涉及。贵州省、浙江省、山东省土地整治条例对调整土地权属做出依照有关法律法规执行的原则要求。《湖南省土地开发整理条例》强调开发整理的土地集体所有权性质不变，规定土地权属调整需要编制方案并征求意见后报县级人民政府批准、在项目所在地公告，以及土地权属调整后依法办理权属变更手续等，同时指出应当按照有关规定进行调整。《山西省土地整治条例》

规定"整治国有土地或者集体所有土地,原土地所有权不变",土地整治项目竣工验收后需要调整土地权属的,由土地所有权人协商解决并依法办理变更登记手续,协商不成的由县(区、市)人民政府依法处理。《天津市土地开发整理管理规定》要求土地开发整理项目实施前要界定土地权属、界址、面积,项目竣工验收后要及时开展土地权属的调整、登记、发证等工作。《湖北省土地整治管理办法》强调县级政府及其有关部门、乡级政府要加强这方面管理,农村土地整治项目需要调整土地承包经营权的要依照《农村土地承包法》执行,规定了整治土地的所有权原则不变,明确了权属调整的主要环节,并对农村宅基地和村庄整理节约土地、政府投资开发未确定使用权国有荒山荒地荒滩等情况进行了特别规定。《广西壮族自治区土地整治办法》对土地权属调整类型、方案编制批准和公告,以及竣工验收后依法办理土地权属变更登记等进行了规定。

(二)土地权属调整实践

早在20世纪90年代中后期,冯广京在调查了4个省的6个县、3个镇、7个村农地整理后断言,农地整理势必涉及权属调整,并将成为下一步影响和制约农地整理水平的重要因素。但是,他也认为,由于缺乏农地权属调整政策,加上中央关于耕地承包权30年不变的规定,多数地区在农地整理中有意回避权属调整问题,并在一定程度上影响了耕地的规模经营。为此,他建言应当尽快研究制定农地整理权属调整的原则和方法,而且指出,调整的原则应当有利于农地规模经营,有利于涉及各方的利益分配。前已述及,20世纪90年代末以来,国家和地方层面相继出台一系列指导农村土地整治权属调整的规范性政策文件和技术标准,但在实施中并未完全落实。唐秀美认为,在中国前期进行的耕地整理项目中,多数土地整理项目只进行了土地平整、基础设施完善等工程建设,对于农村土地整治的核心问题——"权属调整"未有较大推动,整理工程完成后,土地交付农民仍为原有的一家一户耕作方式,对于提高农业生产效率未有大的改善。王长江认为,实际操作中,土地权属调整在多数情况下被有意无意回避。笔者近年在调研中也发现,多数地方要么在实施中刻意回避,要么将土地权属调整设定为实施项目的前置条件,即确定项目选址以开展土地权属调整为前提,而不是将土地权属调整视为项目实施的重要内容。

表 4-1   1998—2008 年土地开发整理项目权属调整分布情况

地区	项目数量（个）	投资规模（万元）	建设规模（万公顷）	新增耕地面积（万公顷）	国有土地		集体土地		承包经营权	
					农场个数（个）	农户数（万户）	村（个）	村民小组（万个）	农户数（万户）	人数（万人）
云南	444.00	373244.20	17.69	4.07	12.00	0.09	1186.00	0.76	34.40	140.60
山东	2323.00	1057112.80	66.13	14.25	31.00	0.80	800.00	1.2	238.80	883.40
广西	167.00	152483.30	7.33	1.22	8.00	0.20	506.00	0.6	23.70	106.70
北京	22.00	26039.70	1.12	0.19	0.00	0.00				
湖北	291.00	370.50	24.70	1.61	38.00	2.20	1794.00	1.0	45.00	201.00
吉林	106.00	8925.17	6.31	1.39	6.00	0.04	271.00	0.05	3.80	14.90
辽宁	383.00	262339.00	16.17	3.10	38.00	0.03	627.00	0.1	34.50	128.20
新疆	87.00	74709.23	5.03	0.84	19.00	0.53	73.00	0.03	2.46	10.51
江苏	359.00	408424.00	16.77	2.77	8.00		127.00	1.7	31.62	1610.20
陕西	60.00	60358.60	1.96	0.52	4.00		456.00	0.2	9.20	38.90
福建	360.00	201298.40	6.25	0.83	6.00	0.03	5400.00	2.7	34.00	4725.00
安徽	199.00	295125.00	13.15	1.31			403.00	1125.0	2.25	11.25
甘肃	286.00	155732.00	7.10	3.10	16.00	0.40	267.00	458.0	0.38	16.28
广东	216.00	282774.40	6.29	1.67	21.00		571.00	2569.0	1665.00	75.53
河北	1849.00	473282.33	32.79	7.26			5547.00			
湖南	2532.00	542249.10	24.61	4.81	239.00	8.10	13100.00	54000.0	68.35	289.80
四川	296.00	427896.00	19.95	3.76	1.00			12200.0	29.74	94.89
重庆	710.00	273457.87	13.90	2.83	0.00	0.00	1631.00	7317.0	32.03	115.02
江西	184.00	249511.60	15.21	1.13	10.00	0.10	1000.00	7000.0	54.50	20.40
河南	569.00	449012.50	26.94	3.81	10.00	0.02	2621.00	23000.0	80.10	351.40
海南	65.00	38601.18	2.11	0.27						
青海	20.00	20619.10	0.71	0.14	1.00	0.00	71.00		2.21	9.71
内蒙古	426.00	319601.50	25.08	2.15	14.00	0.68	231.00	455.0	6.30	18.90
黑龙江	342.00	337735.00	33.28	6.13	45.00	0.42	360.00	2520.0		
贵州	87.00	57612.10	1.89	0.26	1.00		94.00		1.47	
浙江	58.00	140000.00	7.19	1.14						
宁夏	56.00	41800.00	3.33	0.53						

2008 年 7 月，原国土资源部组织开展的土地开发整理权属调整专项调查结果显示，1998 年 7 月 1 日—2008 年 6 月 30 日，全国 28 个省份已新增费安

排 12744 个土地开发整理项目，总投资约 727.00 亿元，建设总规模 433.38 万公顷，新增耕地 73.21 万公顷。其中，涉及国有农场 528 个，国有土地使用权 2.92 万户，国有土地承包经营权 30.97 万户，共 91.43 万人；涉及行政村 4.31 万个、村民小组 18.11 万个，集体土地使用权 177.81 万户。前述项目中涉及土地权属调整的有 6486 个（占项目总数的 50.89%），总面积 100.65 万公顷（占项目总面积的 23.22%）。其中，涉及土地所有权调整、土地使用权调整和他项权利调整的项目面积分别为 23.70 万公顷、76.94 万公顷和 1.30 万公顷。在所有权调整方面，除河北、海南和宁夏 3 个省份外，其余 25 个省份均开展了土地所有权调整，面积合计 23.70 万公顷，其中，国有土地使用权调整面积 0.93 万公顷，集体土地所有权调整面积 22.78 万公顷，所有权调整面积占项目建设总规模的 5.47%；在使用权调整方面，农村土地承包经营权调整是主体，22 个省份开展了相关工作，调整面积 64.67 万公顷，占项目总面积的 14.92%，涉及 294.86 万农户、1109.09 万人，平均每户调整面积 0.22 公顷，其他使用权调整面积 12.27 万公顷，占项目总规模的 2.83%，涉及 36.55 万农户、126.56 万人；在他项权利调整方面，各省份上报的调整数据不够完善，少部分省份他项权利调整数据缺失。从数据看，10 年间土地开发整理涉及土地他项权利调整的面积约为 1.30 万公顷，占项目总规模的 0.30%。1998—2008 年间土地开发整理项目开展权属调整比例较低，多数项目只进行了农田水利设施建设和土地平整，地块零碎现象在多数地方依然严重。具体如表 4-1 所示。

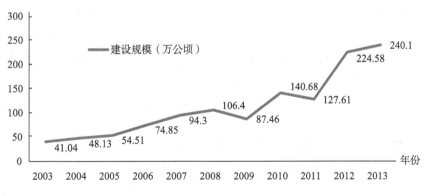

图 4-1　2003—2013 年各年全国农村土地整治建设规模（万公顷）

2008 年以后，随着农村土地整治进入快车道，以及土地承包经营权的物权理念日益深入人心，土地权属调整难度加大，实际操作中被刻意回避的可能性增大。2010—2011 年，原国土资源部土地整治中心调查了全国 8 个代表省份的土地整治重大工程和示范项目，开展了权属调整项目的总建设规模11638.80 公顷。涉及所有权调整省份有 4 个，面积为 4203.12 公顷，占项目建设总规模的 36.11%；涉及承包经营权调整省份有 4 个，面积为 4492.02 公顷，占项目总规模的 38.60%，涉及农民 17186 户、65341 人。由于这次调查省份数量有限，而且是有土地整治重大工程和示范项目的省份（这些省份农村土地整治相对较为规范），由此断言农村土地整治开展权属调整比例较之以前明显提高为时尚早。笔者结合近年调研情况，对前述地方上报数据持审慎保留态度。笔者 2016 年在中部某省一县调研中发现，当地主管部门因畏于可能产生纠纷而在实施农村土地整治项目时搁置权属调整工作，虽然项目在立项审批时做了权属调整方案，但实际并未执行。

三、农村土地整治工程化的负面效应

农村土地整治日益凸显的工程化倾向，即过于偏重工程建设属性而对社会治理属性关注不够，不仅钝化了农村土地整治区别于农业综合开发、农田水利建设等活动的特征，而且影响其正常功能的有效发挥，甚至产生了一系列负面效应。

（一）多数农民获得感差

根据《土地管理法》有关"县、乡（镇）人民政府应当组织农村集体经济组织，按照土地利用总体规划，对田、水、路、林、村综合整治"的表述，农村集体经济组织和农民是农村土地整治的主体。但实际上，工程建设内容打包成项目后，单项合同金额往往超出 200 万元，需按规定以招投标形式确定承建单位，再加上相关建设内容都有较为严格的技术标准需要遵循，实际上提高了农村土地整治的准入门槛并将其真正主体排除在外，项目经费多被规划设计、工程监理和工程建设等机构"俘获"，只有部分农民以提供劳力形式参与工程建设并领取少量报酬，国家支农资金大量外溢而较少转化为农民工资性收入。国家政策设计中的受惠者并未真正成为农村土地整治的实际运作主体。

（二）工程建设容易脱离地方实际

在缺乏相关主体实质性参与前提下，工程建设内容被打包后交由经过招投标确定的单位进行规划设计、施工建设和工程监理。由于这些专业队伍通常并不十分清楚项目区实际，加上深入实地了解情况和征求意见并未成为常态，在降低成本、追逐利润的驱使下，短时间内闭门造出的规划设计方案在施工中经常需要变更，建成的工程设施往往脱离项目区实际需求。笔者 2016 年在中部某省一市调研时发现，该市迄今已完工的 39 个农村土地整治项目中，有 35 个项目的规划设计方案在施工中进行过变更，变更率高达 89.74%。建成的田间道路、灌溉排水、防护林网等设施因为不符合实际需要而用不了几年就被弃置或者损坏现象较为常见，"断头路、断头沟"等也普遍存在，工程建设质量更为许多地方的农民所诟病。

（三）项目建设成果难以发挥作用

由于农民和农村集体经济组织的主体地位并未很好体现，加上工程建设脱离农民和农村的实际需求以及项目管理上重"建设"轻"养护"，农村土地整治项目的建设成果要么被农民主动破坏，要么因养护不善而失去效用。笔者实地调研中常发现，一些项目在实施中，针对地块零碎分散、田埂纵横和耕作利用不便等情况，进行了土地平整和设施配建，但由于没有进行权属调整等，项目建成并移交当地农民后，他们重又筑起田埂，不仅未能解决耕地碎片化状况，而且所有地块均能临路、临渠以方便耕作的设想也无法实现，而没能解决耕地零散细碎问题还使得一些经过整治的土地仍然处于撂荒或丢弃状态；有的村庄和部分村民甚至对无法长期发挥效用的农村土地整治项目设施占用宝贵土地资源而颇有微词。

（四）容易诱发农村社会矛盾纠纷

农村土地整治项目在布局选址时需要考虑有关乡镇和村组的申请情况（乡镇和村组在决定项目布局和选择时影响力其实有限），但一经确定之后，通常就是主管部门直接与项目区涉及的农户打交道，乡镇政府的协调作用和村集体的组织作用难以体现。项目实施中，由于缺乏农民、建设单位和主管部门之间的协商沟通和纠纷解决机制，特别是权属调整等基础工作被避而不谈，施工中经常发生各种问题和矛盾，如有的农户因为耕地被占用并认为赔偿不足而当"钉子户"阻挠甚至破坏工程建设，一些农户认为道路、沟渠等基础设施布局不合理导致受益程度不均而持有异议等，影响了基层政府的信任度和公信力，甚至恶化干群关系的群体性事件也时有发生。

第二节 农村土地整治工程化诱因

日益凸显的工程化特征使得中国农村土地整治明显有别于国际通行的土地整理做法，并被打上较为明显的中国特色烙印。虽然偏重工程建设的农村土地整治增加了农村（准）公共品供给，提高了农田通达能力、排灌能力和抗灾能力等，但对社会治理属性的忽视也产生了诸多负面效应，并对其成效有所抵消。究其根源，行政力量对农村土地整治的主导尤其是对工程建设的偏好和乡村治理能力的弱化是不可忽视的重要因素，两者的共同作用导致了这一现象的发生和发展。

一、行政力量主导

1998 年《土地管理法》首次提出"国家鼓励土地整理"后，农村土地整治逐步实现从之前的自发无序、无稳定投入状况到有组织、有比较稳定投入状况的转变，在这一过程中行政力量的推动起到了决定性性作用。行政力量的主导确保了农村土地整治顺利推进并取得实效，但其对工程建设内容的偏好也导致农村土地整治呈现出愈益明显的工程化发展态势。

（一）耕地保护压力倒逼

粮食安全历来是中国治国理政的头等大事，而保护耕地是粮食安全的基本前提。在耕地保护压力层层传导之下，各级政府特别是中央政府在不同时期表现出对土地整理和农村土地整治工作的高度重视。

20 世纪 70 年代末期改革开放后，中国工业化城镇化发展逐渐步入正轨，生产建设占用耕地快速增加，耕地面积持续减少，仅 1985 年就减少 1500 万亩。1986 年 3 月，中共中央、国务院以中发 7 号文下发《关于加强土地管理制止乱占耕地的通知》，明确"十分珍惜和合理利用每一寸土地，切实保护耕地"是必须长期坚持的一项基本国策；同年 6 月，全国人大通过的《土地管理法》将"合理利用土地，切实保护耕地"作为立法的主要目标，并对国有荒山荒地滩涂开发和生产建设损毁土地复垦做出原则规定。一份通知、一项法律的颁布和基本国策的确立，使得在保障经济建设和确保粮食安全目标驱动下，农村土地整治的相关工作不再是基层组织或政府的自发行为。

从 20 世纪 90 年代中期开始，工业化城镇化发展步入快车道，建设用地需求持续高涨，加上生态退耕战略实施，全国耕地数量一度锐减，1999—2004年年均净减 2000 万亩以上，粮食总产也在 2003 年达到 1990 年以来最低值。出于保护耕地资源、保障粮食安全的考虑，这一时期国家将土地整理明确为国家行为，要求各级政府着力推进。1998 年修订的《土地管理法》提出"国家实行非农业建设占用耕地补偿制度""各省市自治区政府负责本行政辖区内的耕地总量动态平衡""国家鼓励土地整理"，强化了耕地保护的法律地位，农村土地整治的重要类型"土地整理"首次进入国家法律并被界定内涵；同年修订的《土地管理法实施条例》提出"各级人民政府应当加强土地利用年度计划管理"，要求"县、乡（镇）人民政府应当按照土地利用总体规划，组织农村集体经济组织制定土地整理方案，并组织实施"，土地整理成为土地利用计划管理的重要内容，有关"土地整理新增耕地面积的百分之六十可以用作折抵建设占用耕地的补偿指标"的规定，还使得地方政府在保护耕地与保障发展间找到变通途径；2004 年国发 28 号文《关于深化改革严格土地管理的决定》要求定期考核土地开发整理补充耕地情况，并且明确政府主要领导是本行政区域耕地保有量和基本农田保护面积第一责任人，土地开发整理因为直接关系到地方政府保护耕地目标能否实现而备受关注。

2008 年十七届三中全会基于"中国总体上已进入以工促农、以城带乡的发展阶段"的科学论断，不仅提出"大规模实施土地整治"，而且要求"坚持最严格的耕地保护制度，层层落实责任，坚决守住十八亿亩耕地红线"，具体措施包括"继续推进土地整理复垦开发，耕地实行先补后占"等。2010 年国务院以国发 47 号文下发的《关于严格规范城乡建设用地增减挂钩试点一切实做好农村土地整治工作的通知》是第一份专门针对农村土地整治的中央文件，提出要"规范推进以田水路林村综合整治为内容的农村土地整治示范建设"，目标之一就是增加耕地面积。2011 年发布的国家"十二五"规划纲要把实施土地整治重大项目作为新农村建设十二项工程之一，其核心要义是"实施农村土地整理复垦重点建设项目，补充耕地 2000 万亩"。2012 年的《全国土地整治规划（2011—2015 年）》、2017 年的《全国土地整治规划（2016—2020年）》相继得到国务院批复，而这两份规划均将落实最严格的耕地保护制度作为土地整治的重要目标。2016 年发布的国家"十三五"规划纲要，继续把大规模推进土地整治作为坚持最严格耕地保护制度的重要措施。2017 年中发 4号文《关于加强耕地保护和改进占补平衡的意见》仍然明确要求"大力实施土地整治，落实补充耕地任务"。2018 年"中央一号"文件继续提出"大规模推进农村土地整治和高标准农田建设，稳步提升耕地质量"。

（二）项目管理制度健全

经过20多年探索实践，农村土地整治建立了一套"行之有效"的运行机制。其中，农村土地整治规划编制和年度计划下达都是运用行政力量、依托层级化政府体系将任务以指标形式逐级分解落实到县级主管部门的。在这一过程中，工程建设的内容易于量化、成效易于显化的特点使其成为各级政府关注的重点和分解落实的内容，而县级主管部门在推进项目实施时更是倾力做好工程建设管理。客观而言，地方政府出于追求政绩，加上农村土地整治项目有专项资金支持，一般都会努力争取。以土地整治重大工程和示范建设为例，2008年以来，在有关省份申报之下，原国土资源部会同财政部在黑龙江、吉林、河南、湖北、湖南、云南、青海、宁夏、新疆、海南、陕西、甘肃等12个省份安排了14个土地整治重大工程项目，并在河北、内蒙古、吉林、黑龙江、江苏、安徽、江西、山东、湖北、广西等10个省份部署开展了整体推进农村土地整治示范建设。其中，14个重大工程计划建设总规模3566.02万亩，新增耕地819.32万亩，总投资610.21亿元；10个示范建设省份应投入资金不少于520.64亿元（中央支持资金260亿元，省政府投入不少于260.64亿元），计划整治总规模2634万亩，新增耕地174.5万亩。前述项目在安排到相关省份后，又会根据市县政府申请情况分成若干子项目，而项目实施的重点就是各类工程建设。

为了做好农村土地整治项目实施管理，各级主管部门一直致力于建立健全项目管理制度。项目管理制度的建立健全在确保农村土地整治取得实效的同时，进一步凸显和强化了其工程建设属性，对其工程化发展起到了推波助澜的作用。1998年10月原国土资源部颁布《关于进一步加强土地开发整理管理工作的通知》，初步明确土地整理要以项目形式进行管理，管理对象主要为工程建设内容。1999年以后，随着新增费开征并专项用于耕地开发政策得到落实，农村土地整理（治）项目管理制度不断健全，管理的主要对象也逐步确定为工程建设内容。1999年10月原国土资源部出台《关于土地开发整理工作有关问题的通知》，要求各地成立土地整理机构并在主管部门指导下组织实施土地整理项目。2000年11月原国土资源部出台《国家投资土地开发整理项目管理暂行办法》，不仅明确县级土地行政主管部门为项目申报单位，而且首次提出项目实施要实行公告、招投标、项目法人、工程监理等制度，以及采取合同管理方式。2002 年 4 月原国土资源部印发《关于对国家投资土地开发整理项目进行中期检查的通知》，将项目法人制、招投标制、监理制、合同制、公告制明确为土地整理项目管理五项制度。2003 年 4 月原国土资源部出台《国家投资土地开发整理项目实施管理暂行办法》，在强调落实前述"五制"的同时，要求各级国土资源部门加强实施监管。2006 年 9 月原国土资源部出台《关于适应新形势切实搞好土地开发整理有关工作的通知》，要求对项目承担单位的目标管理和绩效考核实行以审计为主、监督检查并行的监管制度。据此，一些地方将决算审计制列入农村土地整治项目管理制度，合称"六制"，也有地方将竣工验收制作为"六制"之一。截至目前，农村土地整治项目管理制度基本建立。应该说，项目管理制度的建立健全，保证了农村土地整理（治）工程建设任务的顺利完成，很大程度上确保了资金安全和项目质量，但其准入门槛的提高也使其重工程建设轻权属调整的倾向十分明显。这一点可以从农村土地整治项目实施监管的重要手段——信息备案情况看出，项目实施阶段需要备案的内容除投资信息外，主要是工程建设信息，如完成的土地平整面积、土方工程量、灌排设施工程量、田间道路工程量、农田防护林工程量等。

　　农村土地整治是一项复杂的系统工程，规范有序推进该项工作需要遵循一定的程序规则。农村土地整治项目实施管理的一般流程见图 4 - 2。1998 年原国土资源部发布的《关于进一步加强土地开发整理管理工作的通知》将土地开发整理管理划分为规划计划、项目可行性论证、项目规划设计、项目审查报批、项目实施监督检查、项目验收和土地权属管理 7 个环节，后来相继发布的其他文件还对土地开发整理的单项环节进行适当细分，如原国土资源部 2002 年出台的《土地开发整理规划管理若干意见》将土地开发整理规划编制程序分为准备工作、调查分析、拟订规划方案、协调论证、规划评审和报批 5 个环节；原国土资源部 2000 年颁布的《国家投资土地开发整理项目管理暂行办法》将项目管理程序分为项目申报、项目审查和年度项目计划与预算下达、项目实施管理，以及项目验收及成果管理等环节；2003 年原国土资源部出台的《关于做好土地开发整理权属管理工作的意见》将权属管理程序分为制订权属调整方案、公告权属调整方案、权属调整方案审批和土地权益重新分配 4 个环节；2003 年原国土资源部发布的《国家投资土地开发整理项目实施管理暂行办法》将项目实施管理程序分为实施准备、工程施工、验收准备和竣工验收 4 个环节等。应该说，依靠行政力量推动建立的项目管理制度和程序规则，通过设计包括立项、申报、审批、监管、考核、验收、评估和奖罚等在内的一系列理性程序，加上规划编制、计划下达等前期工作，构建了一套较为严密的农村土地整治技术治理体系。

现行农村土地整治的一般流程为：上级政府通过编制土地整治规划和制订年度计划，将未来一定时期（通常为 5 ~ 10 年）和特定年份的整治任务，以数字指标形式逐级分解到县级政府；县级主管部门依据规划和计划，组织乡镇或村庄提出立项申请并组织开展项目可行性研究，在此基础上申报项目并由上级主管部门审批后立项；县级主管部门通过招标确定设计单位并由其编制项目规划设计方案，该方案经评审后，以招标方式确定工程建设的施工单位和监理单位；工程建设中，施工单位按照规划设计方案施工，监理单位履行监理职责，县级主管部门加强实施监管；工程建设任务完成后，通过施工单位自验、

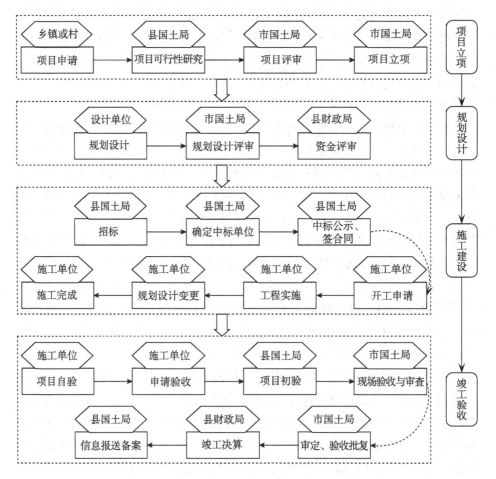

图 4－2　农村土地整治项目实施管理的一般流程

县级主管部门初验和上级主管部门验收才算竣工，县级主管部门还要依据考核、评估结果进行奖罚；完工的项目，通常由主管部门与项目区农村集体签订协议后移交，由农村集体耕种和管护。从理论上看，这套流程能够保证工程建设任务顺利完成，而且理应确保资金安全和项目质量（事实上常常并未如此，这一问题笔者将另述），但也进一步凸显和强化了农村土地整治的工程建设属性。另外，随着以"五制"或"六制"所表征的项目管理制度的建立，各级主管部门尤其是负责具体实施的县级主管部门，囿于人员、技术和部门职能定位等原因，往往感到压力很大，仅仅做好以工程建设为对象的项目实施管理就会占去大量时间和精力，更遑论开展更加耗时费力的权属调整，因此在面临完成作为考核对象的工程建设任务和开展未列入考核但有助于改善农村治理的权属调整的选择时十分现实：或者在项目实施中刻意搁置权属调整，或者从一开始就不考虑在未实施或将要实施权属调整的村庄安排项目。主管部门特别是县级主管部门对于开展土地权属调整的热情普遍不高。

二、乡村治理弱化

行政力量的偏好是农村土地整治工程化的直接诱因，农村基层治理能力的弱化是间接原因，更是相关主体直面现实的无奈选择，而权属调整未能有效开展也影响了农村土地整治改善农村治理的功能发挥。

（一）农村承包地块零碎亟须进行整合

作为一个农业大国，中国农业生产的自然地理条件总体较差，如耕地总量的70%左右分布在山地、丘陵和高原地区，加上复杂的历史、经济、制度、人口、技术等多种影响因素的综合作用，中国耕地呈现出较为明显的细碎化特征。改革开放初期，中国在广大农村实行土地所有权、使用权分离的家庭联产承包责任制。这种责任制一方面克服了人民公社时期分配中存在的平均主义、"吃大锅饭"等弊病，纠正了管理过分集中、经营方式过分单一等缺点；另一方面发扬了农业合作化以来集体经济的优越性，做到了有统有分、统分结合。总体上看，家庭联产承包责任制有效激发了农民的生产热情，农业生产迅速发展，农民的经济收入和生活水平提高很快。1984年，全国农业总产值达到2815.6亿元，比1978年1739.4亿元（均按1980年不变价格计算）增长61.9%，年均增长8.8%；全国粮食总产量达到40730万吨，比1978年30475万吨增长了33.7%，年均增长4.8%，农民温饱问题基本解决；全国农民家庭平均每人纯收入 355.33 元，比 1978 年的 133.57 元增长 1.66 倍，年均增长 23.7%。实践证明，家庭联产承包责任制适合中国当时的农业生产力发展水平，初步解决了十多亿人口的温饱问题，具有很强的现实性和操作性。

各地实施农村家庭联产承包责任制时，受均分机制影响，耕地承包数量以人口均分为原则、以家庭为承包单位，将土地承包权平分给该集体组织内的每位成员；在承包土地质量上，综合考虑地力肥瘦、距离远近等因素进行肥瘦搭配、远近插开。在人均耕地本就极少的背景下，这种均分方式直接导致农户经营土地呈现细碎化、分散化、单个化特点，地块面积狭小而且"插花"利用成为常态。根据温铁军的研究，在普遍推行"大包干"后的 1984 年，农村劳均耕地面积约 0.3 公顷，人均只有约 0.1 公顷。均分土地使广大农区尤其是传统农区，一个农户往往占有三五块、十几块，甚至几十块"远近高低各不同"的耕地。实行责任制后一段时间内，针对婚丧嫁娶带来人口增减、耕地被征占和自然灾害引起耕地毁损等情形导致人口或耕地新变化，各地大都对耕地分配进行过不同程度、不同次数的调整，许多地方隔 3~5 年调整一次，有些地方甚至一年一调。杨学城等在 2000 年对山东、江苏、江西、河南等四省的调查表明，1978—2000 年，89.6% 的村进行过不同程度的土地调整，调整次数平均 3.9 次，其中，大调整平均次数 1.9 次，调整次数最多达 23 次，即一年一调。频繁的土地调整进一步加剧了耕地细碎化程度。1981 年中国家庭数为 1.85 亿农户，平均承包耕地 8.35 亩，1993 年农户增加到 2.25 亿户，户均承包耕地减少到 6.7 亩。1999 年《中国农村住户调查年鉴》表明，全国农村户均耕地 0.531 公顷、地块数 6.1 块，每一地块平均仅有 0.087 公顷；2006 年全国第二次农业普查结果显示，全国农民户均拥有耕地块数高达 5.7 块。

耕地细碎增加了田埂、道路面积，造成土地浪费、加剧了地界纠纷，还阻碍了农业基础设施的建设与使用、农业机械化的投入与使用以及科学技术的推广与普及，大部分乡村地区长期处于靠牛耕田、靠人插秧、靠天吃饭的状况。在非农产业不发达、农业生产机械化程度不高和规模化经营需求不强的情况下，耕地细碎化问题并未引起足够重视，但随着农村青壮年劳动力持续外流，以及机械化程度逐步提高、规模化经营需求日益强烈，耕地细碎化成为导致农业生产效率损失的关键因素，农民有着极强的解决耕地细碎化问题的冲动。从农村土地整治本源和国内外实践看，通过交换分合地块以及由此产生的权属调整，能够有效解决耕地细碎化问题。但随着 1984 年中央"一号文件"《关于一九八四年农村工作的通知》（改革开放后第三个涉农"一号文件"）明确规定"土地承包期一般应在十五年以上"、1993 年《关于当前农业和农村经济发展的若干政策措施》明确指出"在原定的耕地承包期到期后,再延长 30 年不变",特别是 2008 年十七届三中全会通过的《关于推进农村改革发展若干重大问题的决定》明确提出"赋予农民更加充分且有保障的土地承包经营权,现有土地承包关系要保持稳定并长久不变",进入 21 世纪以来,农村集体出于可能违反中央政策的担忧,针对土地承包经营权的调整在多数地区逐渐成为"禁区"。这就导致,即便一些地方因为耕地细碎不便耕作而导致撂荒、弃耕现象发生,村集体也不敢、不愿去进行适当的地块调整。农村土地整治项目被安排在这些地方时,项目实施方也采取尊重现实的做法,不愿意花费时间和精力去推进地块交换合并和权属调整以使耕作地块集中连片。农村土地整治社会治理属性的缺失可以视为遵守既定政策的一项被动选择。

(二) 现行乡村治理难以支撑权属调整

家庭联产承包责任制客观上导致家庭分散经营和耕地细碎,但中央政府的政策设计从未放弃适度规模经营。前述《关于一九八四年农村工作的通知》在强调继续稳定和完善联产承包责任制,并将土地承包期规定为一般应在 15 年以上的同时,也鼓励土地逐步向种田能手集中,使得各地根据农业现代化需要调整土地权属进而发展适度规模经营成为可能。

家庭联产承包责任制实施以来,各地农村不乏发展适度规模经营的需求和实践,农村土地整治的大规模开展更为发展适度规模经营提供了机遇。作为农村土地整治的重要内容,土地权属调整应以项目为单元,村民小组、村民委员会、乡镇政府或其他组织机构以及前述组织的联合体是工作主体,有关行政主管部门和土地整治机构加强政策指导。根据 2016 年《土地整治权属调整规范》,土地权属调整主要包括权属调整意愿调查、权属现状调查、田块(宗地)面积测量、整治前后土地质量评价、权属调整方案编制、方案公告、权属调整异议处理、权属调整方案实施、调整后权属登记、权属调整档案整理和归档等内容,一般包括可行性研究、规划设计、实施和验收 4 个阶段,每个阶段都有大量工作要做,如在项目可行性研究阶段,应查清项目区土地所有权权属现状、调处解决权属争议,调查所有权权利人权属调整的必要性和调整意愿,并将调查结果与变更限制进行公告;项目规划设计阶段,开展项目区土地承包经营权或(和)土地使用权权属调整的意愿调查,只有 2/3 以上相关权利人愿意开展权属调整的才可开展;项目实施阶段,施工前要签订权属调整原则性意见，竣工后按照土地质量评价结果编制土地承包经营权或（和）土地使用权权属调整方案，该方案公告、异议处理完毕后报批，组织签订权属调整协议，落实权属调整方案，对调整后的权属界线勘测定界；项目竣工验收阶段，土地权利人持有关材料办理权属变更登记，以及将相关资料整理归档。开展土地权属调整对乡村治理提出了较高要求。

现实情况是，在农村社会结构深刻转型及农村体制急剧变迁背景下，中国乡村治理日益弱化，农村集体行动能力全面衰落，农村土地整治中调整土地权属异常困难。税费改革从根本上改变了国家与农民的关系，废除了延续几千年的"皇粮国税"，而且国家逐年加大支农资金投入（主要以项目形式进入农村），标志着国家治理农业的核心任务由从农业提取资源转为向农业输入资源并提供更好的服务。绝大部分惠农项目需要县乡政府负责落地，县乡政府在落实项目中的职能和责任持续增加。但是，税费改革后，县乡政府农业治理任务增加的同时，相关配套改革却切断了从农民那里提取资源的渠道，而且通过乡镇综合改革、合村并组等措施大量精简乡村组织的人员和机构，乡村两级资源和组织不断削弱，乡村治权和治责同步弱化，与农民的关系日益"悬浮"。原本国家依托乡村组织与农民对接的间接治理模式在税费改革后日渐式微，而以保障个体权利为核心和以强化对基层代理人监控为目的将国家权力直接对接农户作为组织机制的直接治理模式开始兴起。农村土地整治大规模开展出现在此背景下，而且深受影响。

农村土地整治的任务和资金逐级分解到县级后，主管部门依据乡镇或村集体申请情况，尤其是主管部门对这些地方软硬件条件（如土地资源禀赋、权属调整状况等）的判断，确定任务的分配和资金的投向，并通过项目"打包"后落到具体地块。在这一过程中，乡镇政府和村级组织并无多少话语权，其作用仅体现为协助解决项目实施中产生的矛盾纠纷。由于不能列支专项经费用于乡镇政府和村级组织的协调和管理，乡镇政府出于政绩考虑，尚有争取农村土地整治项目（工程建设部分）的积极性，但对于权属调整则往往以村民自治为由交由村集体解决。而村集体这一块，除了一些村"两委"有很强凝聚力和战斗力的村能够组织开展这项工作外，其他多数村很难有意愿和能力去推进土地权属调整。农村基层组织担心调整土地承包经营权可能违反中央政策规定，以及农民因为担心地方政府过度介入和"代民做主"而对权属调整产生抵触和排斥，农村土地整治通过权属调整解决耕地细碎化难题远未成为常态。由于广大农民缺少认同，加上乡村组织不积极，农村土地整治中最耗时费力但最基础的工作也就因而被忽视和搁置。

后税费时期，国家资源输入农村多以"项目进村"形式实现，但是，李祖佩认为，这种自上而下的决策机制和标准化输入方式，对于改善当前日益弱化的乡村治理能力并无多大益处。农村土地整治权属调整开展不力即为有力佐证，并且日益成为农村土地整治持续推进的主要障碍。这是各地推进农村土地整治时遵守既定政策的被动选择，也是农村基层治理弱化的突出表现。正因如此，当农村土地整治项目被安排在治理水平较低的地方时，项目实施方往往采取尊重现实（不调整交换地块，不改变土地承包经营权现状）的做法，即便当地出于发展适度规模经营考虑而对地块集中连片需求迫切，也不愿去尝试开展土地权属调整工作。

第三节　农村土地整治的本源复归

针对当前客观存在的工程化现象及其带来的负面效应，应基于对这一现象发生发展过程及其背后隐含因素的探究，在农村土地整治实施中统筹兼顾其工程建设属性和社会治理属性，引导农村土地整治复归本源，更好助力乡村振兴。

一、农村土地整治复归本源的需要与可能

现代土地整理引入以来，特别是21世纪初中国进入"以工促农、以城带乡"发展阶段后，农村土地整治被赋予更多的支农惠农富农使命，投入资金和项目数量持续增加。国家资源的大量投入，使得改善乡村地区农业生产生活条件的（准）公共品供给明显增多，但也产生了偏重工程建设而忽视社会治理的倾向。甚至在提及农村土地整治时，人们想到的往往是土地平整、田间道路建设、灌排沟渠建设，或者防护林网建设等工程建设内容，而对于权属调整内容知之甚少。

中国实行家庭联产承包责任制以来，土地承包经营权的物权化和农村集体组织建设的滞后，导致各类（准）公共产品供给减少和耕地细碎化等问题。（准）公共产品供给困境已在国家加大诸如农村土地整治工程建设等投入后得到改观，但耕地细碎化问题一直未能有效解决。农村土地整治本应在促进解决这类问题中发挥重要作用，但各地在开展这项工作时往往趋简避繁，选择性开展便于组织实施和易于显化成效的工程建设，尽量避开耗时费力和工作量大的

97

权属调整。这显然不符合现代农村土地整治的初衷，也不利于现代农业发展和农村治理改善。

近年来，广东省清远市、广西壮族自治区龙州县等一些地方的农民自发进行了将分散化、细碎化耕地调整成一块或一片以实现集中连片耕种和扩大经营规模的探索，在此过程中还根据需要适当配套建设农业基础设施。虽然当地人称之为"土地整合"或者"小块并大块"，但更符合本源意义上的农村土地整治。另外，2014 年 11 月中共中央办公厅、国务院办公厅联合发布的《关于引导农村土地经营权有序流转发展农业适度规模经营的意见》鼓励农民在自愿前提下采取互换并地方式解决承包地细碎化问题，2016 年中央"一号文件"在倡导各地依法推进土地经营权有序流转时再次鼓励和引导农户自愿互换承包地块实现连片耕种。农村土地整治近年来一直在努力转型，重中之重是要在继续开展工程建设的同时加强权属调整，早日实现从偏重工程建设转向统筹兼顾权属调整和工程建设的"双轮同转"。前述地方探索使得这种转型成为可能，国家的新要求则确保了转型的方向。

二、农村土地整治"双轮同转"实现途径

（一）正确认知农村土地整治工作

优化土地关系和改善用地条件是农村土地整治的本质内涵和核心目标，尤其土地权属关系调整是其区别于农田水利建设、农业综合开发等的本质特征，也是其功能和作用不可替代的重要表现。纠正过于偏重工程建设属性而忽视其社会治理属性的理念和实践，需要从根本上认识到二者可以有机结合和相互促进，即工程建设使得所有地块的耕作条件大致相似从而有助于权属调整，而权属调整减少了矛盾纠纷使得工程建设便于开展。

（二）扎实开展权属调整

农村土地整治需要开展涉及不同利益方的土地权属调整，而保持土地产权明晰、权能完整、权能构成合理以及产权足够流动性是农村土地整治成功的关键。2016 年 10 月出台的《全国农业现代化规划（2016—2020 年）》鼓励农户通过互换承包地、联耕联种等多种方式，实现打掉田埂、连片耕种，以解决农村土地细碎化问题。农村土地整治要以此为契机，总结分析各地经验做法，适时提炼成为可以应用推广的普适性政策。应该说，随着农村土地所有权、承包

权和经营权"三权分置",权属调整难度加大,农村土地整治通过调整土地权属而调整农村生产关系进而促进农村生产力发展的重要性和紧迫性也更加凸显。当前正在开展的土地承包经营权确权工作为农村土地整治推进权属调整提供了契机,应从各地农村实际出发,依托基层社会资源,针对农民的差异化需求,合理制定并实施权属调整方案,有效破解农地细碎化困局。

(三) 创新农村土地整治项目组织实施模式

在当前及今后较长一段时间内,政府都将主导农村土地整治,项目管理制度也将继续行之有效。但要认识到,随着近年来经济发展进入新常态,农村土地整治的重要经费来源——新增费未来收入预期的不确定性增强,政府和社会资本合作的基础设施项目建设融资模式(PPP)可能成为常态并已影响农村土地整治。为此,需要围绕增强农村集体经济组织和农民的主体地位,适当降低准入门槛,在确保国家权力有效监督的前提下,优化、简化项目实施管理环节,引导社会资本,特别是鼓励家庭农场、农民专业合作社等新型农业经营主体更多参与和承担农村土地整治,根据实际需要确定农业基础设施建设的内容和方式,以及交换合并零碎地块进行权属调整等。

(四) 改善农村治理水平

增加乡镇政府和村级组织在农村土地整治项目安排和实施中的话语权,发挥乡镇政府和村级组织贴近农民、了解农民需求的优势,更好发挥其组织协调作用。强化村级民主政治建设和集体经济组织建设,不仅组织发动农民承担或参与农村土地整治工程建设任务,还要协调解决土地权属调整中出现的各种矛盾纠纷。通过激活村民自治,强化农民主体意识,使之真正成为农村土地整治的实施主体。治理水平的提高将有助于农村土地整治顺利推进,而农村土地整治也理应成为改善乡村治理能力的重要手段。

第五章 农村土地整治的模式创新

农村土地整治在经济社会发展中扮演着越来越重要的角色，但以"地方政府主导—公司企业执行"为主要特征的常规实施模式的不足也正日益凸显。2014年全国国土资源工作会议提出"鼓励农村集体经济组织和农民依据土地整治规划开展高标准基本农田建设，探索实行'以补代投、以补促建'的实施方式"后，创新实施模式成为主管部门正式部署的一项工作，各地也进行了大量探索。时至今日，虽然各地的尝试不乏亮眼之作，新闻媒体的宣传更是极尽渲染，但常规模式仍然占据绝对主导地位，以农民为主体的实施模式创新仍在艰难探索之中。

第一节 常规模式的固化

农村土地整治常规实施模式的突出特征是农民主体地位的事实缺失，实施模式创新的关键在于真正树立农民的主体地位。探究农村土地整治实施主体的演化过程可以发现，偏离了本源的项目管理制度和相关制度的不断完善，成为导致农民主体地位缺失的主要原因，虽然这些制度的制定初衷并非如此。

一、事实缺位的农民主体

如果以农民在农村土地整治中的地位变化情况来考量，20世纪80年代中后期以来的农村土地整治大致可以分为这样三个时期：

（一）农民主体地位初步确立时期（1986—1997年）

这一时期是现代土地整理引入之初，国内开始借鉴国外特别是德国经验开展土地整理。其时主管土地整理工作的国家土地管理局主要领导对于如何推进土地整理以及如何发挥农民主体作用有着清醒认识。他们认为，土地整理是一项需要长期坚持的任务，主要依靠农民集体经济组织力量推进，要以严密的程序和制度保障土地整理充分尊重农民意愿、保护农民利益。从学界来看，虽然这一时期的多数专家对这一新生事物的认知抓住了现代土地整理内涵中最为重要的两点——优化土地关系（权属调整）和改善用地条件（工程建设），但对于如何组织实施却存有异议。如有专家根据当时农地整理的组织模式主要是以村镇一级为组织实施单位，部分地区市县政府不同程度参与指导和组织，以及投资主体是村镇级组织和农民的事实，断定当时的农地整理水平处于相对较低层次而且多属村镇经济发展自发形成的需求，指出政府如果长期缺位，极易导致其在农地整理上的发言权和控制权软弱无力，极易使自发的农地整理因为缺乏科学、中长期、全地区的统一规划而带来下一轮经济增长期内的土地浪费，建议各级政府尽快到位，加强对农地整理的领导和组织，加强大区域的统一中长期规划，并通过多种渠道注入农地整理资金，筹建专项储备金，新增银行专项贷款，组建专业整理规划、施工队伍，掌握农地整理的主动权、控制权。有关专家学者的前述观点，在强调土地整理突出政府主导作用方面并无不妥，但忽视了土地整理实施主体应为农民和农村集体经济组织的事实。

（二）农民主体地位不断弱化时期（1998—2011 年）

根据 1998 年修订的《土地管理法》，土地整理的组织者为县、乡（镇）人民政府，实施者为农村集体经济组织，农民的主体地位确定无疑。但具体实施中，随着耕地保护压力增大导致各级政府强势主导能够有效增加耕地的土地整理、财政专项经费（主要为新增费）成为土地整理主要甚至是唯一资金来源，以及旨在规范推进土地整理的项目管理制度建立健全并对承建单位资质等做出严格限制，农民的主体地位不断弱化。这从主管部门制定的有关文件中可窥一斑。

原国土资源部 1998 年出台的《关于进一步加强土地开发整理管理工作的通知》指出，土地开发整理必须在当地党委、政府的统一领导和组织下进行，土地管理部门做好管理工作。1999 年颁布的《关于土地开发整理工作有关问题的通知》指出，各地可成立土地开发整理专门机构，组织实施土地开发整理项目。2000 年颁发的《国家投资土地开发整理项目管理暂行办法》首次提出项目实施应实行公告、工程招投标、项目法人、工程监理等管理制度，以及采取合同管理方式。2001 年出台的《关于进一步明确国家投资土地开发整理项目管理有关问题的通知》规定，中央承担项目由原国土资源部土地整理中心作为承担单位，地方承担项目的承担单位原则上比照中央项目确定，承担单位具体组织实施项目。2003 年颁布的《土地开发整理若干意见》明确，政府投资项目由原国土资源部门负责组织可行性研究与规划设计审查、项目实施和验收，而社会投资项目由原国土资源部门负责组织可行性研究与规划设计审查和项目验收，强调项目实施推行法人制、招投标制、监理制、合同制、公告制等土地整理项目管理"五制"。在这期间，关于土地整理实施主体的认定有所变化，大体呈现出从农村集体经济组织到主管部门直属事业单位再到具有资质公司企业的发展路径。

2004 年以后，随着土地整理管理体制发生重大变化，主管部门开始转向加强宏观指导和监督管理，项目管理制度的健全导致公司企业分量加重，农民进一步边缘化。原国土资源部 2005 年出台的《关于加强和改进土地开发整理工作的通知》指出，省级原国土资源部门要组织项目申报，负责项目入库审查和项目库建设，核准项目实施方案，监督指导项目实施，开展项目竣工验收，同时强调，项目实施要执行"五制"。2008 年颁发的《关于进一步加强土地整理复垦开发工作的通知》提出，"土地整理复垦开发项目纵向上实行部级监管、省级负总责、市县人民政府组织实施的管理制度；横向上实行政府主导、原国土资源部门牵头、相关部门配合、企业竞争介入、农民参与的管理制度，落实共同责任"。在这一过程中，有关文件偶有提及农民作用，如 2005 年发布的《国家投资土地开发整理项目施工招投标管理暂行办法》规定零星、分散的辅助工程可组织农民完成，2006 年颁布的《关于适应新形势切实搞好土地开发整理有关工作的通知》强调土地平整、水土保持等工程可由农民承担等，但实际上缺乏操作性，实践中也鲜见案例。

（三）农民主体地位加速复归时期（2012 年至今）

虽然在之前阶段，国家已经意识到要确保农民的主体地位，如 2010 年国发 47 号文《关于严格规范城乡建设用地增减挂钩试点—切实做好农村土地整治的通知》提出，"要依法维护农民和农村集体经济组织的主体地位"，但真正付诸行动是在 2012 年以后。"十二五"以来，农村土地整治时间紧、任务重、压力大的特征愈发明显，特别是在"十二五""十三五"全国土地整治规划相继提出"建设旱涝保收高标准基本农田 4 亿亩""确保建成 4 亿亩、力争建成 6 亿亩高标准农田"规划目标后，常规模式已经很难确保完成任务。国家及主管部门在此期间出台的有关文件对重新确立农民主体地位做出部署和要求，体现了对农民主体地位复归的迫切期望。

2012 年原国土资源部颁布的《关于加快编制和实施土地整治规划—大力推进高标准基本农田建设的通知》鼓励有关地方积极探索农村集体经济组织和农民开展或者参与实施工程项目；同年在湖北省咸宁市召开的"贯彻实施全国土地整治规划—加快建设高标准基本农田现场会"上，原国土资源部领导提出要建立"政府主导、农村集体经济组织和农民为主体、国土搭台、部门参与、统筹规划、整合资金"的农村土地整治机制；该年财政部出台的《新增建设用地土地有偿使用费资金使用管理办法》提出，"稳步推进以农村集体经济组织和农民为主体开展的土地整治"。2017 年中共中央和国务院联合出台的中发 4 号文《关于加强耕地保护和改进占补平衡的意见》也提出，"引导农村集体经济组织、农民和新型农业经营主体等，根据土地整治规划投资或参与土地整治项目"。在此期间，有关省份以地方立法形式支持确立农民的主体地位。2016 年出台的《广西壮族自治区土地整治办法》指出，支持村民委员会、国有农（林）场等农业生产经营组织开展以增加地块面积、减少地块数量为目的的农村土地整治。

二、严重曲解的公众参与

主管部门近年着力构建包括政府主导、农村集体经济组织和以农民为主体等内容的农村土地整治机制，但总体进展缓慢。作为弥补，相关部门大力倡导建立健全以农民为主要对象的农村土地整治公众参与机制。不过，将农村土地整治原本的实施主体降格为参与人员，本身就是对其主体地位缺失的默认。而且，即便这种参与早在多年前就已提出，但至今仍在许多地方不乏搞形式、走过场之嫌。

有关部门出台的政策文件中关于公众参与的规定经历了从无到有、从少到多的发展过程。1998 年和 1999 年出台的有关土地整理文件没有提及公众参与内容。2000 年以后，相关文件开始重视公众参与。原国土资源部 2002 年出台的《关于认真做好土地整理开发规划工作的通知》要求，编制土地整理规划应征求公众意见；2003 年颁布的《关于做好土地开发整理权属管理工作的意见》规定，在制定土地权属调整方案和公告权属调整方案环节要积极引导公众参与；2005 年颁发的《关于加强和改进土地开发整理工作的通知》指出，项目选址、论证和设计要吸收当地群众参与并尊重群众意见。2008 年出台的《关于进一步加强土地整理复垦开发工作的通知》提出建立"土地整理复垦开发项目……横向上实行政府主导、原国土资源部门牵头、相关部门配合、企业竞争介入、农民参与的管理制度"后,引导和鼓励以农民为主要代表的公众参与规定日益增多。2012年颁发的《关于加强农村土地整治权属管理的通知》指出,"要尊重农民群众意愿、保障农民群众参与",要求"整治前后的土地权属状况和权属调整情况要实行公告,保障权利人的知情权、参与权、受益权和监督权",规定权属调整方案编制后要在项目所在地乡镇、村组进行不少于15天公告,以及整治后土地分配要按照权属调整方案及有关调整协议,经所在地农民集体通过自治程序决定并及时公告。

虽然现行《宪法》有关条款对人民依法以各种形式参与国家管理做出规定,但相关法律除《土地管理法》笼统规定"国家鼓励土地整理"外别无其他规定,公众参与缺乏法律基础。在地方性法规或地方政府规章中,农村土地整治更多被定性为政府为保护耕地而实施的行政管理活动,或者至多是政府主导下的准行政合同行为,强调农村土地整治必须以国家鼓励、政府支持为前提,以政府制定的规划为依据。这种在程序设计上凸显政府主管部门管理职能的做法,实际上忽视了具体环节的"公众参与"。另外,农民群体素质相对不高,没有足够的知识和权利行使意识参与农村土地整治,而且由于深受计划经济体制影响,不少农民认为农村土地整治是政府工作而与自己无关等,这些都导致农民参与的先天不足和意愿不强。从实践发展看,目前政府在农村土地整治中占据主导地位,只有在政府介入下才能有效解决多元整治主体间的利益分配、产权明晰等问题。农民虽然能在一定程度上参与其中,但总体上看,一是参与方式单一化,如通过咨询、走访等途径征集意见,参与方式多为调查问卷,而且被问卷的人只能根据问卷上的既定问题做出选择;二是利益主体边缘化,项目的立项选择、规划设计、施工建设和竣工验收等一般由政府决策、公司企业实施,农民参与很多情况下流于形式,参与人的意志对政府决策和施工建设的实际影响很小;三是平台渠道稀缺化,作为分散个体,农民参与农村土地整治往往是个人行为,而势单力薄的个体农民在农村土地整治中的参与更多时候是为了履行程序的需要。

三、需要调整的监测监管

自从农村土地整治成为政府主导的事业后,加强监测监管就成为有关部门的既定职责。从监测监管实践看,主管部门持续推进相关制度建立并且愈发重视信息化手段,但除强化了技术治理思路外,对于重树农民的主体地位并无多大益处。值得注意的是,社会各界日益关注的农村土地整治项目质量和资金安全问题并未随着监测监管的制度健全和技术升级而得到彻底解决。

《土地管理法》中有关国务院土地行政主管部门统一负责全国土地的管理和监督工作、县级以上人民政府土地行政主管部门对违反土地管理法律法规的行为进行监督检查的原则规定是农村土地整治监测监管的法律依据，有关部门发布的规范性文件则不断强化这项工作。原国土资源部1998年颁布的《关于进一步加强土地开发整理管理工作的通知》将"抓好项目实施的监督检查工作"确定为土地开发整理管理的七个环节之一。2000年发布的《土地开发整理项目资金管理暂行办法》指出，原国土资源部要"负责对土地开发整理项目资金的财务管理与监督，并对项目预算执行情况、资金使用与管理情况进行经常性的监督、检查，追踪问效"，同年颁发的《国家投资土地开发整理项目管理暂行办法》提出"原国土资源部负责项目的审查确定、年度项目计划与预算的编制、项目实施监督检查及项目终验等管理工作"以及"各级土地行政主管部门应当加强对项目实施的指导和监督检查"。2002年颁布的《关于加强新增建设用地土地有偿使用费等专项支出项目预算和财务管理工作的通知》要求"加大预算执行的检查、监督和审计力度，强化项目支出的财务管理与监督"。2003年印发的《国家投资土地开发整理项目实施管理暂行办法》规定"国土资源部统一对项目实施进行监督管理；县级以上地方国土资源管理部门负责本行政区域内项目实施监督管理"和"各级国土资源管理部门要建立监督检查制度，对项目施工进度、工程质量、资金使用、廉政建设等情况进行监督检查"，同年颁发的《土地开发整理若干意见》指出要"建立健全项目会计核算制度和内部稽核制度，对项目资金实行全过程的财务管理与监督"。原国土资源部2005年颁发的《国家投资土地开发整理项目施工招投标管理暂行办法》要求国家投资项目施工招投标要接受原国土资源部及相关部门监管，2006年印发的《关于加快国家投资土地开发整理项目工程建设和竣工验收有关工作的通知》要求地方各级原国土资源部门全面跟踪监管项目实施。

在前一阶段逐步明确监测监管主要内容并且推动相关制度建设基础上，2006年以后有关部门大力推进监测监管信息化建设。原国土资源部2006年颁发的《关于适应新形势切实搞好土地开发整理有关工作的通知》要求建设一体化信息管理和监控系统，以及对项目承担单位的目标管理和绩效考核实行以审计为主、监督检查并行的监管制度等。财政部2007年出台的《中央分成新增建设用地土地有偿使用费使用指南（暂行）》要求对项目实施进行全程监管。原国土资源部2008年颁发的《关于进一步加强土地整理复垦开发工作的通知》不仅提出土地整理复垦开发项目实行部级监管，还部署建立备案制度全面实施信息化网络监管。财政部 2009 年印发的《关于加强土地整治相关资金使用管理有关问题的通知》除了要求省级财政、原国土资源部门"抓紧制定和完善本地区土地整治相关资金使用监管制度"外，还指出"要强化事前和事中监督，促进监督与管理的有机融合"以及要"建立部门联动的监督检查机制"。原国土资源部 2010 年颁布的《关于做好农村土地整治监测监管系统和耕地占补平衡动态监管系统运行有关工作的通知》要求将土地整理复垦开发项目信息报备系统升级为农村土地整治监测监管系统，依托系统对土地整治项目实施进行例行检查、专项稽查、重点督查和开展日常数据维护和审核。2012 年出台的《关于加强农村土地整治权属管理的通知》提出"各级各类农村土地整治项目均须纳入农村土地整治监测监管系统实行统一监管"。2017 年原国土资源部还联合其他四部委出台《关于切实做好高标准农田建设统一上图入库工作的通知》，要求利用农村土地整治监测监管等管理系统，统一标准规范，统一数据要求，逐步建成高标准农田建设全国"一张图"，为建立健全全面全程监管机制、强化监测监管与评价考核等提供基础支撑。

四、难以兑现的责任追究

农村土地整治涉及不同群体，利益驱使下不可避免存在利益之争以及为攫取不正当利益而产生违法违规行为，责任追究就是惩戒其中各类违法违规行为。但在现行管理制度和实施模式下，由于与农村土地整治有着天然紧密联系的农民群体被事实剥夺主体地位而对此关注不多，而地方政府主导、公司企业执行的现行模式又很容易因为利益牵连而出现官商合谋现象，责任追究难以真正兑现。

现行国家层面法律法规对于农村土地整治违法违规行为的责任追究尚无明确规定，但可借鉴或参考相关条款。《土地管理法》规定，因开发土地造成土地荒漠化、盐渍化的，由县级以上人民政府土地行政主管部门责令限期改正或者治理，可以并处罚款；构成犯罪的，依法追究刑事责任。《土地管理法实施条例》规定，在土地利用总体规划确定的禁止开垦区内进行开垦的，由县级以上人民政府土地行政主管部门责令限期改正；逾期不改正的，依照《土地管理法》有关规定处罚。除了上述法律规定外，国务院或相关部门出台的规范性文件也对相关不当行为做出追责规定。2001 年印发的《关于土地开发整理项目及资金管理工作廉政建设规定》对弄虚作假、截留、挪用和坐支项目资金等违法违纪行为，做出采取果断措施予以制止和纠正、追究单位和有关责任人经济行政责任或移交司法部门依法追究刑事责任的规定，而对项目及资金管理工作中出现的违法违规行为，做出追究有关责任人和领导干部责任直至给予党纪政纪处分或移交司法机关处理的规定。2002 年颁发的《关于加强新增建设用地土地有偿使用费等专项支出项目预算和财务管理工作的通知》对不按要求提供项目实施有关材料、不按规定执行预算，以及截留和挪用项目资金的行为，相应做出暂停拨付项目资金、取消项目追回已拨资金并追究有关人员行政责任、依法追究刑事责任的规定。2003 年颁布的《土地开发整理若干意见》指出，对违反国家有关法律及有关规定的行为或由于工作失误造成重大损失的，要依法追究有关人员责任。

财政部 2006 年出台的《关于调整新增建设用地土地有偿使用费政策等问题的通知》对不按规定及时足额解缴新增费的以及擅自减免、缓缴、截留、挤占、挪用新增费的，做出要严格按照有关规定进行处理和按日加收滞纳金，以及依法追究有关责任人责任的规定。原国土资源部 2006 年印发的《关于适应新形势切实搞好土地开发整理有关工作的通知》对不严格执行项目设计与预算、资金管理混乱、工程建设质量差的项目，或在招投标、工程监理、签订和执行合同中违规操作的项目，做出要追究承担单位及有关人员责任的规定，并对项目可行性研究虚假、设计与预算变更较大、资金损失浪费、施工质量达不到规定标准等行为，做出在规定时限不得从事土地开发整理项目相关工作并建议有关方面按规定给予处罚的规定。2008 年颁发的《关于土地整理复垦开发项目信息备案有关问题的通知》对未按要求备案的做出"要按有关规定严肃处理"的规定。2012 年出台的《关于加强农村土地整治权属管理的通知》对在权属调整中违反程序、疏于履行职责、侵害农民权益等行为，做出"要依法依规追究有关责任人的责任"的规定。

第二节　土地整合的启示

20 世纪 90 年代以来，特别是进入 21 世纪后，广东省清远市一些农村的农民在村民理事会等自治机构的组织协调下，通过农户之间自愿互换并地实现承包土地由分散小块变成连片大块后发展适度规模种养并取得成效。基于对前述农民自发实践的总结提炼，清远市自 2014 年起，在前期推动的党组织建设、村民自治、农村公共服务等"三个重心下移"基本重塑农村基层组织体系后，推进包括农村土地资源在内的"三个整合"。虽然土地整合并无专项财政资金支持，但与农村土地整治内容极为类似，而且因为真正树立了农民主体地位，取得了不菲成绩。

一、土地整合背景

清远市地处粤北山区，土地总面积1.92万平方公里。其中，丘陵、山地约占70%。截至2015年年底，全市农村人口280多万，实际耕地面积260万亩，人均不足1亩，山多田少、人多地少情况较为突出。与耕地资源匮乏相伴的是，20世纪80年代分田到户、实施家庭联产承包责任制以来，承包土地细碎化问题日益突出。2010年前后，当地农民户均承包土地3.5亩，但户均地块数为7.8块，多的甚至30多块。由于土地资源禀赋较差，加上零碎分散导致的耕作不便，农业生产效益较低，土地闲置撂荒在一些地方较为常见。

从2012年年底开始，清远市在深化农村综合改革中，针对普遍存在的村民自治效果不明显、基层党组织较薄弱、农村经济发展迟缓、农村经营体制机制滞后、农村公共服务水平较低、农村不稳定因素多发等情况，总结并吸收了一些地方的首创经验，有序推进党组织建设、村民自治、农村公共服务"三个重心下移"，将"乡镇—村（行政村）—村民小组（自然村）"结构调整为"乡镇—片区—村（原自然村或村民小组）"，在乡镇下面划分若干片区，在片区下以一个或若干自然村（村民小组）为单位设立村委会，将行政村自治改变为自然村自治；将基层党组织设置由"乡镇党委—村党支部"调整为"乡镇党委—（片区）党总支—党支部"，将党支部建在自然村一级；在行政村一级（行政村或片区）建立社会综合服务站，承担上级政府部门延伸到村级的党政工作和社会管理事务。近年实践表明，"三个重心下移"重塑了清远市农村基层治理体系与组织方式。

包括农村土地资源、涉农财政资金和涉农服务平台在内的"三个整合"工作是在前述"三个重心下移"改革渐显成效之后农村综合改革的纵深推进，并于2014年年初正式部署启动。其中，农村土地资源整合（即土地整合）旨在落实农村土地所有权、稳定农户承包权和放活土地经营权。农村土地"三权分置"的前提是做好土地确权登记颁证，在目前土地细碎化问题较为严重的背景下，强推这一工作势必固化目前并不合理的农村土地利用格局，而且必定困难重重。出于破解土地确权登记颁证难题的需要，清远市在借鉴当地一些农民自发探索的做法后，鼓励农村集体成员以自愿互换并地方式解决地块细碎问题，既为土地确权登记颁证减少障碍，也为引导经营权流转创造条件。而且，在"三个整合"总体框架中，土地整合是重点和难点，只有有效整合了细碎土地，才能形成适度规模经营和产业融合发展格局，后续的涉农资金、涉农服务整合也才有所依托。应该说，清远市推进土地整合，是对该市之前一些农村在村民理事会等自治机构组织协调下自发置换整合承包土地实现分散小块土地变成连片大块土地做法的总结和提升，更是全面深化农村综合改革的重要路径选择。

二、土地整合做法

笔者 2016 年 5 月在清远市调研期间，不仅书面了解了该市土地整合面上的情况，还实地走访了英德市叶屋村、新城村、朱屋村和阳山县升平村 4 个村组。在这 4 个村组中，叶屋村土地整合是清远市推进"三个整合"之前农民自发探索的典范，其余 3 个村组均从 2014 年开始。

（一）基本情况

叶屋村是英德市石牯塘镇萤火村的一个自然村，现有 35 户 173 人。该村以丘陵地和低洼地为主，可耕土地 1350 亩。土地整合前，户均承包土地 10.6 亩，地块零星分散情况严重，多数人家有 12 块地。由于土地过于分散，加之田间道路、水利设施等建设滞后问题突出，农业生产规模效益难显、比较效益低下。20 世纪 90 年代后，随着村民外出务工增多，村里出现土地撂荒现象。截至 2009 年，全村人均纯收入 3000 元，集体收入 5.5 万元，抛荒耕地 50 多亩。为改变前述状况，该村在 2008 年村民理事会换届后就谋划推进承包土地的集中、分配和置换，经过一年多动员并先后召开 30 多次村民代表会议，以及村集体先行出资新（修）建 4 公里机耕路、2 公里农田灌排渠道后，2009 年冬村集体集中了全村土地并制定出整合方案。该村首先将全村土地划分为水田（含鱼塘）和旱地两类，原承包地以户按人口均分，开荒地由开荒者向集体缴纳租金后经营，村集体按照"耕者优先"（分配土地的地块优先发包给在耕农户）、"大块优先"（同一地段地块优先发包给在耕面积最大的农户）、"同等条件抽签"（多户条件相同农户均有意承包同一地段地块时以抽签方式确定承包农户）、"按比例置换"（农户分配到的水田和旱地可按 1∶2 置换）等原则，确定分配的地块和置换的地块位置，剩余土地由村集体向外发包。在村民理事会带领下，历时两年整合了全村土地，解决了土地细碎问题，形成了专业化规模化经营格局。2015年，该村人均纯收入突破3万元，村集体收入15.2万元，村容村貌明显改观，公共设施得到完善，集体经济得到壮大，影响农村和谐稳定的因素大大缓解。

新城村是英德市西牛镇小湾片区的一个自然村，现有128户573人。该村共有水田300亩、旱地260亩。整合前，该村土地分割破碎严重、基础设施配套较差，村民外出务工比重较高，一些差地和坡地无人耕种。2009年该村人均收入不足5000元，集体资产几乎为零。2012年11月成立村民小组党支部和理事会、2014年直选产生新的村委会和党支部后，该村在党支部、理事会带领下，基于1996年零星开展的山地、旱地、山塘、鱼塘、宅基地整合和2010年新村建设等前期工作，在村民代表大会决议后对零碎土地进行整合，并按"一户两田（一水一旱）"的原则，以抽签定田方式将整理好的土地重新分给农户，农户承包土地由分散细碎变成聚集大块。其间，该村在尊重群众意愿前提下，通过全村决议、签名后，整合了村中300亩水田的约4.2万元普惠性涉农资金并用于农业基础设施配套和村中公共设施建设。经过土地整合，该村不仅新增耕地40亩，而且耕作条件明显改善、生产成本显著下降，如实行机械化耕作后每亩水田每年缩短3个工作日，节省人工费360～450元。2015年，全村人均可支配收入达到11800元，集体收入增至12万元，美丽乡村建设大大提速。

朱屋村是英德市横石塘镇石门台村的一个自然村，现有66户282人。该村共有耕地575亩（水田280亩，旱地295亩）。整合之前，耕地细碎化程度严重，农业基础设施老化，存在耕地撂荒现象。2012年，农民人均纯收入5841元。2013年该村实施高标准农田建设项目，新（修）建16公里田间道和生产路、3.2公里排灌沟渠。在此基础上，该村从2014年推进地块调整置换。为此，村集体专门组织对土地整合认识不到位的村民到叶屋村参观，并在全体村民同意后开展土地整合。在此过程中，村党支部和理事会发挥表率作用，老党员、理事会成员带头选择位置不好、质量较差的耕地，形成多数农户"一户一田"、部分农户"一户两田"的分配格局。整合之后，外出务工农民的土地由其自主委托代种，或者流转给家庭农场等经营主体；随着生产条件改善，适用农业机械增多增大，全村280亩水田均能实现机械化耕种；规模化经营后，农业生产成本下降，村集体还拟在春夏农民自主耕种外，在冬季由村集体统一种花发展乡村旅游，通过收取停车费等增加村民和村集体收入；村"两委"和理事会威望提升，村内纠纷持续减少。

升平村是阳山县黎埠镇的一个行政村，现有 712 户 3484 人，2015 年人均收入 10609 元，属于省级贫困村。2014 年，该村选择 5 个村小组开展土地整合试点。整合前，5 个组 289.62 亩耕地分成 430 块，平均单个田块 0.67 亩，最小田块仅 0.02 亩。整合过程中，镇村干部深入农户家庭进行宣传和摸底，结合村民意见确定了机耕路、水利设施规划建设和土地整合同步进行的工作思路；党支部和理事会成员在分头做好亲属思想工作基础上，组织召开 30 多次村民代表大会，明确了"土地统一收归集体重新分配，结合机耕路、排灌渠占用面积 7.2 亩，根据农户原有面积集中划定连片区域以实现'一户一地'"的工作方案；多次召开村民会议商定整合细则，议定了机耕路和水利设施规划、公用面积分摊、地块划分（遵循"房前屋后地块不变、果园不变、鱼塘不变"的"三不变"原则），以及"插花地"等问题解决办法；该村还整合相关普惠性涉农资金 25.39 万元，加上村委会投入 5 万元和村民投工投劳 16 万元，建成 2665 米环村机耕路和 3180 米环绕型"三面光"渠道。通过整合土地，5 个组的地块数减少到 224 块，平均单个地块 1.24 亩，实现一户一地耕作；机耕路"从无到有"，灌排沟渠"从曲到直"，村间插花地"从有到无"；解决土地纠纷 48 宗，村集体威望提升，村民更加团结。笔者调研期间，理事会正在谋划符合本村实际的休闲农业，发展农业专业合作社，培育富有本地特色的"三品"（无公害农产品、绿色食品、有机农产品）农业。

（二）主要做法

清远市推进土地整合的主要做法有：一是发挥村民自治作用。土地整合最初是一些农民的自发行为，在被列入农村综合改革内容后，该市通过激活村民自治，强化农民主体意识，实现了农民"组织化"，为引导和支持农民自主调整置换土地承包经营权、治理土地细碎化难题创造了条件，先行试点地区的示范效应使得土地整合成为其他地区农民"我要干"的工作。尤值一提的是，在 2012 年清远市推动"三个重心下移"后，全市各地农村在自然村一级普遍建立由村民推选产生、由热心公益事业人员担任的村民理事会，协助村委会加强村民自治与服务，而协调解决土地整合中问题就是该理事会的一项重要工作。二是合理调整置换土地。土地整合以"坚持农村土地集体所有，稳定农村土地承包权，充分尊重村民自愿，因地制宜"为原则，各村根据实际自主探索土地调整置换模式。三是配套建设基础设施。为了避免土地调整置换中因田块质量差异造成的不平等，以及整体改善农村生产生活条件，各地推进土地整合时依托已有农业基础设施建设项目，或者谋划推进土地整合时同步规划田间道路、排灌沟渠等农业基础设施，多方筹集资金特别是在自然村一级整合种粮直补、生态公益林补偿、良种补贴等普惠性财政涉农资金用于前述农业基础设施建设。四是发展适度规模经营。破解土地细碎化难题为土地承包经营权确权登记颁证提供了便利，但这并非推进土地整合的终极目标，发展适度规模经营、提高农业生产综合效益才是根本目的所在。为此，清远市通过置换调整零散土地，在落实集体所有权、稳定农户承包权的同时，放活土地经营权，推动农业适度规模经营和农村产业融合发展。

三、土地整合成效

土地整合作为一项工作正式部署后推进较快。截至 2016 年 3 月底，清远市已有 18503 个经济社签名同意整合土地，占全部经济社的 94.7%，同意整合面积 227.4 万亩，占实际耕地面积的 87.4%；12555 个经济社实际完成土地整合，占全部经济社的 64.2%，完成整合面积 151.1 万亩，分别占实际耕地面积和二轮承包耕地面积的 58.2% 和 69%。由于清远市是中央农村工作领导小组办公室（中农办）的农村综合改革联系点，又被农业部等 13 个部委列为全国第二批农村综合改革试验区，土地整合自部署实施以来，受到社会各界广泛关注，并得到权威媒体认可和中农办有关负责人赞誉。2015 年 12 月 9 日《人民日报》以《广东清远给农民看得见的实惠》为题，刊登清远市农村综合改革做法，认为该市在农村综合改革中，使农民利用土地整合叩开了致富大门。2015 年 6 月，原中农办副主任韩俊在清远市调研时指出，清远市在产权制度改革、经营体系创新、完善城乡一体化、农村治理模式等方面的探索均有突破，"3 +3"（"三个重心下移"与"三个整合"）的改革与中央即将出台的农村改革综合性实施方案的关联性非常强。

虽然清远市大规模推进土地整合时间不长，而且在任务下达、政绩考核等方面行政主导色彩较浓，一些矛盾和问题可能被暂时掩盖，但通过村民自治发挥农民在土地权属关系调整中主体作用的做法仍应得到肯定，而且因为农民主体地位得到尊重、主体作用得到发挥，激发了农村发展的内生动力，提高了农业生产的综合效益。清远市农民自发探索并由地方党委政府当成重要工作推进的土地整合，近年来在以下方面取得了成效：一是改善了农业生产条件。全市户均承包土地由 2010 年前后的 7.8 块减少到目前的 3.8 块，而且可耕面积增加，基础设施配套改善。叶屋村土地整合后，农业生产便利程度提高，之前严重的弃耕撂荒现象消失；新城村通过土地整合新增耕地 40 亩，耕作条件明显改善；朱屋村耕作适用机械马力从 8 匹提升到 42 匹，280 亩全部耕地实现机械化耕作；升平村 5 个自然村地块数从 430 块减少到 224 块。二是提高了农民收入水平。土地整合促进了适度规模经营发展，降低了生产成本，增加了农民收入。叶屋村 2009 年人均纯收入仅 3000 元，到 2015 年已经超过 3 万元；朱屋村外出务工农民自主将土地托人代种，或者流转给新型经营主体耕种，在务工收入之外还有较为稳定的地租收入；升平村连片种植效益更高的经济作物并发展乡村旅游，开拓了村民的创收渠道。三是美化了农村村容村貌。通过整合普惠性财政涉农资金，以及一些村集体对外出租整合后多出的耕地等，集体经济得到壮大，村集体有实力改善公共服务、治理村内环境。叶屋村 2015 年村集体收入达到 15.2 万元，部分集体收入被用于完善公共设施和美化村容村貌；新城村 2015 年集体收入 12 万元，部分用于美丽乡村建设。四是提升了乡村治理效果。土地整合减少了邻里之间因为土地引起的各种矛盾纠纷，促进了乡村地区和谐稳定。叶屋村经过土地整合，以往引起土地纠纷的因素明显减少；升平村一举解决了 10 多宗历史遗留土地纠纷。

除了前述显而易见的成效外，笔者在调研中也发现了土地整合中有待改进的一些方面，比较突出的有：一是专业部门参与不够。土地整合目前是在清远市委农村工作委员会（农委）直接领导下，由农委办公室将任务下达至乡镇组织实施的，相关政府组成部门仅作为成员单位参与其中而实际发挥效用有限，一些村组在土地整合中面临专业图件缺乏，以及测绘、登记等业务知识欠缺等问题。二是配套建设经费不足。各村组为使细碎土地便于互换合并进行了农业基础设施配套建设，资金主要源自整合普惠性涉农财政资金，以及村集体经营性收入和村民自筹部分，由于农村集体经济总体上较为薄弱，加上群众自筹资金难度较大，多数村组在推进配套农业基础设施建设时面临资金难题。

四、土地整合启示

清远市一些农民为了解决因土地细碎、耕作不便导致的撂荒增多问题而自发探索开展的交换合并土地行为，近年作为"土地整合"工作纳入农村综合改革整体框架进行引导和规范。土地整合的主要任务是调整置换地块，而为了解决调整置换中因为立地和生产条件差异而产生的新的不平等问题，各村配套建设了机耕道路、灌排沟渠等农业基础设施。就其主要内容而言，土地整合不外乎权属调整与工程建设，与农村土地整治类似，因此有关专家认为土地整合就是农村土地整治。笔者认为，土地整合更接近农村土地整治的本源，旨在通过调整土地权属关系促进土地生产力水平提升，在权属调整和工程建设两者关系中，实施工程建设是为了使权属调整更加便利。而现行农村土地整治已在一定程度上偏离了本源，过于看重工程建设，一味追求通过改善生产条件提高土地产出水平。另外，土地整合的实施主体是农民，而农村土地整治的真正主体却常常发生事实缺位。综上，清远市土地整合目前虽然没有专项经费支持而只是统筹使用了本应农民享有的普惠性财政涉农资金，但农民一致认为政府办了实事并积极支持，而农村土地整治每年均有大量专项经费投入，不少农民却持有异议。

从有关统计数据看，农村土地整治成效显著。据国务院批复的《全国土地整治规划（2016—2020年）》，2011—2015年全国整治农用地5.3亿亩，建成高标准农田4.03亿亩，补充耕地2767万亩，经整治后耕地质量平均提高1个等级、亩产平均提高10%～20%，新增粮食产能373.68亿公斤；建成田间道路886.8万公里，修建排灌沟渠867.4万公里，种植农田防护林1.1亿株等。从国家层面部署看，农村土地整治已经列入中央政府的重要议程，如2016年中央"一号文件"指出"大力实施农村土地整治"，并且提出到2020年确保建成8亿亩，力争建成10亿亩高标准农田。但是，这种由政府投资并组织实施（主要是开展土地平整、灌排沟渠、田间道路、农田防护与生态环境保持等工程建设）、整治后将土地交付当地农村集体或农民使用的运行模式已经引起较多争议，有学者甚至质疑这种模式的实际运行效果。鉴于土地整合与农村土地整治相似，虽然清远市正式推进土地整合时间尚短，一些深层次问题可能尚未暴露，但是此中坚持的理念和采用的方法，甚至呈现的不足，对于我们完善农村土地整治都有较强的启示意义。

首先，确立农民主体地位。立足于改变现行日益强化的自上而下决策体制导致的农民和村级组织在农村土地整治中的缺位状态，激发农民和村级组织的积极性并推动形成自下而上的新型决策体制，实现国家自上而下资源输入与农民公共品需求有效对接。通过村民自治重塑农民的主体责任，强化农民的集体行动意识，回应农民需求，破解农村公共品供给"最后一公里"难题，促进土地建设、管护和利用主体高度统一，增强广大农民的获得感。实际操作中，可结合推进村民自治体系建设、农村治理结构优化，按照"乡镇主导—村级实施—农民主体—部门指导"的模式推进，引导和鼓励乡镇政府发动村集体根据需要申报农村土地整治项目，组织农民自主开展土地权属调整并承担农业基础设施配套等工程建设的主体内容，确保国家资源有效落地与后期管护，相关专业部门加强业务指导。

其次，开展权属调整工作。由于承包地块过于细碎分散，农村土地利用存在较为普遍和严重的"反公地悲剧"，并直接导致农业基础设施等公共品供给困境。鉴于此，高度重视土地权属调整，并将其视为农村土地整治不可或缺的重要内容。土地权属调整要在乡镇政府及相关部门指导下，由村集体在自治框架内主要通过村民自愿协商方式进行，将分散的农民个体组织起来形成集体行动并按照"少数服从多数"的民主决策原则整合细碎化地权。为此，需要扎实做好权属现状摸底、权属调整意愿调查、宗地面积测量、土地质量评价等基础工作，并根据各村实际编制权属调整方案、及时公告权属调整方案、处理权属调整异议、实施权属调整方案，以及做好权属变更登记和档案资料整理归档等工作。实际操作中，可利用当前土地承包经营权确权之机做好零碎分散地块调整合并，尽量使同一权属主体的土地集中连片，适应发展适度规模经营需求。

再次，创新资金筹集模式。农村土地整治资金筹措的中长期目标应为，构建政府投入持续加大、社会力量广泛参与、市场机制不断完善的多元化资金投入格局。但在市场机制尚未健全背景下，政府财政资金在当前及今后一段时间都是农村土地整治的主要资金来源，社会资本可以作为有益补充而加以考虑。在以县级行政单元为主集中相关涉农财政投入、放大财政资金使用效益的同时，鼓励农村集体经济组织根据需要自主开展，相关主管部门及时介入，根据工作进度给予资金支持，或者竣工后按照标准验收并进行奖补，弥补村集体资金的不足。鼓励家庭农场、农民专业合作社等新型农业经营主体结合发展适度规模经营和现代农业，积极参与和承担农村土地整治，主管部门按照"补贴成本，不补贴经营"的原则以"先建后补"和"民办公助"形式予以资金支持。

最后，加大业务支持力度。在调动乡镇政府和村级组织积极性、确立农民主体地位的同时，相关主管部门改变惯常的审批思维和监管模式，发挥业务特长和技术优势以做好支撑，以指导和服务博得农村集体经济组织和农民的支持和拥护，而不是以专业化的程序设计和烦琐化的项目管理将村级组织和农民排除在外。指导乡镇和村合理选址和申报农村土地整治项目，并在规划设计、工程建设和权属调整等环节提供专业图件和测绘、登记方面的支撑，如在规划设计方面，改变过去专业部门设计规划并征求农民意见的做法，而由主管部门提供指导，农民自己提出需求、绘出草图并由专业机构去实现，避免出现专家设计的方案群众难听懂、项目实施过程中设计变更较为频繁的情况，或者根据地方实际确定合适的建设标准供村集体选择。另外，改变过于技术化的农村土地整治项目绩效考核评价方式，真正将项目绩效考评的主导权交给农村集体经济组织和用地农民。

第三节　实施模式的创新

近年来，农村土地整治主管部门倡导创新实施模式，鼓励农村集体经济组织和农民依据规划整治土地，一些地方相继进行了大量探索。综观各地探索，实施模式创新聚焦于农民以何种形式成为实施主体，有经验有成效，但也不乏问题。

一、有关地方的持续探索

笔者近年先后对有关地方进行了实地调研，现以在实施模式创新方面探索力度较大而且成效较为明显的湖北省为例进行剖析。

（一）探索与实践

湖北省结合实际，在创新农村土地整治实施模式方面进行了积极探索，特别是在实施主体确定、管理程序优化、资金筹措创新和关键环节管理等方面进行了较为大胆的改革尝试。

1. 创新实施主体

2013 年 12 月，湖北省发布《省国土厅关于开展土地整治项目农业龙头企业和农民专业合作社自建工作试点的通知》，明确市州以上政府及相关部门认定的龙头企业和合作社是相关试点中土地整治项目的实施主体；2014 年 5 月，出台《省国土厅关于开展土地整治工程农民自建以奖代补试点工作试点的通知》，明确乡镇政府是相关试点中土地整治项目的组织主体，农村集体经济组织是作为奖补对象的实施主体。在总结试点经验基础上，2017 年 11 月，湖北省国土厅印发《关于开展"以奖代补"土地整治项目建设的通知》，决定在全省开展"以奖代补"土地整治项目建设，这些项目可由地方政府、农村集体经济组织先行筹集资金开展建设，或由农民合作社、家庭农场、专业大户、农业企业等新型农业经营主体作为实施主体自行筹集资金开展建设。

2. 优化管理程序

2014年4月，湖北省国土厅下发《关于下放土地整治项目三项审批权有关事项的通知》，将省级投资项目立项审批权和规划设计变更审批权下放至市州国土局，并在六市试点将省投项目竣工验收权下放至所在市国土局；在龙头企业和合作社自建试点中，项目选址、测绘、可研、立项申报、规划设计、中介选择及竣工验收等执行现行规定，施工单位的选择可以采取邀标方式；在农民自建以奖代补试点市县，当地政府先行垫资启动建设，相关农村集体经济组织实施，项目完工并经省国土厅验收合格后足额补助。根据《关于开展"以奖代补"土地整治项目建设的通知》，由地方政府、农村集体经济组织先行筹集建设资金的，项目立项、实施按照省级新增费土地整治项目管理有关规定执行；由新型农业经营主体自行筹集资金开展项目建设的，由其提出立项申请，经县级人民政府认定后由县国土局协助申报，市国土局负责项目立项审批，立项后由县国土局指导做好项目规划设计，实施主体自行开展项目建设，县国土局主动做好服务和指导；项目完工后，市、县两级国土部门组织开展竣工测量、工程复核、决算审计等工作，市国土局按照现行规定组织竣工验收，提请项目所在地财政部门进行项目竣工财务决算财政投资评审，按照决算批复的80%进行奖补（平原地区不超过1500元/亩，丘陵山区不超过2500元/亩）。

3. 多元筹措资金

湖北省一些地方以农村土地整治项目为平台，集中投入土地整理、农田水利等涉农资金，发挥资金的集聚效应和放大效应；龙头企业和合作社自建项目需出具承担不低于试点项目资金的15%自行投入承诺，从调研情况看，龙头企业或合作社出资额往往超出这一比例，如天门华丰农机专业合作社土地整理项目总投资2944.76万元（自筹1100万元），孝感春晖集团承担的土地整治项目投入资金6000万元（自筹1600万元）；开展农民自建以奖代补试点的农村集体经济组织需筹集70%整治资金（自筹资金或投工投劳、以物折资等），当地政府垫付30%奖补金额启动建设。根据《关于开展"以奖代补"土地整治项目建设的通知》，"以奖代补"项目资金可由地方政府、农村集体经济组织筹集，或由新型农业经营主体作为实施主体自行筹集。

4. 抓住关键环节

湖北省试点下放三项审批权后，着力构建"省级备案—市级审批—县级实施"机制，依法依规严格审批，落实监管责任，加快建立绩效评价信用机制和责任追究机制；在龙头企业和合作社自建试点中，加强督促项目建设，严格项目资金使用，推动建立绩效评价机制和责任追究机制；在农民自建试点中，县级国土部门会同财政、农业部门严格审核奖补申请，市国土局会同财政、农业部门组织验收竣工项目。

（二）成效与经验

湖北省围绕农村改革发展和土地整治事业发展，因地制宜推进实施模式创新，取得了初步成效，也积累了有益经验。

1. 取得的初步成效

一是适应了规模经营需要，促进了现代农业发展。通过实施整治，调整权属关系，配套基础设施，推动了农业规模化生产、集约化经营。湖北省天门华丰农机专业合作社土地整理项目围绕形成和发展板块农业，通过土地流转、村庄集并，达到"土地集中、居住集中、种植集中、收割集中"，促进了企业化管理、机械化耕作；孝感春晖集团自建土地整治项目根据现代农业发展需要，将农田统一建成30~50亩一块、机耕路配套、沟渠相连、旱涝保收的高产田。二是提高了农民参与水平，改善了农村治理水平。通过引导群众参与、发挥主体作用，进一步激发了群众热情、满足了群众意愿。湖北省在推进实施模式创新中，充分发挥乡镇政府与农村集体和农民群众关系较近的优势，调动群众主动性，激发参与积极性，村民自治效果较为突出。试点的龙头企业、合作社和农民自建项目，克服了常规实施模式导致的建用分离和脱离实际等弊端。三是开拓了资金筹措渠道，提高了资金利用效率。通过创新实施模式，确保了国家财政投入维持在较高水平，还拓宽了资金筹措渠道。湖北省试点的龙头企业和合作社自建项目，以及部署开展的农民自建试点，较好发挥了财政资金引导作用，撬动了农村集体经济组织、工商资本投入和农民以工投劳、以物折资等。四是保证了工程建设质量，促进了后期有效管护。通过创新实施模式，克服了常规模式因为赶工期、保进度而导致脱离地方实际和偏离群众需要的缺陷，也有利于加强后期管护。湖北省龙头企业、合作社和农民自建项目往往根据需要进行规划设计，规划设计的科学性和操作性较高，而且免去了标书制作、投资评审、公开招投标等程序，有利于建设单位合理安排施工时间，再加上因为事关切身利益后加强监管而确保了工程质量，工程完工后也因直接服务于农业发展规划而得到应有管护。

2. 积累的有益经验

一是必须加强组织领导。湖北省各级原国土资源部门根据职责和任务要求，积极争取当地党委、政府支持，推动部门协作和资金整合，落实绩效评价和考核检查。湖北省天门市高度重视华丰农机专业合作社土地整理项目，成立了由市领导任组长、相关单位主要负责人为成员的领导小组和工作专班，以及市政府有关领导、项目区乡镇和市国土局主要领导参加的指挥部和监理部。二是必须尊重群众意愿。湖北省在推进试点时都能坚持群众自愿、群众参与、群众受益。湖北省明确规定，龙头企业或合作社自建项目必须"先流转、后实施"，项目区内土地承包经营权先行流转面积不低于实施面积的70%；农民自建以奖代补项目确定实施区域、建设内容和整治资金，必须以行政村为单位，通过村民会议、"一事一议"等方式广泛征求农民意见。三是必须先试点后推广。在探索时都采取了试点引路、规范开展的方式。湖北省龙头企业和合作社自建试点虽然在全省开展，但原则上每个县（区、市）每年只安排一个试点项目，而且选定的龙头企业和合作社必须经过市（州）以上政府及相关部门认定；农民自建以奖代补也是在十堰、黄冈和恩施三市和竹山、英山、恩施三县市先行试点，积极摸索符合实际的项目建设管理办法及实施程序。四是必须强化服务指导。原国土资源部门高度重视规范推进创新工作，在强化服务指导方面做了大量工作。湖北省天门市华丰农机专业合作社土地整理项目建设中，市国土整治办落实了现场管理员、技术员和宣传员，做好了现场施工指导、督导和工程资料完善等工作；在农民自建试点中，县级国土资源部门做好整治区域合规审查、土地权属审核、整治技术指导及组织成果核定等服务。

（三）问题与对策

湖北省在创新农村土地整治实施模式方面进行的探索和实践，也遇到了一些问题和困难，需要予以高度重视并采取合适对策。

1. 存在的主要问题

实施模式创新已经或者可能遇到的问题主要有：一是认识程度尚需提高。之前开展相关试点的地方政府及其有关部门大都认识到创新实施模式的重要性和紧迫性，而且本着高度负责的态度去积极推进。但扩大试点范围后，有些地方政府和相关部门可能不一定都持有这种认识，特别是广大农民意愿难以统一满足，这可能给实施模式创新中村民意见统一难、筹资筹劳到位难等埋下伏笔。二是制度设计还需加强。根据现行项目管理制度，龙头企业或合作社很难独力组建满足全程工作需要的机构队伍，也很少完全符合项目管理制度要求，这正是湖北省突破招投标法律确定工程施工单位的原因。另外，现行资金管理制度下如何确保农业龙头企业和农民专业合作社兑现投资承诺、如何确保资金拨付满足工程建设进度要求等都要进一步研究。三是配套政策亟须构建。推进农村土地整治实施模式创新只是针对个别环节进行突破,缺乏整体设计和配套政策,当前的创新以试点形式探索能够行之有效,但大范围推广存在较大不确定性。龙头企业、合作社自建项目需要围绕农业产业发展规划推进,但现行农村土地整治缺乏明确分类标准,工程验收和补助核定只能依照平均水平计算,不能满足实际需求。四是实施监管有待完善。现行监管制度建设对于如何适应实施模式创新准备不足。龙头企业和合作社自建项目需要编制和汇总试点请示、专题会议等过程资料,但往往由于重视不够而给工程审计和核定补助造成困难,并且容易滋生套用补助资金现象。龙头企业和合作社中的工商资本也可能借实施农村土地整治及其成果利用之机,影响村级组织建设和权威。

2. 改进的对策建议

针对创新实施模式遇到的困难和障碍,笔者提出的对策建议主要有:一是加大宣传力度。强化宣传,帮助各级政府及其相关部门知晓改革的总体方向,主动站在农村改革发展和土地整治事业长远发展的高度,积极推动实施模式创新。另外,加大宣传试点成效,特别是在服务现代农业、发动公众参与、调整土地权属,以及提高资金利用效率等方面,增强创新的信心和决心。二是加强制度设计。当前要在坚持和完善项目管理制度前提下,从优化程序、简化事项等方面进行改革创新。立项申报上突出规划引导和计划安排,县级主管部门做好指导和服务;承担单位可以采取邀标或者委托方式确定,合理设定准入门槛,适当精简相关程序和材料;在资金管理上,合理统筹财政资金与社会资本,强化财政资金的引导作用,鼓励探索土地整治节余指标质押贷款筹资。三是完善配套政策。当前应着重做好资金使用政策和后期管护政策制定。在不违背目前新增费支出原则规定前提下,适当拓宽资金投向,按照项目建设实际需要"缺什么补什么",尤其要根据项目建设对象和建设内容分类确定补助标准。后期管护应考虑支持新型农业经营主体发展,将新型农业经营主体承担项目建设形成的有关设施委托给相关部门管护,并且指导建立健全项目资产管护机制。四是创新监管方式。各级政府及相关部门根据自身职责和任务要求,加强实施模式创新的组织领导,切实落实监督检查责任;及时开展绩效评价,从过程监管走向结果审计。创新实施监管方式,结合提高农村基层治理水平,统筹考虑村社(合作社)、村企(龙头企业)、村场(家庭农场)关系,强化村"两委"和农民参与监管,特别是要防范工商资本携资本、技术之利凌驾于村级组织之上的倾向。

二、被寄予厚望的合作社

近年来，一些地方的农民专业合作社积极承担农村土地整治，并且作为重要实施模式创新形式得到所在地方行政主管部门认可。鉴于此，笔者梳理了农村土地整治实施管理制度沿革、农民专业合作社扶持政策演化，汇总了地方实践探索，分析了农民专业合作社承担土地整治工作面临的主要问题，提出了今后改革创新的建议。

（一）必要性与可行性

从实施管理角度看，农村土地整治的推进历程也是实施模式的发展过程。作为国家倡导的新型农业经营主体的重要形式，农民专业合作社可以在农村土地整治实施模式创新中扮演更加重要的角色。

1. 新形势倒逼农村土地整治创新实施模式

2004 年中央做出中国总体进入"以工促农、以城带乡"发展阶段的论断，以及国务院把土地政策列为调控手段后，农村土地整治被赋予了更多使命，农村土地整治管理开始转向加强宏观指导。2005 年后，下放项目管理权限和改进项目管理方式成为农村土地整治管理的重要内容，越来越多的政策文件要求组织、发动农民承担农村土地整治项目中零星、分散的辅助工程。"十二五"以来，特别是《全国土地整治规划（2011—2015 年)》批复实施后，农村土地整治时间紧、任务重、压力大特征愈发明显，常规农村土地整治实施模式已经不能很好地满足形势发展需要。这一时期出台的相关文件要求优化、简化项目申报和前期工作程序，鼓励探索"以补代投、以补促建、先建后补"以及以农村集体经济组织和农民为主体开展农村土地整治。

2. 农民专业合作社扶持力度不断加大

进入 21 世纪后，家庭承包责任制的制度红利趋于殆尽，特别是随着市场经济体制的健全，小农经济在农资购买、产品销售中劣势尽显，加上生产中技术欠缺，以及国际市场冲击，走合作道路成为农民改变自身在市场竞争中不利地位的必然选择和迫切要求。2002 年出台的《农村土地承包法》指出农户可以自愿联合将土地承包经营权入股从事农业合作生产，同年修订的《农业法》鼓励农民自愿组成各类专业合作经济组织并发展农业生产产前、产中、产后社会化服务事业。基于前述法律，国家支持农民专业合作组织发展的方向更加明确、力度不断加大。2004—2006 年的中央"一号文件"明确提出，要从安排专门资金、减免有关税费、建立信贷制度和改革登记办法等方面支持农民专业合作组织发展。2006 年获得通过并于 2007 年正式实施的《农民专业合作社法》是首部规范发展农民专业合作经济组织的专门法律，解决了农民专业合作社主体的建构问题，赋予了依法登记的合作社以法人地位，为农村专业合作生产组织设置了市场进入的法定形式，并且提出要从财政、税收、金融、科技、人才和产业等方面制定扶持政策。从随后几年发展情形看，该法提及的一系列扶持政策相继得到不同程度的落实，并在实践中不断开拓出诸如鼓励承担国家涉农项目等新的扶持领域。特别是 2012 年党的十八大将农民专业合作社作为重要的新型农业经营体系进行扶持后，国家支持力度进一步加大，2013年和 2014 年中央"一号文件"都明确提出，有关财政投资项目可以直接投向符合条件的合作社。

3. 合作社承担农村土地整治有望双赢

农村集体经济组织是现行《土地管理法》明确的土地整理即农村土地整治的实施主体，但随着项目管理制度的建立和实行，农村集体经济组织因为准入门槛等问题而被事实上剥夺了实施主体资格，多数情况下只是被动接受或者零星参与，造成本应高度一致的实施主体和服务对象被人为割裂，农村土地整治惠农效应的持续发挥亟须转换思路。与此同时，农民专业合作组织在历经多年发展后，在提高农民组织程度、繁荣农村经济、增加农民收入等方面发挥了重要作用，特别是成为带动农户进入市场的基本主体、发展农村集体经济的新型实体和创新农村社会管理的有效载体，但其发展势头与实际需要仍不相符，亟须加大扶持。在此背景下，作为农村集体经济组织重要形式的农民专业合作社承担相关工作有望实现"双赢"，既推进了农村土地整治，又扶持了合作社。2013 年中央"一号文件"就提出的要逐步扩大农村土地整理等涉农项目由合作社承担规模的要求不仅有其现实依据，也有其实现可能。

（二）有关地方的实践探索

各地在推动合作社承担农村土地整治方面进行了尝试，也给其他地方提供了参考和借鉴。

1. 合作社承担农村土地整治工作的地方尝试

近年来，各地推进农民专业合作社承担农村土地整治的实践和探索陆续见诸报端。如重庆市垫江县早在 2008 年就已探索开展政府投资、农民联户自主进行农村土地整治，合作社成为实施主体；湖南省长沙市在 2009 年农村土地整治改革试点中，将宇田合作社农村土地整治项目列入补助项目并由该合作社自己实施；湖北省天门市 2012 年立项申报的华丰农机专业合作社土地整理项目采取"合作社自建、农民参与"实施模式，成为该省首个农民自建农村土地整治项目；2013 年湖北恩施设立清江源基本烟田土地整理专业合作社联合社，主要承接烟田土地整治等建设项目，带领入社烟农以独立法人身份参与整治；安徽省 2013 年出台的《关于推进农村土地整治建设美好乡村的实施意见》鼓励各地将建设规模较小、技术要求不高的农村土地整治项目交由项目区农民土地股份合作社建设；广西壮族自治区贵港市 2014 年在 5 个县域分别选 2 个乡镇并以合作社形式整村推进农村土地整治。

2. 各地合作社承担农村土地整治的经验做法

其一，积极推进土地权属调整。重庆市垫江县通过社员大会征得社员同意并交出土地承包经营权后重新调整权属、整合使用；湖北省天门市华丰合作社先与村、组农户签订成片土地流转合同后再实施整治。其二，发挥合作社的载体作用。湖南省长沙市宇田合作社在主管部门指导下自己负责项目申报和建设；广西壮族自治区贵港市成立了农民专业合作社和专业合作社联合社，并以合作社为载体推进水田"小块并大块"。其三，主管部门加强支持指导。重庆市垫江县国土局负责项目踏勘选址、测量、规划设计、入库备案、竣工验收、技术指导、新增土地确认、基本农田补划、成果交接以及利用监管等；湖北省天门市国土局为华丰农村土地整治做好监管、指导、服务工作，并派出工作人员现场跟踪管理。其四，补助资金拨付及时到位。重庆市垫江县对合作社实施建设的项目采取边建边补方式拨付资金；湖南省长沙市宇田合作社自筹资金整治土地，政府负责审批、验收并给予适当补助（补助资金约占项目投入资金的 60%）。另外，从前述地方实践还可看出，农村土地整治在探索如何进一步贴近实际、让利于民和提升成效过程中，愈发倾向于让包括农民专业合作社在内的农村集体经济组织发挥更大作用，而有关合作社也在承担农村土地整治项目建设和建后管护中获得更多发展机遇。正是因为地方实践逐渐增多，合作社承担农村土地整治成为进一步推动实施模式创新重要形式的可能性与日俱增。

（三）当前面临的主要问题

合作社承担农村土地整治在提高资金效率、降低行政成本、加快工程进度、确保施工质量、减少矛盾纠纷、扶持产业发展、增加农民收入等方面取得一些成效。但作为新生事物,合作社承担农村土地整治既面临来自政策制度方面的瓶颈障碍,也存在自身管理方面的突出问题。

1. 一些合作社内部管理存在不规范现象

根据国家工商总局公布的数据,截至 2017 年 8 月底,全国农民专业合作社有 193.3 万家,入社农户超过 1 亿户。但从合作社发展道路看,"先发展后规范,在发展中规范"的痕迹较重,并在许多地方呈现出"发展有余,规范不足"的问题。如在组织架构上,虽然多数合作社制定了章程和管理办法,但常流于形式,理事会、监事会也往往名存实亡;在民主管理方面,一些合作社重大决策往往由发起人自做决定,普通社员基本不参与管理,合作社成为少数人牟取利益的工具;在财务管理方面,由于办社目的不明确,加上内部培训不系统,财务管理人才匮乏现象普遍,一些合作社存在无专人核算、无会计账簿、无合法原始凭证的"三无"现象。在当前一些地区试水合作社承担农村土地整治而且其他地区希望效仿的情况下,有些管理不规范问题不可避免地增加了人们对合作社套取财政资金和承担项目质量的担忧。

2. 合作社承担农村土地整治项目不符现行规定

农村土地整治项目管理制度经历了从建立到健全的发展历程,也推动农村土地整治逐步走向规范化道路。根据现行项目管理制度,县级国土部门一般为项目申报单位,并在提出项目建议时确定施工单位,施工单位的内设机构和人员条件要满足项目建设工作需要;项目实施实行包括法人制、招投标制、工程监理制、合同制和公告制等在内的制度;预算编制要科学合理,项目资金使用要严格按照批准的预算实行专款专用、单独核算等。对照前述规定,当前许多合作社并不具备承担农村土地整治的资质和条件。如多数合作社规模偏小、整体实力偏弱,很难独力组建满足项目建设全程工作需要的机构和队伍;大部分合作社服务层次偏低、市场竞争力弱,很难达到项目管理制度要求,即便参加投标也往往处于劣势;合作社往往融资困难,很容易出现财政资金不先行垫付或者拨付不及时就面临项目资金断链的危险。

3. 合作社承担农村土地整治政策不配套

近年相继出台的相关文件对如何引导农民专业合作社发展做了原则规定,但是,各类文件承载的支持政策,不仅过于碎片化,而且欠缺系统性,特别是没有具体的配套政策,2009 年中央"一号文件"提出的尽快制定"有条件的合作社承担国家涉农项目的具体办法"的要求也未落实。总体上看,目前各地普遍面临不知如何系统支持合作社的困境,这也导致现有政策往往只是锦上添花。就农村土地整治而言，这方面问题更加严重。有关地方在推进合作社承担农村土地整治时大多只在实施管理的某个环节进行突破，如采取邀标或者人为指定合作社来规避现行制度对承担单位资质的规定。由于缺乏支持政策的系统设计，特别是多数合作社缺乏农村土地整治专门人才、中小合作社承担农村土地整治融资困难、政府对合作社承担的项目缺乏分类补助标准等，导致合作社承担农村土地整治多以试点形式小范围探索，难以大规模推广。

4. 项目质量和资金安全监管制度不健全

近年来，各地普遍加大财政扶持力度，但由于项目审批把关不严、项目建设缺乏跟踪指导，以及项目实施和资金使用监管不力，一些地方把发展合作社作为争取财政扶持资金的手段，甚至套取优惠政策，致使一些项目建设不如人意。就农村土地整治而言，2006 年以来，各级国土部门加强建设集中统一、全面全程的监测监管体系，但现行监管制度建设仍然不能确保所有项目规范实施、资金安全运行和预期效益发挥，更遑论对本身就不完全符合要求的合作社承担农村土地整治实现有效监管。从地方实践看，合作社实施农村土地整治项目中，往往因为重视施工效果而忽视过程资料编制，给工程审计和核定补助标准造成困难，并易滋生套用补助资金现象；合作社承担的项目建设常常不能完全按照规划设计、预算批复和合同约定内容开展，甚至出现偷工减料、以劣充优现象；合作社往往不能严格执行项目资金使用管理规定，出现资金支出超出范围、开支标准盲目提高，甚至截留、挤占或挪用项目资金等。

（四）改革创新的对策建议

合作社承担农村土地整治既因支持合作社发展而促进了农业新型经营方式创新，也因提升农村土地整治成效而使得这项惠农工程更加名副其实。面对当前已经出现和隐伏的问题，既不应因噎废食，也不应盲目冒进，而要加大改革创新，加强规范管理，做好政策配套，强化监督指导等。

1. 扎实推进合作社规范化管理

合作社组织健全、运行规范是做好所承担农村土地整治的前提，也是当前支持合作社发展需要高度重视的问题。从现行相关法律规定看，合作社成立条件较为宽松。随着合作社数量渐成规模，而且支持力度不断加大，特别是将有更多项目交由合作社"代办"，合作社发展亟须进入转型升级和提质增效的新阶段。为此，可提高准入门槛，合理设定合作社成立的最低资本额限制，满足承担农村土地整治项目的自行投入资金承诺；健全合作社组织机构，规范设置理事会和监事会并在项目建设决策中行使权力；加强制度建设，推进合作社民主管理、民主决策和民主监督，规范合作社财务管理、经营行为和信用行为，确保农村土地整治中的公众参与和资金安全；建立培训制度，促进合作社成员提高从事农村土地整治的技术与管理水平，做到项目质量有保证。

2. 创新农村土地整治项目管理制度

在坚持和完善农村土地整治项目管理制度的前提下，从优化程序、简化事项等方面进行改革创新，不断扩大合作社承担或参与的项目规模。在项目立项申报上，县级国土部门可以根据土地整治规划，结合农业产业化、规模化经营的现实需要，指导合作社申报适宜承担的项目；在实施单位确定上，邀标是较为可行的确定适宜合作社的方式，为更好发挥引领示范作用，应首先考虑那些经过市级以上政府及相关部门认定的合作社，也可从培育示范社的角度适当放宽条件，但一定要具备法人资格、生产经营正常，而且潜在辐射带动能力强；在相关制度遵守上，坚持一些确保形式、内容和程序公开公正公平的管理制度，但可以简化标书制作、投资评审、变更审批等程序，相关材料可适当精简，但须附财政、国土、农业、纪检监察等部门参加的专题会议纪要以背书。

3. 系统设计相关配套支持政策

当务之急是抓紧修订合作社法，研究制定有关合作社承担国家涉农项目的具体办法。推进合作社承担农村土地整治应主要从这样几方面统筹考虑：在登记管理上，引导相关合作社以农村土地整治为纽带加强联合，明确合作社联社登记管理办法；在人才培养上，落实培训制度，提高合作社人员从事农村土地整治的专业素养和管理水平；在用地支持上，引导土地经营权有序流向合作社发展适度规模经营，支持合作社提升地力、依法依规开展土地经营权抵押融资，合作社用于经营性畜禽养殖、工厂化作物栽培、水产养殖以及规模化粮食生产的生产设施、附属设施和配套设施的用地按照设施农用地进行管理，在年度建设用地指标中单列一定比例专门用于合作社进行辅助设施建设，允许合作社将集中连片整理土地后新增加的部分耕地按规定用于完善规模经营配套设施；在资金支持上，优先将合作社经营的土地纳入农村土地整治规划范围和年度建设计划，增加财政资金投入，适当拓宽资金投向，特别是对关系合作社生存发展的重大事项加大扶持，逐步加大"以奖代补、以补代投、以补促建"力度，以及根据项目建设对象和建设内容确定合理的补助标准，实行连片建设；在后期管护上，将合作社承担农村土地整治项目中形成的有关设施通过委托方式交由合作社管护，指导这些合作社建立健全项目资产管护机制，支持合作社开展代耕代种、联耕联种、土地托管等专业化规模化服务。

4. 强化农村土地整治项目实施监管

近年来各级国土部门在退出对土地整治微观事务管理的同时，不断加强监管和指导。合作社承担农村土地整治是今后的重要发展方向，在相关管理制度尚未建立健全之前更需强化监管。加强组织领导，各级原国土资源部门尤其是县级国土部门要切实加强合作社承担农村土地整治项目管理的组织领导，落实监督检查责任；严格项目管理，推动建立县、乡、村三级质量监督小组，适时派出工作人员现场跟踪管理，不许擅自变更项目建设的位置、规模、标准和内容，严禁偷工减料、以劣充优；强化资金管理，严格按照批准的预算使用资金，不许擅自扩大支出范围，严禁截留、挤占或挪用项目资金；开展绩效评价，通报批评工作不力、进度迟缓、资金使用不规范的合作社，并采取暂停拨付资金、限期整改等措施。

5. 扩大成效宣传突出示范效应

基于树立样板和引领示范目的，做好有关经验的总结推广和成效的宣传报道。在经验推广方面，系统梳理各地在立项申报、可行性研究、规划设计、招投标管理、预算编制、工程施工、竣工验收、后期管护等环节以及合作社内部管理等方面的主要做法，在此基础上提炼可咨其他地方参考借鉴的经验；在成效宣传方面，突出合作社承担农村土地整治因为克服了传统模式"建用分离"弊端而促进了农业经营方式创新和农业现代化发展，因为更好调动了农民群众积极性而促进了农村土地整治真正成为惠农工程，以及因为将每分钱都用到实处而提高了财政资金使用效率等，及时全面展现相关成效。

第六章 农村土地整治的资金拓展

前些年中国现代意义上农村土地整治工作的快速推进，很大程度上得益于国家整体经济实力迅速增强以及为此提供的大量财政资金。在此过程中，为了更好提升农村土地整治成效、缓解国家财政资金压力，如何有效拓展资金渠道、引入社会资本❶始终困扰着相关主管部门和各级地方政府，特别是在近年进入经济发展"新常态"、大量社会资本四处寻求出路的背景下，引导和鼓励社会资本参与农村土地整治既显紧迫又很必要。农村土地整治公益性目标与各类社会资本逐利性本质的协调兼容如能破题，必将真正促其持续健康发展，助力乡村振兴战略实施。

第一节 农村土地整治的资金渠道

现代意义上农村土地整治引入后，几乎在全部时间内、所有地区里，专项财政资金都是唯一资金来源渠道的存在，即便广拓资金渠道一度成为学术研究热点和一些地区探索重点，这一现象仍未些许改观。

一、只柱擎天的财政资金

农村土地整治的财政资金渠道有法律保障，作为专项资金需要按照规定严格管理，但这在诸如制约了地方主动性等方面存在一定争议。

（一）资金渠道

1998 年 8 月修订的《土地管理法》，首次提出征缴新增费，并且明确"30% 上缴中央财政，70% 留给有关地方人民政府，都专项用于耕地开发"，

---

❶ 根据国家和有关部门相关政策文件对公共服务领域引入社会资本的界定，农村土地整治中群众投劳、企业垫资、企业投资、政府和社会资本合作等界定为社会资本参与。

这是新增费首次作为土地整理专项资金出现在法律条款中。同年出台的《土地管理法实施条例》，将新增费界定为国家在新增建设用地中应取得的平均土地纯收益，并且规定土地整理所需费用要按照"谁受益谁负担"的原则，由农村集体经济组织和土地使用者共同承担（土地使用者承担部分多未真正落实）。

在国家层面法律做出原则规定之外，国家以及相关部门出台了一系列规范性文件，进一步细化土地整理（农村土地整治）资金渠道。1998 年原国土资源部发布《关于新增财政预算内专项资金建设项目用地有关问题的通知》，强调建设项目"投资概算应包括耕地开发复垦所需费用"。1999 年财政部、原国土资源部联合出台的《新增建设用地土地有偿使用费收缴使用管理办法》，规定新增费专项用于耕地开发和土地整理。2004 年国务院印发《关于将部分土地出让金用于农业土地开发有关问题的通知》，规定将部分土地出让金用于农业土地开发后，财政部、原国土资源部联合发布《用于农业土地开发的土地出让金收入管理办法》，规定各市、县至少要将土地出让平均纯收益的 15% 用于农业土地开发。2006 年国务院发布的《关于加强土地调控有关问题的通知》提出，新增费专项用于基本农田建设和保护、土地整理、耕地开发，特别是提出从土地出让收益中逐步提高用于农业土地开发比重后，国务院办公厅迅速印发《关于规范国有土地使用权出让收支管理的通知》，进一步明确农业土地开发资金为土地出让收入支农支出所应计提部分。2009 年财政部、原国土资源部、中国人民银行、监察部、审计署联合出台《关于进一步加强土地出让收支管理的通知》，要求各地将土地出让收益"逐步提高用于农业土地开发和农村基础设施建设的比重"。

加上相关法律法规和部门规章做出的有关规定（如 1988 年国务院发布的《土地复垦规定》明确的土地复垦费、1998 年修订后《土地管理法》明确的耕地开垦费等），农村土地整治主要财政资金来源——新增费、用于农业土地开发的土地出让纯收益、耕地开垦费和土地复垦费，都有了明确的法律依据和政策依据，但实际上新增费一直占据绝对重要地位，特别是在不少地方存在用于农业土地开发的土地纯收益应收不收等情况下更是如此。故此，本书聚焦新增费，而这也是主管部门和地方政府可以真正掌控的农村土地整治专项资金。

（二）资金管理

1998 年修订的《土地管理法》提出缴纳新增费后，财政部、原国土资源部等，先后发文对新增费征收使用管理进行规定或者调整。1999 年财政部、原国土资源部联合出台的《新增建设用地土地有偿使用费收缴使用管理办法》规定了新增费缴纳标准由国务院土地行政主管部门按照全国城市土地分等和城镇土地级别、基准地价水平、各地区耕地总量和人均耕地状况、社会经济发展水平等情况制定并定期调整公布，而且明确"30% 上缴中央财政，70% 上缴地方财政"。这是第一份关于新增费收支管理的正式文件。

此后，相继颁布的其他文件还有：原国土资源部 2000 年发布的《关于加强新增建设用地土地有偿使用费收缴管理工作的通知》和《土地开发整理项目资金管理暂行办法》、财政部和原国土资源部 2001 年联合印发的《新增建设用地土地有偿使用费财务管理暂行办法》、原国土资源部 2002 年出台的《关于加强新增建设用地土地有偿使用费等专项支出项目预算和财务管理工作的通知》、原国土资源部 2003 年颁布的《关于按调整后等别征收新增建设用地土地有偿使用费有关问题的通知》等。2004 年国务院出台的《关于深化改革严格土地管理的决定》提出"完善新增建设用地土地有偿使用费收缴办法后"，同年财政部、原国土资源部、中国人民银行联合发布《关于进一步加强新增建设用地土地有偿使用费征收使用管理的通知》；2006 年国务院发布的《关于加强土地调控有关问题的通知》提出"提高新增建设用地土地有偿使用费缴纳标准"后，有关部门相继发布一系列文件，如财政部、原国土资源部2007 年联合出台的《关于调整中央分成的新增建设用地土地有偿使用费分配方式的通知》、2008 年联合印发的《中央分成新增建设用地土地有偿使用费资金使用管理办法》、2009 年联合发布的《关于中央分成的新增建设用地土地有偿使用费分配使用及管理有关事项的通知》和《关于加强土地整治相关资金使用管理有关问题的通知》，以及 2012 年联合颁布的《新增建设用地土地有偿使用费资金使用管理办法》等。

前述新增费收支管理文件，为各地推进农村土地整治提供了专项资金保障和资金规范管理依据，但也因为各地农村差别悬殊，加上相关规定更新不及时等，导致一些地方的不理解和执行的不方便。

（三）实际情况

根据原国土资源部有关单位于 2016 年下半年对各地土地整治资金投入情

况进行的快速调研，不完全统计结果显示❶，"十二五"时期，除新疆维吾尔自治区外，其余省份和新疆生产建设兵团累计投入 5944.66 亿元，其中，中央财政资金 2408.74 亿元（占总投资的 40.52%），地方财政资金 3415.49 亿元（占总投资的 57.45%），两者合计达到 97.97%，社会投资仅为 120.43 亿元（占总投资的 2.03%），建设资金的绝大部分来源于财政资金；土地整治专项资金合计 3977.3 亿元，占全部财政资金的 67%，其他依次为农业综合开发部门、水利部门、发展改革部门、农业部门和其他（主要包括其他部门和地方政府自筹资金），投入占比分别为 15.75%、7.05%、4.36%、3.85% 和 0.7%，原国土部门土地整治专项资金是财政资金投入的主体；土地整治专项资金构成中，新增费合计 3379.72 亿元，占专项资金投入总量的 84.98%，耕地开垦费占比 10.68%，土地出让平均纯收益中用于农业土地开发资金占比 3.81%，土地复垦费仅占 0.53%，新增费是土地整治专项资金投入的主体；全国仅北京、山西、内蒙古、黑龙江、上海、江苏、浙江、江西、湖北、湖南、广东、广西、海南、重庆、四川、贵州、甘肃、青海等 18 个省份存在社会资本参与高标准农田建设行为，参与方式以"先建后补""以补代建"的财政资金引导方式为主（占全部社会投资的 54.44%），采取政府和社会资本合作（PPP）、设立基金、政策性信贷支持、搭建投融资平台等方式投入的社会资金约占 23.55%，新型农业经营主体自主投入约占 17.50%，采取委托代建、特许经营和购买服务等方式引入的社会资本投入约占 2.46%，工商资本自主投入约占 2.05%，总体上看，农村土地整治中社会资本投入占比小、类型多。

（四）未来发展

随着预算管理改革逐步深入，农村土地整治专项经费的管理方式和内容发生变化，但在可以预期的较长时间内，来自财政的专项资金都将在农村土地整治资金构成中占据绝对重要地位。根据国务院 2016 年发布的《关于编制 2017 年中央预算和地方预算的通知》，新增费已从 2017 年 1 月 1 日起由政府性基金预算调整转列为一般公共预算，旨在进一步推进财政资金统筹使用和加大政府性基金预算转列一般公共预算力度。为了适应政府预算管理改革要求，以及更好保障土地整治资金需求，2017 年原国土资源部、财政部联合印发《关于新增建设用地土地有偿使用费转列一般公共预算后加强土地整治工作保障的通

---

❶　国土资源部土地整治中心. 土地整治青年论文集Ⅱ［M］. 北京：地质出版社，2018.

知》，明确提出，在新增费转列一般公共预算后，中央财政设立"土地整治工作专项"，对地方开展的高标准农田建设、土地整治重大工程和灾毁耕地复垦等土地整治工作予以重点支持；地方财政部门也要在一般公共预算中安排专项资金用于保障土地整治和高标准农田建设。而在 2017 年由国家发展改革委、财政部、原国土资源部、水利部、农业部、人民银行和国家标准委等七部门联合发布的《关于扎实推进高标准农田建设的意见》中，同样提道"国务院有关部门要把高标准农田建设作为支农投入的重点，不断加大投入力度，支持地方加快高标准农田建设，合理制定不同类型区的亩均投资标准。各地要调整优化本级财政支出结构，将高标准农田建设作为重点支持范围。"但随着 2018 年政府机构改革中将相关农田建设管理职责统交新组建的农业农村部后，前述顶层设计陡增变数。

二、姗姗而来的社会资本

中国现代农村土地整治基本上从一开始就对社会资本持欢迎和鼓励的态度，主管部门和地方政府也一直在努力推动。但总的来看，并未取得预期成效，社会资本对农村土地整治一直是既爱又恨、欲来还去，但这方面的努力一直没有停止。

(一) 政策规定

1998 年原国土资源部出台的《关于进一步加强土地开发整理管理工作的通知》提出"要多渠道、多途径筹集土地开发整理资金"，虽然主管部门提出的"积极争取当地党委、政府的支持，协调有关部门，抓好开发整理资金的落实"，考虑更多的仍然是财政资金支持，但并未关上财政资金之外诸如社会资本等其他资金来源的大门，而且"多渠道、多途径"的提法理应包含这方面意愿。1999 年原国土资源部印发的《关于土地开发整理工作有关问题的通知》提出，各地要"积极疏通资金渠道，争取筹集更多的土地开发整理资金"，不仅要保证新增费专款用于耕地开发和土地整理，还要确保落实耕地开垦费、土地复垦费，以及积极引进利用外资开展国际合作、利用信贷资金和吸引其他社会资金，这应是土地整理在规范性文件中第一次明确向社会资本发出邀请。2003 年原国土资源部颁布的《土地开发整理若干意见》提出的"积极建立多元投融资渠道"具体包括：运用各种优惠政策，吸引单位和个人资金；开展国际合作，引进和利用外资；鼓励通过合资、合作，吸引企业、其他经济组织和个人投入，广泛吸纳资金等，对于吸引社会资本等非财政资金提出了明确需求。

应该说，主管部门从一开始就着力构建多元化农村土地整治资金渠道，而且随着相关实践不断深入，这方面思路日益清晰，如何推进市场化运作也逐渐成为主管部门关注的重点。2005 年原国土资源部出台的《关于加强和改进土地开发整理工作的通知》指出，"进一步简化项目管理程序，积极探索市场化运作模式"。2008 年原国土资源部颁布的《关于进一步加强土地整理复垦开发工作的通知》要求，"积极探索市场化运作模式，引导公司、企业等社会资金参与土地整理复垦开发项目"，提出"增加的耕地可在省级原国土资源部门统筹安排下有偿使用"和"有条件的地方，可以尝试建立土地整理复垦开发基金，扩大资金渠道"。

近年来，随着农村土地整治（特别是高标准农田建设）任务日趋艰巨，国家和主管部门在用好专项资金、拓展资金渠道方面进行了更大力度探索，相继出台的文件中即包含了相关规定。原国土资源部、财政部 2012 年联合发布的《关于加快编制和实施土地整治规划　大力推进高标准基本农田建设的通知》要求，"在保持现有渠道和用途不变的前提下，以新增建设用地土地有偿使用费为主体，引导和聚合相关涉农资金，共同投入高标准基本农田建设，发挥综合效益"，并倡导"要结合土地流转，鼓励民间资金投入高标准基本农田建设，不断拓宽资金渠道"。2012 年原国土资源部发布的《关于加快推进 500个高标准基本农田示范县建设的意见》指出，要"积极鼓励民间资本按照国家有关政策参与土地整治"。

（二）未来发展

近年经济发展进入"新常态"后，可以用于农村土地整治的财政资金特别是新增费总体上呈现吃紧状况（"十二五"期间总体呈现减少态势），虽然前述快速调研结果显示，"十二五"期间社会资本参与情况仍然不容乐观，但可以想见，国家和有关部门将会在"十三五"及其之后阶段更加强调引入社会资本，并且理应成为"常态"。2017 年，中共中央和国务院联合印发的《关于加强耕地保护和改进占补平衡的意见》，是时隔近 20 年后中共中央和国务院联合印发的关于耕地保护的重要文件，在这份文件中，土地整治仍被视为落实补充耕地任务的重要方式，强调在充分发挥财政资金作用的前提下，鼓励采取政府和社会资本合作模式、以奖代补等方式，引导农村集体经济组织、农民和新型农业经营主体等，根据规划投资或参与土地整治项目。虽然此举旨在解决占补平衡难题、落实补充耕地任务，但无疑表明了国家在当前和今后较长时间引导和鼓励社会资本参与农村土地整治的迫切愿望。

前述 2017 年原国土资源部、财政部印发的《关于新增建设用地土地有偿使用费转列一般公共预算后加强土地整治工作保障的通知》在强调按照"以规划定任务，以任务定资金"安排专项资金保障土地整治、以土地整治为平台聚合其他涉农资金的同时，强调引导社会资金投入，以期发挥资金整体效益。而前述 2017 年国家发展改革委等七部门联合发布的《关于扎实推进高标准农田建设的意见》也在强调加大财政投入的同时，各地要积极吸引社会投资，鼓励"调动社会力量积极性，共同参与高标准农田建设和管护。各地可探索实行委托代建、特许经营和购买服务等方式，支持专业大户、家庭农场、农民合作社和农业企业等新型经营主体和工商资本投资建设高标准农田"，以及推动创新投融资模式，鼓励"采取政府和社会资本合作、设立基金、贷款贴息、先建后补等方式，支持地方和社会资本开展高标准农田建设。鼓励和引导商业性、政策性、开发性等各类金融机构在依法合规、风险可控的前提下，积极为高标准农田建设提供信贷支持等金融服务"。农村土地整治对社会资本的吸引将持续成为热点，毫无疑问也是难点。

第二节　社会资本的实践迷思

在国家和相关部门持续倡导之下，各地在农村土地整治引入社会资本方面进行了大量探索，也取得了一些被主流媒体不时宣传的"经验"或"模式"。但时至今日，尚无哪些"经验"或"模式"能够得到广泛认可，更遑论在其他地方成功复制和推动相关立法，其背后原因值得深入思考。

一、未成气候的地方实践

主流媒体的新闻报道出于宣传推广的良好愿望，通常自觉不自觉地扩大成效，而深入实地的调研往往能够发现更加接近真相的事实。

（一）新闻报道

近年来，主流媒体不时报道一些社会资本参与农村土地整治的新闻。如2009 年 11 月 23 日《四川日报》刊发《新津引进社会资本参与土地整治》：该年 11 月 18 日，成都天友旅游集团、华夏顺泽投资有限公司、生生投资股份有限公司等 8 家企业同时与新津县签约，合计投资 72.8 亿元参与该县重点镇土地综合整治项目建设，开启了成都市引进社会资本参与土地综合整治的进程。根据协议，社会资本参与土地综合整治项目建设，内容涉及土地整治、农村新型社区建设、现代农业发展、城乡公共配套设施等。新津县为做好这项工作，制定出台了《新津县引进社会资金参与土地综合整治管理办法（试行）》等政策措施。

2015 年 12 月 3 日《湖北日报》刊发《土地整治创新破解资金瓶颈》：自 2014 年以来，湖北省在监利、嘉鱼、天门等 22 个县（市、区）开展农业龙头企业自建土地整治试点项目 25 个，建设规模 35.62 万亩，预算投资 6.959 亿元，引入福娃集团、田野集团、华丰农业合作社等农业龙头企业和农民专业合作社 25 家，摸索出社会资本参与土地整治的新途径，项目资金由全部国家主导投入调整为受益主体部分资金参与，破解了土地整治资金瓶颈，推动了农业现代化进程。

2017 年 12 月 11 日《中国国土资源报》刊发《山东青岛首个社会资本参与土地整治项目开建》：青岛市首个社会资本参与的土地整治项目正式开工建设，涉及即墨区金口镇南部、温泉街道北部 61 个行政村、13.12 万亩土地，计划总投资 4.77 亿元，建设规模约 9.32 万亩，建设周期 6 个月。项目完成后，预计新增耕地约 1 万亩，有效缓解即墨区占补平衡指标不足问题。该项目将探索"土地整治＋"工作思路，通过对田、水、路、林、草综合整治，实现"田成方、林成网、路相通、旱能浇、涝能排"的现代农业发展格局，为建设美丽乡村夯实基础。

应该说，随着国家和有关部门大力倡导，近年关于社会资本参与农村土地整治并且取得成效的宣传报道日益增多，这本无可厚非。但是，一味注重所谓的经验总结和模式提炼，甚至过分拔高成效的宣传，可能会影响决策机构的正确判断，之前宣传的一些"亮点"并未有多少能够持续发挥效用即为明证。

（二）实地调研

出于对社会资本参与农村土地整治的关注，笔者近年曾就这一主题开展过实地调研。在此仅举一例：

2015 年 10 月，笔者前往重庆市及其合川区、潼南区，通过召开座谈会和院坝会，以及实地察看有关项目，初步了解了社会资本参与农村土地整治的基本情况。重庆市自2004年起，首先在土地开发占补平衡项目中探索引导社会资本参与，基本做法是：企业与当地政府签订项目协议，企业先行垫资开展土地开发，项目完工后，政府验收项目，形成占补平衡指标；市政府出面收购，企业从中获利，并与区县政府进行利益分成，多为三七开或四六开。社会资本的逐利性，使得此类项目实施模式逐步因指标数量不真实、土地质量不合格、干部廉洁出问题等原因而受到各方质疑。此种模式实施的部分项目，完工后10年都未验收。2011年4月，重庆市国土资源和房屋管理局出台《关于进一步推进农村土地整治工作的通知》，规定"要合理确定垫资利润，垫资利润率不得超过项目成本的10%"。由于觉得利润率过低，社会资本此后不再参与这类项目。

2009年以来，重庆市开始探索农村土地整治"先建后补"模式，截至调研期间仍处探索阶段。2009年，重庆市在垫江县白家湖镇湖滨村开展农民联户实施土地整治，由返乡创业农民带头成立专业合作社，组织农民集中土地、投工投劳自行施工建设，发展农业产业，项目实施后，经相关部门认定，补助一定工程费用。2015年9月，重庆市国土房管局会同市财政局印发《重庆市农村土地整治"先建后补"项目实施方案（试行）》，各区县"先建后补"项目正式纳入规范化轨道。其中，"先建后补"是指经市国土房管局审批，统一按"先建后补"模式实施项目的产业主、农民联户或集体经济组织，按照批准立项的项目规划设计，自主负责工程建设，竣工验收合格后，由市国土房管局和市财政局依据认定的工程量套算土地整治"先建后补"工程目录库工程单价（按直接工程施工费审定），统筹使用市级农村土地整治资金并按一定比例给予补助的项目建设模式。此后，由市国土房管局牵头，在全市多区县展开"先建后补"项目的条件摸底以及相关前期准备。但在调研中，多区县国土资源部门领导坦言："前期的摸底我们一直在做，但一直不敢着手去做，都在等市里下发一个统一的文件，我们好有据可依。"

此次调研还发现，引导社会资本参与农村土地整治应在类型上予以区分。根据施工单位是否垄断后期农业经营，将其区分为：工程建设型与建设经营型。其中，工程建设型类别中，社会资本主要参与工程建设，获取利润的主要途径和方式是实施工程建设；建设经营型类别中，社会资本的主要目的在于对整治后土地进行农业生产等产业经营活动，社会资本获取利润的主要途径和方式是后期生产经营。在工程建设型类别中，潼南区根据其经营主体的性质与规模，将其进一步划分为点滴型、纺锤型、牵手型等几种类型。其中，点滴型是指农民或小规模土地经营户结合生产活动，对土地实施简易地块平整、修建山坪塘、囤水田、维修道路等，投入点多面广、额度小，工程质量没有标准，不易形成规模效益，后期配套项目和资金跟进困难；纺锤型是指具有一定规模的土地经营户，前期已对土地进行一定规模的地块平整、道路和水利设施建设等，并根据自身经营需要进行精细化工程设施配套和改善，具有一定实力并且初步形成一定的规模效益，但前期投入缺少规划统筹和技术服务，容易造成浪费和其他负面效应；牵手型即所谓"先建后补"模式，结合了具有一定规模经营自主实施土地整治的优势，同时又要求前期做好统筹规划，能够避免无序建设现象，使得社会资本和财政资本牵手实施，形成倍增效应。地方充满智慧的探索真是制度创新的源头活水！

（三）初步总结

根据不完全统计，截至 2017 年年底，全国有 10 多个省份不同程度探索开展了社会资本参与农村土地整治工作。综合有关宣传报道和实地调研资料，可以将社会资本参与农村土地整治简单划分为这样三种模式：

1. 政府和社会资本合作模式

该模式中，市、县政府采取竞争性方式择优选择具有投资、运营管理能力的社会资本，双方按照平等协商原则订立合同，明确责权利关系，由社会资本组织实施土地整治项目，政府依据项目工程造价审核、财务决算审计报告及验收批复向社会资本方支付相应对价，保证社会资本获得合理收益。该模式以政府资金为引导，吸引社会资本配套投入，共同参与农村土地整治，适于土地经营规模较大的合作社和工商资本进入农业领域形成农业企业，根据农业产业经营、农产品深加工、农业休闲观光等大规模实施农村土地整治，实现"规划—建设—利用—管护"有机结合。该模式的关键在于，市、县政府要引入竞争机制，公开公平选择具有相应建设、运营、管理经验和专业水平、投融资能力以及信用状况良好的社会资本方作为农村土地整治项目合作伙伴，并在双方协商一致基础上，社会资本合作方与政府机构签订 PPP 项目合同，明确双方权利义务，并按项目合同组织实施项目。这一模式目前较多（下文还将具体分析），而且是各级政府和有关部门大力倡导的模式。

2. 委托代建模式

该模式中，市、县政府采用竞争性方式选定一个专业化项目管理单位作为代建人并与其签订"代建合同"，代建人代行项目业主职能，依据国家有关法律、法规、规范、规程和技术标准，自主选择有相应资质的技术服务单位，承担农村土地整治项目的科研、设计、测量、施工、监理及招投标等全过程管理，并在项目建成后协助委托人组织项目验收。该模式中的代建人负责控制土地整治项目的投资、质量和工期，并在项目完成移交后收取相应代建管理费。该模式的关键在于主管部门要强化主体责任，严格招投标程序，通过规范的委托程序和合同，与代建单位建立市场化的委托关系，化"运动员"为"裁判员"，降低廉政风险。这一模式近年开始在有关省份出现，如枣阳市国土局于2015年在湖北省率先实行农村土地整治项目"代建制"。

3. "先建后补"模式

该模式中，农村集体经济组织、农民、新型农业经营主体等以行政村为单元实施农村土地整治项目，自主确定建设范围、工程建设内容和布局，自主筹集建设资金，自主组织项目实施和工程后续管护，并在工程的数量和质量经验收合格后，由县级财政按照合同约定或工程审核、审计及验收情况支付相关费用。该模式鼓励农村集体经济组织或农民，以及符合条件的新型农业经营主体，按照批准的规划设计方案，自行筹集资金或投工投劳、以物折资等方式先行开展农村土地整治，根据项目实施进度或工程竣工验收后，按照政府确定的投资标准获得财政资金全额或部分补助。该模式主要适于土地整治规模较小、土地相对分散地区，具体实施方式呈现多样化特点。如广西壮族自治区以农村集体经济组织为主体鼓励农民自发开展"小块并大块"，重庆市垫江县以联户并地方式开展土地整治等。该模式实现了"规划—建设—利用—管护"一体化，调动了经营主体积极性，提高了工程建设质量，还解决了后期管护问题，以及因为减少前期工作经费等费用节约了财政资金投入、有效解决了承包地细碎化问题等。

通过前述分析，可以对社会资本参与农村土地整治工作做出初步总结：一是引导社会资本参与农村土地整治符合财政投资改革和深化农村改革的方向和要求。社会资本参与农村土地整治，有助于协调项目规划、建设、使用、管护主体利益或实现相关主体一体化，调动土地经营主体积极性、提高工程效益和财政资金使用绩效。二是社会资本无法替代财政资金成为农村土地整治的主导投资渠道。在可预期的较长时间内，农业都是"四化"同步的短板，农业农村都是财政资金投入的重点保障领域。客观而言，中国农业生产面临资源环境生态约束、生产成本不断攀升、进口农产品价格挤压等多重因素制约，农业种植收益总体偏低，社会投资意愿总体不高。因此，农村土地整治中，社会资本可以作为财政投资的有益补充，但尚不具备大规模替代财政投入条件。三是引导社会资本参与农村土地整治应立足于充分发挥财政的引导和带动作用。引导社会资本参与农村土地整治，应以政府向社会力量购买公共服务为主要方向，发挥财政资金对社会资本投入的引导和带动作用，通过配合创新农村土地整治实施方式，吸引社会资本投资、投劳，提高财政资金使用效率和农村土地整治综合效益。

二、存在的问题及其剖析

尽管各级政府及其有关部门持续倡导社会资本参与农村土地整治，并且相继出台系列文件，一些地方也开展了探索并且取得一定成效，但社会资本仍然未如预期般大量参与农村土地整治。

（一）主观原因

对社会资本参与农村土地整治涉及的主要主体进行分析可以发现，地方政府的定位不准、普通农民的"恋土情结"和社会资本的"唯利是图"可能是需要引起重视的主观原因。

在地方政府层面，李克强总理于2015年5月在全国推进简政放权放管结合职能转变工作电视电话会议上首次提出"当前和今后一个时期，深化行政体制改革、转变政府职能总的要求是：简政放权、放管结合、优化服务协同推进，即'放、管、服'三管齐下"，但也一再强调"真正做到审批更简、监管更强、服务更优，这是一个艰巨复杂过程"。反映在农村土地整治上，虽然2005年前后土地整治管理体制发生巨大变化，相关审批权限逐级下放，似乎为社会资本更好参与打开了便利之门，但实际情况可能是：该放的放下去了，该管的没有管好，该服务的难找到主。以"先建后补"为例，由于工程建设阶段主要是参与进来的社会资本在负责，加之主管部门人力紧张难以做好监管，如果施工单位（特别是小型施工队、当地务工农民）安全意识较缺乏、安全措施不够完善，工程建设中容易出现一些安全问题和质量问题，致使社会资本方心有余悸、地方政府也引以为烦；地方政府主管部门服务不到位，特别是相关专业咨询和技术指导不到位或不及时，往往让社会资本方走弯路、多花钱；如果在项目竣工后（或者工程建设中），财政资金补助不到位或者存在管理人员"寻租"现象，更会打击社会资本方积极性，而这类案例在现实中并不少见。

在普通农民层面，由于多数农民与生俱来的"恋土情结"，普遍担心社会资本参与土地流转并整治土地会打乱现有土地界线，如果将来社会资本因为经济效益无法达到预期、资金回报时间太长，或者因为经营不善等原因而撤资或退出时（相关新兴农业经营主体失败案例时有出现），他们将如何重新获得这些已经打破权属界线并流转的土地？个别社会资本在此前经营中因为滥用化肥等对农田造成的污染、对当地原生态的扰动和破坏又由谁来埋单？不仅一些农民有此担心，不少地方政府也对此类问题深表担忧，特别是一旦土地重新打乱后再行分配，如果出现不公、处理不好，极易引发危害地方稳定的矛盾和冲突。现实中一旦出现社会资本经营农业不善而跑路时，最后背锅和担责的往往都是之前大力引入社会资本、极力倡导土地流转的地方政府。现在，多数地方采取"认股不认地"的方式，即农民只知获得流转租金的田亩数量，但不知具体地块，这种做法的潜在危害和风险理应受到重视。普通农民对于承包土地的态度，决定了他们对于社会资本参与农村土地整治及其整治成果的经营管理是一种既爱又恨的矛盾心理，更遑论社会资本过多介入本应属于社区化的农业生产领域后对其就业机会的侵夺。

在社会资本方层面，社会资本参与农村土地整治带有较强的营利目的，但从目前来看，种粮获取的经济效益远远比不上规模种植经济类作物；而且，一些社会资本长时间、大面积流转土地，或者通过打政策"擦边球"，以建设农业生产的附属设施或配套设施名义占用耕地甚至永久基本农田从事非农生产，这就不仅容易导致社会资本参与后出现耕地非粮化，还挤占了普通农民就业空间，加剧土地利用"非农化"，也即不仅改变了土地规划用途，还破坏了农业综合生产能力和生态环境。另外，由于地方政府对社会资本的选择没有遵循公开、公平、公正原则，不符合条件的社会资本被选中后，参与农村土地整治只为追求新增耕地指标并将之变现，而不是后期的土地经营，加上社会监督、财政监督和审计监督等不到位，社会资本方出于追求超额利润目的，就会在工程建设上打主意，由此带来指标数量不真实、土地质量不合格、干部廉洁出问题等多种问题。

（二）客观原因

客观原因大体可以归纳为这样四点：一是禀赋上先天不足。在现行农村土地整治项目管理制度下，多数项目的政府投资部分都会超过200万元，按照规定需要通过招投标确定施工单位，而且施工单位需要具备相关资质，那些有意参与农村土地整治但缺乏相关资质的社会资本方如新型农业经营主体等很容易因为通不过将来的审计等原因而被排除在外，即便这些意在吸引社会资本的项目具有程序简单、周期较短、见效较快等优点，多数社会资本还是由于不具备工程施工资质及其导致的不符合工程施工招投标规定而却步。有鉴于此，一些社会资本方对超过财政补助200万元的项目采取"借用资质"方式进行施工，但这不可避免带来管理风险；有的地方对项目的资金补助规模和投资标准做了一定限制，但如何处理好与招投标等制度的衔接，仍需进一步探索。形象地看，社会资本参与农村土地整治是一道透明的"玻璃门"，看似有却很难进去。另外，一些地方本身财政紧张，无法发挥财政资金的杠杆作用引入社会资本，或者即便能够满足工程建设方面的"先建后补"或者公私合作，但项目建成后的运营管护等缺乏资金支撑，都会影响社会资本方的参与意愿。

二是政策制度不协调。现阶段，社会资本参与农村土地整治诱因大体可以归结为这样两种，一种是成功人士返乡后以工商业资本反哺农业生产，帮扶家乡经济发展；另一种是以农村土地整治为契机，利用土地资源发展设施农业，提升企业业绩。总的来看，第一种由工商企业帮扶家乡发展而投资农村土地整治的尚属少数或者个案，多数社会资本特别是工商企业均以营利为目的。但是，目前的农村土地整治制度设计整体上缺乏引导社会资本参与的激励机制，致使工商企业觉得没有利润可图，缺乏投资兴奋点，总体意愿不强。另外，虽然深化农村改革综合性方案对如何发挥政府财政资金的引导和杠杆作用提出了方向性意见，但尚未形成系统性政策，各地在执行时不好把握，致使有的试点项目失败之原因在于有关部门不同意将财政资金直接支付给特定社会资本方；有的"先建后补、以奖代补"试点尽管取得了较好效果，但由于没有得到相关部门认可，迄今难以扩大试点。

三是相关管理不到位。社会资本参与农村土地整治，一定程度上需要简化程序、减少环节，但这并不意味着放松管理要求。以"先建后补"项目为例，多数地方都是在社会资本方建成项目并在相关部门验收合格后给予工程建设的财政补助，这需要提供能够证明项目实施及其成效的资料，特别是那些过程性资料。由于多数社会资本方缺乏档案管理经验，加上相关部门指导和服务不够，致使他们掌握的项目最终材料较多而过程性资料很少甚至没有，项目档案不全甚至缺失也给政府有关部门给予财政补助带来不便。另外，尽管目前社会各界对农村土地整治关注程度越来越高，土地整治规划地位也在提升，但各级地方政府特别是县级政府及其组成部门仍对土地整治规划重视程度不够，而且规划编制中更多局限于安排项目,忽略对农、林、水、路等各类规划的统筹协调,致使社会资本方在实施项目时出现项目规划和工程建设与其他部门不协调不衔接甚至"打架"。

四是基础研究不及时。社会资本参与农村土地整治的工程补助标准普遍缺乏,一些地方以规范性文件形式做出规定,如亩均投资不得超过多少等,但这些标准更多参照了试点项目得出的数据,但定此标准的依据并不十分明确。社会资本参与农村土地整治如何体现收益公平也缺乏研究支撑,社会资本参与农村土地整治后多可获得工程建设补助和项目后期经营收益,农民获得的多是土地流转费、务工劳务费等,但如何将社会资本参与土地整治后的收益转化为普通农民的真正收益仍需深入研究。社会资本参与农村土地整治形成的固定资产尚未建立确权登记制度,不利于社会资本方抵押融资、经营权转让等;而且,政府和社会资本共同投资农村土地整治,对形成的基础设施没有划分资产归属,容易导致社会资本方退出时产生财产纠纷。土地经营权抵押贷款探索尚未形成可供复制的经验和模式,一定程度上抑制了社会资本的参与积极性,不利于引导社会资本参与工程建设和整治成果运营,以及让流出土地的普通农民从中获得更多利益。

三、正在面临的巨大需求

2010 年 5 月国务院出台的《关于鼓励和引导民间投资健康发展的若干意见》提出,"鼓励民间资本参与土地整治","积极引导民间资本通过招标投标形式参与土地整理、复垦等工程建设"。2015 年 11 月中共中央办公厅、国务院办公厅联合印发的《深化农村改革综合性实施方案》指出,今后国家将进一步优化财政支农支出结构,转换财政资金投入方式,通过政府与社会资本合作、政府购买服务、担保贴息、以奖代补、民办公助、风险补偿等措施,带动金融和社会资本投向农业农村。作为农业生产领域的重要公共产品,农村土地整治需要适应财政投资体制改革要求,在完善投资方式方面找到契合点。

(一) 必要性、迫切性

分析当前经济社会形势及其对农村土地整治的需求,社会资本参与既显必要也很迫切。一是农村土地整治面临新形势新要求,亟须建立调动全社会积极参与其中的新机制。"十三五"时期是全面建成小康社会的决胜阶段,中国政府着眼于新的时代背景,提出全面建成小康社会新的目标要求和"创新、协调、绿色、开放、共享"的发展理念，强调坚持最严格的耕地保护制度、最严格的节约用地制度和保护环境的基本国策。面对新形势新要求，用新的发展理念推动农村土地整治，加强耕地保护夯实农业现代化基础，促进美丽宜居乡村建设和城乡融合发展，改善生态环境推动生态文明建设。面对新形势和新要求，农村土地整治作为公共产品的公益属性将进一步加强，但现行政府一家主导模式已经不能很好满足各方需求，亟须在更好发挥政府宏观调控和服务指导的前提下调动全社会参与农村土地整治的积极主动性，坚持"市场能办的多放给市场，社会可以做好的就交给社会"，降低市场准入"门槛"，为社会资本进入公共服务领域创造空间，更好提高公共产品供给效率和财政资金使用效率。

二是积极谋划推进农村土地整治投融资体制改革，是顺应宏观经济"新常态"，推进经济结构战略性调整，加强薄弱环节建设的必然要求。目前，中国财政收入增长放缓、土地出让收入下降，地方政府融资体制改革使得原有融资模式难以维系、财政收支矛盾突出，社会资本充裕但难以进入公共领域，需要大力探索基础设施建设和公共服务提供的新方式。十八届三中全会以来，中国政府一再提出，要逐步推进社会资本在公共服务、资源环境、生态建设、基础设施等重点领域创新投融资机制，尤其是要注重引导和鼓励社会资本投向农村基础设施建设和在农村兴办各类事业。对于农村土地整治而言，现行投融资体制的局限性凸显，单一财政资金投入模式难以适应人民群众对于加快农村土地整治工作的需求，财政资金持续大规模投入也存在一定困难。为此，应加快建立多元融资机制，拓展土地整治资金来源，鼓励和引导社会资本投入，发挥农村土地整治有效拉动社会资本投入和消化过剩产能的作用，达到财政资金"四两拨千斤"的效果。

三是引导和鼓励社会资本参与农村土地整治，有助于进一步改善整治效果、加快构建和发展新型农业经营体系。广泛而充分的公众参与是国际上有关国家和地区土地整理取得实效的重要经验，其中包括合理引导和鼓励社会资本投入其中。现行《土地管理法》要求县、乡（镇）人民政府要组织农村集体经济组织按照土地利用总体规划综合整治田、水、路、林、村，但在实际工作中，农村集体经济组织和农民因为准入门槛过高而被事实上剥夺了实施主体资格，多数情况下只是被动接受或者零星参与，造成本应高度统一的实施主体和服务对象被人为割裂，农村土地整治惠农效应的持续发挥亟须转换思路。引导和鼓励社会资本特别是新型农业经营主体参与农村土地整治，不仅有助于在一定程度上促进农村土地整治实施主体的正常回归，而且有助于加快构建新型农业经营体系，并在改善基层社会治理、繁荣农村经济、增加农民收入等方面发挥不可替代的重要作用。

《全国土地整治规划（2016—2020年）》由国务院批复后，原国土资源部有关官员介绍，"十三五"期间中央和地方各级财政以及社会资本等计划投入1.7万亿元用于土地整治，特别提及要鼓励和引导社会资本参与土地整治，建立多元化投融资渠道，同时支持农村集体经济组织或农民群众自主开展土地整治。2017年国家发展和改革委员会等部门联合印发《关于扎实推进高标准农田建设的意见》，计划到2020年确保建成8亿亩，力争建成10亿亩高标准农田，而为了完成建设任务，鼓励各地探索实行委托代建、特许经营和购买服务等方式，支持新型经营主体和工商资本投资建设高标准农田；同时，创新投融资模式，采取政府和社会资本合作、设立基金、贷款贴息、先建后补等方式，支持地方和社会资本开展高标准农田建设，以及鼓励和引导商业性、政策性、开发性等各类金融机构为高标准农田建设提供信贷支持等金融服务。

（二）地方政府应对

针对农村土地整治特别是高标准农田建设任务与专项财政资金捉襟见肘间的矛盾凸显，加上深化"放管服"改革和培育发展新兴农业经营主体等综合考虑，近年来各地在引导和鼓励社会资本参与方面加大了力度。在此仅举几例：2016年12月9日山东省新泰市国土局邀请社会资本方参与土地整治，对该市羊流镇北部山区进行土地整治招商，项目区面积1280公顷，农地整治新增耕地理论潜力174.89公顷。公告明确的投资人职责包括：一是组织实施土地整治项目。开展项目区测量、可行性研究报告编制、规划设计与预算、组织专家论证，以及承担项目实施、协调当地农事关系、组织工程监理、工程审计，编制项目决算并组织开展财务审计，牵头负责项目后期管护，协助进行立项、验收和入库报备等。二是组织实施的土地整治项目新增耕地面积不得少于区域内农地整治新增耕地理论潜力值的80%。新增耕地指标按照不少于50%归当地国土部门无偿使用，其余指标由投资人自行确定使用。三是土地整治项目工期不得超过150天，工期从协议签订之日起算，以最后完成入库时间作为项目完工时间，如逾期60天仍未入库，新泰市国土局有权解除协议，投资人应自接到解除协议通知之日起15日之内，自行拆除所建工程和设施，恢复土地原状。四是项目质量合格，达到相关行业标准，而且项目须通过有关部门的验收、检查、审计，完成入库报备，其中新增耕地指标要确保5年内能作为耕地占补平衡指标使用。另外，该公告还要求，土地整治项目融资、建设、运营等风险及不可抗力造成的风险由投资人承担，政府不支付任何费用。新泰市国土局以土地整治新增耕地为预期吸引社会资本参与，这在耕地占补平衡指标较为金贵的今天颇具诱惑。

2018年1月2日，山西省政府办公厅出台《关于鼓励引导社会资本参与土地整治的指导意见》，旨在充分发挥市场作用，以政府资金为引导，鼓励采取政府和社会资本合作模式和委托代建、先建后补等方式，引导农村集体经济组织、农民、新型农业经营主体、工商资本、土地整治专业机构等依据规划投资或参与土地整治项目；新增耕地或提质改造后的耕地，作为占补平衡指标，用于本行政区域内耕地占补平衡，并优先用于重点建设项目，节余指标在全省范围内有偿交易。社会资本参与土地整治范围包括：宜耕未利用地开发、高标准农田建设、水土适宜沟谷土地综合整治、建设占用耕地的耕作层剥离再利用、城乡建设用地增减挂钩、移民搬迁村庄土地复垦、闲置凋敝宅基地整治盘活利用、历史遗留工矿废弃地复垦、采煤沉陷区治理等。该意见还明确了项目主体权责，如市、县政府制定鼓励社会资本规范有序参与土地整治的政策措施，负责编制土地整治项目年度计划，确定项目实施机构，负责编制合作项目的可行性研究报告、立项、设计及预算审核、组织竣工验收及项目信息报备等工作，以及依据本行政区内土地整治新增耕地平均成本，区分耕地类型、质量状况等，制定差别化投资回报标准；社会资本合作方要按照规定组织编制合作项目设计及预算报告，经当地政府或相关部门审核后，负责组织实施土地整治项目，对项目的工程质量、安全、工期以及项目预期效益负责，并和政府共同承担项目预期风险。这是第一份由省级政府出台的相关文件，对如何鼓励引导社会资本参与农村土地整治进行了符合改革要求的较为细致、全面的政策设计。

2017年8月15日，江西省国土资源厅出台《关于进一步推进土地整治补充耕地和批而未用土地消化工作的意见》，对引进社会资本推进土地整治和补充耕地等问题做出规定。该意见在"进一步拓展补充耕地资金渠道"措施中指出，鼓励采取以政府资金为主、社会资本为辅的模式开展土地开发补充耕地，发展当地特色农业产业；按照"谁投资、谁受益"的原则，投资主体除可享受一定的投资利润回报外，还可优先获得土地流转经营权。

第三节　PPP 模式的机遇和挑战

作为社会资本参与农村土地整治的一种类型和方式，PPP（Public - Private Partnership，即政府和社会资本合作）模式在当前经济发展进入"新常态"、全面建成小康社会进入冲刺阶段、当前及未来一段时期乡村振兴战略实施等都对基础设施建设和公共服务提出更高要求，而财政收入增长放缓、土地出让收入下降和地方政府融资体制改革等导致农村土地整治原有资金筹措模式难以维系、财政收支矛盾突出。在有关部门支持下，各地相继开展了一些探索。但就 PPP 模式本身而言，目前对其肯定和否定之声皆有。虽然国家的态度总体上是支持有加，但对于农村土地整治而言，一定程度上既是机遇也是挑战。

一、机遇与挑战

PPP 模式的核心内涵包括两方面内容，一是将社会资本引入公共领域，有效缓解地方政府在提供基础设施和公共服务时感受到的巨大财政压力和社会资本在市场中出现的明显过剩状况，在公共领域推进政府和社会资本合作互补；二是努力实现在公共领域实现专业化运营，"让专业的人做专业的事"，政府将某些专业领域的事情交给最擅长的企业，自身更加关注规则的制定和监管。但在实际实施中，由于制度建设滞后、政策执行"走形"，该模式可谓毁誉参半。

（一）对 PPP 的认知：在肯定与否定中探索前行

PPP 项目由社会资本承担设计、建设、运营、维护基础设施的大部分工作，并通过"使用者付费"及必要的"政府付费"获得合理投资回报；政府部门负责基础设施及公共服务价格和质量监管，以保证公共利益最大化。PPP项目一般要求项目具有"使用者付费"条件，主要适用于经营性、准经营性基础设施和社会服务类项目。PPP 项目运作方式主要有建设—运营—移交（BOT）、建设—拥有—运营（BOO）、转让—运营—移交（TOT）等，具体运作方式选择主要由收费定价机制、项目投资收益水平、风险分配基本框架、融资需求、改扩建需求和期满处置等因素决定。PPP 模式运行程序大体为：选择项目合作公司—确立项目—成立项目公司—招投标和项目融资—项目建设—运行管理—项目移交。

2014 年 11 月，国务院印发的《关于创新重点领域投融资机制鼓励社会投资的指导意见》提出，为推进经济结构战略性调整，加强薄弱环节建设，促进经济持续健康发展，迫切需要在公共服务、资源环境、生态建设、基础设施等重点领域进一步创新投融资机制，充分发挥社会资本特别是民间资本的积极作用。重点做好的十方面工作中就包括建立健全政府和社会资本合作机制，主要内容包括推广政府和社会资本合作模式、规范合作关系保障各方利益机制、健全风险防范和监督机制、健全退出机制等。

为加快建立健全这项机制，2014 年以来，国务院办公厅、财政部和国家发改委在规范 PPP 项目运行方面出台了一系列文件，界定了 PPP 项目的适用范围、项目工作机制、交易结构、合同体系等，为规范 PPP 项目实施，环保部、住建部等部门也制定了业务指导办法。特别是 2015 年 5 月 13 日，国务院第 92 次常务会议审议通过财政部起草的《关于在公用服务领域推广政府和社会资本合作模式的指导意见》，不仅提出了工作思路、进行了工作部署，还着重要求"快""实"。各省市则积极响应，纷纷筹建了本地区 PPP 模式项目库，PPP 项目一时呈现井喷态势。截至 2017 年 6 月 16 日，财政部入库项目共12700 个，投资额共计 153017.85 亿元，遍布全国各地，覆盖能源、交通运输、水利建设、生态建设和环境保护、农业、林业、科技、保障性安居工程、医疗卫生、养老、教育、文化、体育、市政工程、政府基础设施、城镇综合开发、旅游、社会保障等领域。另外，全国各地还有很多项目没有进入财政部项目库，实际 PPP 项目数量、投资额理应更大。

各地出现的数量庞大的 PPP 项目以及动辄几亿元、几十亿元的投资，已对国民经济、就业形势、社会发展产生深远影响，一旦建设失败，难有补救措施或者补救代价太大，形成历史遗憾。这一点通过分析 PPP 项目运作模式及其存在的问题即可看出。PPP 项目的基本情况为：地方政府想搞建设，没钱，找社会资本；社会资本追求设计、施工利润，也没钱，找财务投资人；财务投资人想拿佣金，其实也没钱，找银行托底；银行倒是有钱，但缺好项目，放不出去。项目的必要性与可行性、项目的收益、项目本身的质量是项目成功的关键，并从根本上保障各参与方利益。中国 PPP 项目设计寿命大多超过 30 年，特许经营期为 10~30 年，最长 30 年，一个合格的 PPP 项目至少须经得起 30 年的历史检验，而且 30 年运营顺利、不落伍。但是，目前 PPP 项目存在的一些问题，诸如项目管理水平不高、项目上马未经充分论证、科研报告编制评审流于形式、设计方案原创不足、咨询质量良莠不齐、监理单位施工单位问题重重，以及建材市场材料设备质量参差不齐等，无法确保 PPP 项目获得成功并保障各方利益。

2017 年 2 月 19 日《证券时报网》刊发的《发改委研究员批 PPP 融资制度"6 宗罪"》，指出针对当前各种金融机构为满足 PPP 项目融资需要而创新出的许多新型融资模式，并不适应 PPP 特点，主要表现为：现行对 SPV 公司（政府与社会资本为建设或运营公共产品或服务而组成的特殊目的机构）的相关管理规定不适应 PPP 项目特点、项目资金期限存在严重错配、资金来源偏重银行贷款、相关部门管理跟不上 PPP 项目需要、部分 PPP 引导基金存在政企不分、资金退出渠道过于单一等。2017 年 2 月 23 日《中国环境报》刊发《PPP 项目：是持续生机还是短暂繁华？》，针对生态环保建设领域不时传来大型 PPP 项目签约消息以及这股已经搅动环保行业格局的热潮恐怕还将继续升温的预判，提出了（PPP 项目）给行业带来的是持续生机还是短暂繁华，是经济环境效益双赢还是会留下环境改善、企业经营上隐患的反思。而 2017 年 11 月 21 日国资委发布的《关于加强中央企业 PPP 业务风险管控的通知》叫停央企盲目参与 PPP，虽然不少媒体将之解读为央企投资 PPP 趋势收紧而民营资本机会更多，并且断言对于未来的 PPP 会是一个由量到质的变化。笔者却不敢完全苟同，认为将之解读为对之前一味疯涨的 PPP 项目适时泼上一盆冷水更为可能（后来的事实也印证了这一点）。

前述国资委文件墨迹未干，2017 年 11 月 28 日，国家发展改革委专门发布《关于鼓励民间资本参与政府和社会资本合作（PPP）项目的指导意见》，旨在鼓励民间资本规范有序参与基础设施项目建设，促进政府和社会资本合作模式更好发展，提高公共产品供给效率，加快补短板建设。文件提出的意见包括：创造民间资本参与 PPP 项目的良好环境、分类施策支持民间资本参与 PPP 项目、鼓励民营企业运用 PPP 模式盘活存量资产、持续做好民营企业 PPP 项目推介工作、科学合理设定社会资本方选择标准、依法签订 PPP 项目合同、加大民间资本 PPP 项目融资支持力度、提高咨询机构 PPP 业务能力、评选民间资本 PPP 项目典型案例、加强政府和社会资本合作诚信体系建设等。国家发展改革委在一片质疑声中出台这份文件，表明推进 PPP 项目本身就是机遇与挑战并存的事情。

2018 年 5 月 4 日《第一财经网》的一篇报道《PPP 清理风暴结果惊人：1.2 万亿假 PPP 项目被清退》吸引了大量眼球。根据该报道，在政府和社会资本合作模式野蛮生长的四年多时间里，PPP 项目数量从 0 飙升至 7000 多个，投资额超 11 万亿元，而地方政府借 PPP 模式变相举债等问题也随之爆发。自 2017 年 11 月财政部掀起一场集中清理 PPP 项目的"风暴"以来，截至 2018 年 3 月末，财政部综合信息平台已累计清理管理库项目 1160 个，累计清减投资额 1.2 万亿元（不包括被要求整改的 PPP 示范项目，规模近 5000 亿元）。从财政部公布数据看，此次被清退 PPP 项目覆盖 29 个省（自治区、直辖市），其中退库前三位是新疆、山东（含青岛）、内蒙古，分别为 222 个、206 个、152 个，合计占退库项目总数的 50%。退库项目投资额前三位是山东（含青岛）、新疆、内蒙古，分别为 1596 亿元、1491 亿元、1441 亿元，合计占退库项目投资额总数的 37.1%。被清退项目不少已经进入执行阶段，未来政府和社会资本如何处理也是一大难题。

（二）农村土地整治与 PPP

根据《全国土地整治规划（2016—2020 年）》等规划，今后一段时间内，中国需要投入大量资金用于农村土地整治特别是高标准农田建设。目前的农村土地整治项目融资主要依靠政府，资金来源以新增费、耕地开垦费、土地复垦费等行政事业性收费为主，存在投资渠道单一、资金缺乏、资金使用效率不高、项目施工后效益低等问题。为解决传统模式下资金短缺等问题，中国开始探索创新农村土地整治融资模式。随着包括土地储备贷款在内的地方债偿还高峰到来，地方政府深感加快推进 PPP 模式的紧迫。2017 年中共中央、国务院联合发布的《关于加强耕地保护和改进占补平衡的意见》提出，"鼓励采取政府和社会资本合作模式、以奖代补等方式，引导农村集体经济组织、农民和新型农业经营主体等，根据土地整治规划投资或参与土地整治项目"。

PPP 模式农村土地整治项目中，合作伙伴包括两个：一是政府方合作伙伴。一般农村土地整治项目投资主体和主管部门为各级国土资源主管部门，项目实施单位是县级国土资源主管部门，而其是政府方合作伙伴之一。具体实践中，一般农村土地整治项目实施主体多为当地乡（镇）人民政府，或者当地乡（镇）人民政府至少是项目实施的主要参与者，当地乡（镇）人民政府也是政府方合作伙伴之一。二是社会资本投资方合作伙伴。为了成功开展 PPP 土地项目，需要引进具有丰富市场经验、较高农业技术水平和雄厚资金实力的农业企业进行投资和运营。开展 PPP 土地整治项目要基于具体的农业项目，而农业项目的载体是农村土地资源，农户作为土地承包经营权人必须参与其中，同时农户还可提供发展农业项目所需劳力资源。由此可见，PPP 模式农村土地整治项目合作伙伴共有四个：县级国土资源主管部门、乡（镇）人民政府、农业企业和农户。县级国土资源主管部门提供专项资金，并且具有行业管理优势；乡（镇）人民政府提供政策支持，并且具有地方管理优势；农业企业提供资金和技术，并且具有项目经营管理和市场开发优势；农户提供土地承包经营权，并且具有农业劳动优势。为发挥各自优势保证 PPP 农村土地整治项目运行效率，必须构建伙伴合作机制，四个合作伙伴相互理解、相互监督、相互合作，缺一不可。

具体而言，采取 PPP 模式并不是对农村土地整治项目的改头换面，而是对项目实施中组织机构的设置提出一个新的模型。在这个模型中，PPP 模式可以尽早确定哪些项目可以融资，并可在项目的初始阶段更好解决整个项目周期中的风险分配，而在农村土地整治项目中，前期可行性研究非常重要，直接关系项目成败；公共部门和私人企业共同参与农村土地整治项目的建设和运营，双方可以形成互利的长期目标，更好为社会和公众提供服务，有助于减少政府对项目公司技术经济实力进行查询和了解的时间和精力；有意向参与的社会资本可以尽早和项目所在地政府及其有关机构接触，节约投标费用、节省准备时间，降低投标价格；政府对此类项目有一定的所有权、经营权和管辖权，可解决项目涉及农村人口的利益问题，而且便于政府部门对其进行管理和调控。

PPP 模式对于中国而言，尚属新生事物，操作模式、运作流程等均具有新的特点和要求，将其借鉴到农村土地整治项目融资体系中，发挥社会资本的项目建设、管理及融资优势，重塑农村土地整治投资格局，有关合作方还需注意以下几点：一是政府方转变角色定位。地方政府角色定位要转变为合作者、协调者，同时又是监督者和指导者。二是做好项目模式识别。政府在进行识别筛选 PPP 项目时不仅要考虑本地区的经济、社会发展前景及现有的经济、资金实力等情况，还要充分考虑项目特点，地区发展前景、土地市场供求状况，做好项目识别，通过充分研究来确定是否适合采用 PPP 模式。三是注意社会资本选择。社会资本应该拥有强大的资金实力，对项目所需的资金具有持续融资能力，还要综合考量其相应资质，土地方面项目的从业经历、技术水平、项目管理水平、经营水平、诚实守信的品质等。四是社会资本加强专业素养。社会资本要不断提升专业素养，聘请专业的中介公司提供咨询服务，应对农村土地整治引入 PPP 项目所带来的挑战。五是利益共享。政府不以利润（分红）为唯一目的，还要控制社会资本可能的高额利润，避免项目暴利或亏损，使其取得相对平和、长期稳定的投资回报。六是扩展项目收益模式。政府要力促农村土地整治与经营性项目整体开发，通过其与土地综合开发、农业产业化项目相结合等方式来提高项目收益，实现长期效益与短期效益相结合，增加对社会资本的吸引力。七是风险共担。在设计项目风险机制时，考虑双方风险分配优化、风险收益对等和风险可控等原则，追求整个项目风险最小化管理模式；同时，综合考虑政府风险管理能力、项目回报机制和市场风险管理能力等因素，在政府和社会资本间合理分配项目风险。

（三）地方的应对与行动

截至目前，一些地方相继把 PPP 引入农村土地整治。但就农村土地整治项目而言，其本身并不具备长期经营特点，最终用户——农业生产经营者也不具备"使用者付费"条件，社会资本无法通过项目实施后收费获益，如果政府不配置其他资产或权益，实施 PPP 模式困难较大（随着农村土地整治新增耕地指标可用于占补平衡，这一问题有望解决）。如 2015 年 6 月 3 日《重庆晚报》刊发的《钓鱼嘴土地整治 引入社会资本》，介绍的采用 PPP 模式的大渡口区钓鱼嘴南部片区项目，实际上为城市土地开发项目，并非农田基础设施建设项目。但后续其他相关报道还是不断给人以信心。

2015 年 9 月 22 日招融智库的一篇文章《PPP 模式撬动耕地占补平衡万亿市场》引起较多关注。文中提及 2015 年 9 月 18 日河南省南阳市南召县太山庙乡补充耕地 PPP 投资权项目在南召县成功拍卖，项目起拍价 6000 万元，成交价 6350 万元，该项目创造性将 PPP 模式理念运用到补充耕地占补平衡项目运作中，吸引社会资本协助政府解决建设资金问题，将政府收益与社会资金投资行为捆绑，有望达到经济、社会效益双效益目的。根据约定，在南召县耕地补充项目的实施中，投资人需要出资整理土地 76.8755 公顷，并且达到七级新增耕地标准，验收合格后，由政府协调国土、财政等部门依照国家和河南相关规定，对整理完成的补充耕地指标转让并获得转让价款，太山庙乡政府与投资人按照约定取得相应投资收益。该文还指出，虽然引进社会资本参与补充耕地项目建设在多地都有运作，但在实际操作中，因为社会资本投资收益、指标转让价款限制、不得进行利润分成等制度障碍的存在，一直未有行之有效的模式引进社会资本积极参与耕地补充项目，而在这类项目实施中，PPP 投资权不失为一个值得尝试的双赢模式。

2017 年 11 月 8 日《中国科学报》刊发的《PPP 模式算清了经济账》，更是给一些人带来希望。该文提及，2016 年巴林右旗通过市场机制引入社会资本，率先在全区乃至全国开启了土地整治新模式，拟在 12.7 万亩高标准农田建设中采用"投建管服一体化"PPP 模式中的 BOT 运作模式，即政府与社会资本共同实施项目建设，共同组建项目公司，由项目公司负责项目建设、运营管理和后续服务，并在项目期满时保证设施完好，无偿移交给政府方或政府指定机构的一种运作模式。综合考虑水价、管材使用年限等因素，项目确定合作期限 21 年，包括建设期 1 年、运营期 20 年。项目总投资约 2.09 亿元，其中政府补助 1.53 亿元，社会资本投入 5573 万元。截至报道期间，已完成 4 万亩高标准农田建设工程，其余工程已完成工程量的 60%，预计 2018 年 5 月底将全部建设完成。据社会资本方介绍，投建管服一体化将出资者、组织者、建设者、使用者紧密融为一体，保证了各个环节的有效衔接和高效统一，使建设期的工程质量和竣工后的运营维护得到保障。从报道情况看，通过一年的探索和实践，当地农业生产条件进一步改善，耕地质量进一步提高，新模式也引来各地学习者。

二、规范化管理

客观而言，无论是 PPP 模式还是其他模式，社会资本参与农村土地整治都是顺应大势和现实需要。但是，正如媒体爆料的其他 PPP 项目实施不善带来的负面影响一样，如何规范化管理应为紧绷之弦。唯有如此，才能真正发挥市场配置资源的决定性作用和更好发挥政府作用，健全多元化投资机制，持续推进农村土地整治。

（一）搭建平台，加强服务指导

地方政府特别是市、县政府及其相关部门要按法律、政策和规划等要求，发挥农村土地整治的基础平台作用，聚合涉农财政资金统筹集中使用，引导社会资本进入土地整治领域。尤其是对于社会资本，地方政府及其相关部门要强化服务意识，全面提高农村土地整治效率和水平。一要明确引导社会资本参与方向。围绕落实"藏粮于地"，引导和鼓励社会资本重点进入旨在改善农业生产基础设施的领域，引导和鼓励对象以集体经济组织、种粮大户、家庭农场和从事粮食生产的农业龙头企业、农业合作社等为主，并在财政资金投入上坚持补贴农村土地整治的工程建设成本而不介入农业经营环节。二要科学编制土地整治规划，明确参与内容。县级以上人民政府要加强规划编制工作领导，土地整治规划编制要全面落实土地利用总体规划的土地用途分区，并与城乡建设、生态环境、产业发展等规划有机衔接，合理布局高标准农田建设、村庄建设用地整治、工矿废弃地复垦等，要根据社会资本投资土地整治的特点，在规划编制中留足空间，逐步建立财政投资与社会投资的分类规划，财政投资重点开展水利、道路等基础设施的主动脉建设，社会投资重点开展田间精密设施等毛细血管建设，构建起财政投资与社会投资各司其职、相得益彰的发展框架。三要严格执行制度先行试点引领的原则。社会资本参与农村土地整治将突破现行项目管理制度、资金管理制度和有关法律规定。涉及政府资金和社会资本结合方式与支持程度，涉及调整土地整治管理方式、资金使用、招投标法和固定资产归属等新问题，在全面推进法治背景下，必须依法依规开展，针对社会资本参与类型，明确指导思想、基本原则、实施条件、建设标准、管理程序、管理责任、绩效评价等内容，为规范推进提供制度保障，确保社会资本参与风险可控、逐步推进。

（二）因地制宜，保障各方利益

在目前家庭承包经营仍然占据主体位置的情况下，引导和鼓励社会资本参与农村土地整治不能搞"一刀切"，特别是对工商资本性质农业企业的参与要积极稳妥、因地制宜。具体执行时，要根据农村土地整治的建设内容、投资收益及不同地区实际，给予地方充分自主权，制定符合本地实际的管理办法，根据不同特点分类推进引导和鼓励社会资本参与。一要制定合理的利益分配机制。社会资本投入是因为存在获得一定投资回报预期，PPP 更只是公共服务领域一种公—私合作关系。固然要明确社会资本参与农村土地整治的法律地位和投资形成的产权归属，依法保障投资者收益权和资产处置权等，但也不能任由社会资本凭借资本之利获取超额利润。以农村土地整治新增耕地指标为例，2016 年"中央一号文件"就提出"探索将通过土地整治增加的耕地作为占补平衡补充耕地指标，按照谁投入、谁受益的原则返还指标交易收益"，但这里的指标交易收益，不能简单理解为项目实施后通过占补平衡指标交易产生的全部收入。从投资回报角度看，投入补充耕地项目可有两方面收益，即实施项目工程的合理利润和占补平衡指标收益。其中，后者包含对补充耕地地区的发展权补偿和资源补偿，需要以基础设施建设、涉农补贴等形式返还补充耕地地区，也应作为一种特殊的补充耕地"成本"。因此，指标交易收入不能全部作为收益返还给投资的社会主体，制度设计上要明确社会资本只能享有项目工程利润和合理的指标收益分成。二要建立农户土地流转收益增长联动机制。对社会资本参与农村土地整治的项目，若政府投入资金的，无论是整治前还是整治后流转土地的，都应确定农民土地流转收益增长机制，达到农民享受政府投资带来的增值收益。

（三）建立制度，规范工作程序

社会资本参与农村土地整治必须在现行法律法规框架下推进，特别是要确立项目运行的基本程序，主要包括以下几个方面：一是做好项目前期工作。市、县政府依据当地现行土地整治规划等，合理安排区内土地整治项目，建立项目储备库，对当年需要实施的各类项目，纳入当地土地整治项目年度实施计划，政府相关部门审核合作项目可行性研究、设计与预算等。二是择优选择合作伙伴。依据相关法律法规，采取公开招标、邀请招标、竞争性谈判等多种形式，择优选择社会资本方作为合作伙伴，组织项目实施。建立土地整治项目信息公开机制，及时公告或公示合作项目基本情况、资本合作方遴选结果等信息，切实保障公众知情权。三是强化项目合同制管理。政府和社会资本合作方应当在公开公平前提下签订相关合同（协议），对双方权利义务、项目建设内容、工程质量、建设工期及收益分配方式等做出明确约定。共建项目签订的合作项目协议还应当载明项目公司的注册资本、股权结构、股权变更限制以及社会资本方对项目协议履行的担保责任等事项。四是严把项目验收关。市、县政府在项目竣工验收前，要依据相关技术规程组织相关单位和专家对已完工项目的工程数量、质量以及耕地质量等分别进行全面认定，并由项目主管部门会同各相关部门终验确认。项目完成验收合格后，由市、县政府按照合同约定支付项目各项款项或给予一定补助资金，对通过验收的项目，要按规定做好建设成果移交。五是完善后期管护制度。将后期管护主体明确为社会投资主体，对管护期间损毁的设施及时修复，确保建成的设施持续发挥效益。

（四）防范风险，强化监督管理

在引导和鼓励社会资本参与之外，地方政府及其相关部门要从防范风险角度，按照有关法律和规定加强监督管理。一要加强审核。市、县政府组织发展改革、财政、国土资源、农业、水利、环保等部门，依据相关规划对本行政区内土地整治项目进行分类汇总，建立项目库。以政府出资参与的 PPP 项目为例，要建立联评联审机制，对拟实施农村土地整治 PPP 项目的必要性、PPP 模式的适用性及其价格合理性等进行审查，通过审查的项目，报经当地政府批准后实施。二要建立合理的风险控制机制。市、县政府应建立一套行之有效、规范可行的社会资本准入和退出机制，完善投资回报机制，使社会资本取得相对平稳的投资收益，既要有效降低项目投资风险，又要防止出现暴利。三要加强项目过程监管。市、县政府及相关部门应当根据项目合同（协议）内容及有关规定建立项目全程监管机制，统筹推进日常监测监管、遥感动态监测、实地督导检查，强化规划管控，确保项目按照规划设计实施和土地流转合同规定用途开展经营活动；农村土地整治项目社会资本合作方要严格按照规划设计方案及相关技术规范和质量标准组织实施，建立项目管理台账，规范和健全工程质量管理，量化质量管控指标，确保工程建设标准和质量。四要开展绩效评价。市、县政府应按有关规定委托第三方评估机构，制订项目绩效评价方案，综合评价项目建设质量以及资金使用效率等。以绩效为导向引导社会资本的投资方向和投资程度，激励社会资本参与项目各方改善管理，提高公共服务水平和财政资金使用效率；根据绩效评价结果，落实政府投入农村土地整治资金的支持力度和允许社会资本投资者参与土地流转的规模。五要建立从业机构考核评价体系。市、县政府加快建立对社会资本参与的考核评价体系，对项目合作单位的专业水平、合同履行、质量管理和社会信用等进行全面考核，实行动态管理，完善激励约束机制，维护良好的农村土地整治秩序，提升农村土地整治质量与管理水平。

第七章　农村土地整治中表土剥离

地表土壤的自然形成往往历时很久，少则几百年多则上千年。为了克服表土流失造成的不利影响，以及进一步发挥表土固有的生态功能，世界各国普遍关注如何科学保护和合理利用这一特殊资源，常用方法就是将建设用地或露天开采用地（包括临时性用地）适合种植的表层土壤剥离出来用于原地或异地土地复垦、土壤改良、垦造荒地以及其他用途，也即通常所谓表土剥离再利用。就中国而言，大量耕地被建设占用后多数耕作层土壤遭受毁灭性破坏，如何合理利用建设占用耕地耕作层土壤成为当前改进耕地保护方式、提高耕地保护水平的重大课题。近年来，中国借鉴国外表土剥离再利用做法，积极倡导推进耕作层土壤剥离再利用工作，还在湖北省和河南省"南水北调"中线工程丹江口库区实施了"移土培肥"土地整治重大工程。虽然一些地方在建设占用耕地耕作层土壤剥离再利用方面做了有益尝试，也取得了媒体宣传的所谓成效，但这项工作目前总体上仍然刚刚起步，不少地方对于是否推进、如何推进仍然心存疑忌、顾虑重重。除此之外，一些地方在推进时违背规律、不合规范的做法更可能导致良好初衷难以变成现实。

第一节　国外表土剥离再利用的经验做法

中国 1991 年颁布的《水土保持法》首次从水土保持角度，对各项建设中表土处理做出规定，但第一次涉及耕作层土壤剥离再利用的政策文件是 1997年颁发的中发 11 号文《关于进一步加强土地管理切实保护耕地的通知》，该文要求"占用耕地进行非农业建设，逐步实行由建设单位按照当地政府的要求，将所占耕地地表的耕作层用于重新造地"。随着耕地保护形势严峻和环境意识增强，耕作层土壤剥离再利用工作开始在中国部分地区开展。为了促进国内耕作层土壤剥离再利用工作持续健康发展，特别是步入制度化、常态化和科学化正轨，有必要了解和借鉴国际上开展类似工作较好国家的相关情况❶。为此，笔者组织开展了针对相关国家表土剥离再利用情况的跟踪调研。这些国家在长期开发建设中都非常重视表土剥离再利用工作，并在此过程中形成了较为成熟的方法手段和体制机制。

一、国外简况

造成表土流失既有自然也有人为原因，为了减少表土流失而进行的表土剥离再利用也具有多种表现形式。国外表土剥离再利用常见于矿产资源开发和各类建设活动中，也见于旨在提高土地质量和治理土壤污染的相关事业中。

（一）矿产资源开发中的表土剥离再利用

矿产资源的勘查开采活动虽是相对临时性土地利用方式，但干扰了所在地区生态系统稳定，特别是对地表造成破坏。国外许多地方患上了"露天采矿恐惧症"，就因为在矿产资源开发中，原有表土被破坏或被运走，留下寸草不生的裸露地表，矿区土地基本失去效用。

随着生态环境保护意识增强，并且为了保障矿山生态环境治理顺利开展，国外在矿产资源勘查开采中日益关注矿区表土剥离再利用。发达国家早在19世纪末就意识到采矿业对环境的负面影响，20世纪初即着手探索矿山环境治理，到了20世纪中叶已有不少国家制定了涉及表土剥离再利用的环境控制法规。二三十年来，许多国家致力于研究和探索如何在把对地表生态系统影响降到最低情况下找矿、采矿、生产加工以及地表复原。澳大利亚从1980年开始大规模复垦采矿区，1997年形成"最佳实用采矿环境管理"系统，出版了指导矿山生态环境保护、复垦和管理的系列手册，要求采矿活动结束时，在受到扰动的土地上重新沿等高线作业，将此前剥离的表土放回以栽植植被；美国于1997年出台《露天采矿管理与复垦法》，各州也订立法规，要求在露天采矿中合理搬移表土并在其他地方存贮，待开发活动结束后及时复原矿区地表。日本虽然国内矿产资源开发规模不大，但也对表土剥离再利用进行了大量研究和实

---

❶　表土剥离再利用是一个较为宽泛的概念，不仅限于耕地耕作层土壤剥离再利用，也包括其他农用地（如林地、牧草地）中适合种植的表层土壤剥离，而且，即便是耕地也不仅限于耕作层土壤剥离再利用，如果适合种植的土层深厚，土壤剥离深度可以超过耕作层。国外，表土剥离不仅包括土壤表层，有时也包括亚表层，剥离深度视具体情况而定。但在中国，目前更多仅针对建设占用耕地耕作层土壤而言。因此，本研究中，涉及国外的用"表土剥离再利用"，而国内用"耕作层土壤剥离再利用"。

践。1956—1990 年间投入 62 亿多日元和大量人力物力治理关东足尾山矿山，其中相当部分人力物力和财力被用于表土剥离和地表复原。

（二）各项建设活动中的表土剥离

为了适应工业化城市化发展需要，以及满足生活水平提高对居住和出行提出的新要求，各国一直在进行包括城市、工厂、基础设施和住宅等在内的各项建设，不可避免地占用大量农、林用地。由于担心相关建设导致表土流失、土壤侵蚀、表土和底层土混合、表土压实等，影响土地的未来用途和生产能力，不少国家通过立法等形式对几乎所有建设中的表土利用和保护进行规范。科学剥离建设区拟压占表土并存贮起来，待建设活动结束后适时放回的做法，目前已在一些国家的各类建设中较为普遍。

在城市和工业建设中，为了减少对处于弱势地位的农业生产威胁，以及消除对所在地区生态环境的破坏性影响，有些国家（如日本）要求在城市建设和工业建设中，只要对某一区域将要挖取或堆积土方的深度（高度）、面积超过一定标准，就要剥离该区域表土，并在建设活动结束后对挖取或堆积土方的区域进行表土回填和土壤改良。在基础设施建设中，各国大都进行了表土剥离再利用，并做出相应规定。澳大利亚昆士兰州为建设基础设施而进行的地面清洁工作必须得到许可，表土剥离和存贮就是其中的一项关键活动，确保受到扰动地区在事后能够复原；英国伦敦发展署要求在交通设施建设中，及时挖出和存贮工地表土，并在日后重新放回；日本在公路建设中，要剥离沿线特定地区（如立交区和服务区等）表土，并在公路建成后回填以及移栽原有树木等，尽可能恢复原有自然生态群落；加拿大在管道建设前，要有序剥离管道沿线地区表土并妥善存贮，在管道铺设完毕后将先前剥离并存放的表土合理放回原处，并在上面栽植合适植被。在住宅等私人建设活动中，表土剥离再利用也已成为建设施工的一部分。在美国华盛顿，比较规范的建筑活动都要剥离表土并运走贮存，相关组织还发起了"建造土壤"运动并建立了网页，旨在给开发商提供关于在建筑工地保护和恢复表土方面的指导；在加拿大，私人土地上进行的住宅开发等建设结束后，需要通过土地所有者验收，其中包括表土剥离及其复原是否符合规定，达不到要求的必须重新修复。

（三）土地质量提升中的表土剥离

发达国家农地保护更加强调质量保护，通过采取物理的、化学的、生物的和工程的措施,改善农地生产条件,改良耕作层土壤性状,提高农地生产能力。在这一过程中,表土剥离再利用必不可少,而这又以日本的土地改良事业最具代表性。

"二战"后日本工业化的快速发展带动了乡村地区的现代化和城市化,并对乡村地区的生态环境和习俗文化造成负面影响,如引起了农村环境恶化和社区习俗变化等,土地改良事业在日本的出现主要缘于这一特定背景。而以过度使用化肥和其他化学品为主要特征的现代农业引起土壤和水质恶化,也在一定程度上推进了这一事业发展。根据规定,日本推行土地改良事业旨在提高农业生产力、增加农业总产量、有选择地扩大农业生产以及改善农业结构等。在这一过程中,剥离因为开发建设而将被占用的较为肥沃的表土,将之作为客土加入已经列为改良项目区的土壤,成为较为常见的方式。例如,在北海道综合开发规划中,客土事业就是一项长期开展的土地改良事业,而这需要对其他地区表土进行科学剥离。以改良土地为目的进行的表土剥离再利用也出现在其他国家。英国为了维持和提高农用地生产能力(以及减轻开发建设对农用地的影响、保护生物多样性、减少给环境带来的负面效应等),从20世纪五六十年代起就非常重视农用地表土剥离再利用并进行了大量实践,且已形成一整套有关农用地表土剥离再利用的规范性文件。

(四)土壤污染治理中的表土剥离

发达国家"先污染后治理"的模式,虽然在较短时间内实现了经济发展,但也大多经历了非常严重的环境污染,迫使各国政府在事后付出更大的努力去消除由此带来的负面影响。土壤污染是其中较为严重的污染类型,尤其是重金属污染更具隐蔽性、长期性和不可逆性等特点,不仅导致土壤退化、农作物产量和品质下降,还会恶化水文环境,并直接或间接危害人体健康。目前,各国对土壤重金属污染治理进行了广泛研究,而剥离受污染地区的表土并覆盖或客入其他未受污染地区的表土就是一种常见治理方式。

以日本为例,在经过20世纪五六十年代的重化工业大发展后,土壤污染情况一度非常严重,出现了一些震惊世界的污染事件。1970—1980年间进行的专项调查发现,有害物质超标的被污染农业用地区有124个,面积达到6350公顷。而到了1986年,已查出的污染地区合计128个,面积达到7030公顷。土壤中的超标物质有镉、铜、砷等,其中,镉超标土壤占污染田地面积的90%左右。为了治理土壤污染,日本开展了特定的土地改良事业,并指定一些地区为防止土壤污染地区。具体治理中，根据各地的地下水位、地质条件及污染程度等，选取填埋客土法或上覆客土法等方法。其中，前者是先剥离被污染表土并就地挖沟掩埋，其上利用砂石土形成"耕盘层"，最上层客入剥离自其他地区的表土（通常是干净的山地土）；后者则是在污染的表土上直接客入砾质土形成"耕盘层"，再客入剥离自其他地区的山地土。这两种方法都需制作一层起隔离作用的"耕盘层"，以防植物根系扎到客土层以下污染土壤中。因此，为确保植物生长在无污染土层中，剥离自其他地区的表土形成的客土层应保持一定厚度（通常在 15 厘米以上）。

二、主要特征

前述国家在经过较长时间探索和发展后，各方面制度建设均已较为健全，但由于资源禀赋、环境本底、管理体制、传统习俗等方面存在差异，各国表土剥离再利用的研究和实践具有一定个性特点，但也在许多方面具有共同特征。

（一）成熟的管理体制强化了行政手段

1. 表土剥离再利用管理体制较为成熟

前述国家都建立了适合本国国情的较为成熟的表土剥离再利用管理体制，并且随着经济社会发展而不断完善。英国与表土剥离再利用有关的政府机构涉及农业、环境、规划、林业和矿产管理等部门，联邦政府中主要由环境、食品及农村事务部、社区及地方政府部负责制定相关法律和标准，地方政府中主要由矿产、规划和环境部门负责具体的审批及验收。日本中央政府中与表土剥离再利用有关部门主要有国土交通省、农林水产省和环境省等，地方政府中各县成立了土地改良事务局，各町、村设立了土地改良事业团体联合会和土地整备事务所。美国联邦政府中与表土剥离再利用关联最紧的复垦工作主要由内政部牵头，内政部露天采矿与复垦办公室负责实施，矿业局、土地管理局和环境保护署等部门协助管理，各州资源部则具体负责辖区内复垦工作。

2. 规划和许可等行政手段运用较多

为推进和规范表土剥离再利用工作，有关国家充分运用了包括规划和许可在内的行政手段。日本除了从宏观层面制定土地利用规划、城市规划甚至国土综合开发规划等，对表土剥离再利用提供政策指导，具体管理部门还根据实际需要，设计相应规划方案，而这些规划一经制定，就要分级印发规划设计图，设计图纸详尽明了，操作性强，一般不得随意变动以确保相关工作按规划进行。美国为保障表土剥离再利用规范开展，经常使用的行政管理手段是开采许可证制度，规定采矿者在申请采矿许可时递交包括复垦规划的翔实材料，如果涉及压占农用地的还要附上详细的土壤状况调查、表土剥离、存贮和回填规划，主管部门审查通过后发放采矿许可证，而在农用地表土剥离之前禁止任何开采活动。在英国的英格兰、苏格兰和威尔士地区，如果要在3个月内挖掘并出售超过5立方码的农地表土，必须获得规划许可，在北爱尔兰移动或搬运农地表土也需符合城乡规划的有关规定并获得相关许可。

（二）表土剥离再利用程序规范且要求严格

1. 表土剥离需遵循一定管理程序

经过多年的研究和实践，各国都结合本国实际，建立或规定了合适的表土剥离再利用管理程序，以高效推进相关工作和加强规范管理。日本的表土剥离再利用就其所属项目的管理程序看，大多包括规划、申报、立项、设计、实施、管理、验收等法定程序，其中，项目建设前、中、后总共要进行三次评审，每次评审通过后方可继续推进。

2. 表土剥离再利用技术环节要求严格

虽然各国管理程序有所差异，但表土剥离再利用大体可划分为准备、剥离、存贮和回填四个环节。其一，准备阶段。专业人员要收集有关表土剥离地区土壤、水文等自然、经济和社会资料，制定详细的剥离再利用规划，在开发建设活动开始前向有关部门和民众提供专业处理措施说明。其二，剥离阶段。按照规划和要求，选择合适的时间、合适的方法剥离一定厚度、面积和类型的表土，尽量减少对土壤结构等性状的破坏。一般而言，土壤太湿或太干时都不宜剥离，剥离工作要由专业队伍进行，剥离厚度和面积要视土壤类型和当地条件而定，表土与底土均需剥离时要分别进行等。其三，存贮阶段。剥离出的表土要按照相关要求在当地或运至其他地方进行存贮。为了方便事后回填再利用，剥离表土存贮堆的位置、高度、体积、处理、存放时间都有较为严格的规定，表土和底土要分别存贮，尽量减少对存贮地造成环境危害。其四，回填阶段。开发建设活动结束后，要适时将先前剥离并存放的表土回填原处，并按要求进行处理。被剥离土壤回填时不能太干或太湿，要按原先土壤层次放回，回填方法要适合当地实际情况，受扰动地面尽快恢复植被并注意清除入侵物种。

（三）表土剥离再利用有健全完善的法律体系

1. 相关法律构成较完善的体系

开发建设中剥离再利用表土是有计划、有步骤的活动，涉及众多和不同级别的管理部门，对其进行规范的法律形成体系。日本虽未专门立法，但表土剥离再利用早就纳入法制轨道，与之关联法律包括《土地改良法》《农业振兴地域整备法》《耕地整理法》《城市规划法》《农业用地土壤污染防治法》《矿业法》等，构成较为完善的法律体系；表土剥离再利用制度在美国实施了50多年，主要归功于健全完善的法律法规，仅在联邦层面制定有相关法律（如《露天采矿与复垦法》等），各州也根据实际制定相关法规，仅1975年就已有34个州制定露天采矿土地复垦法律。加拿大有一套完整的资源环境保护法律法规，联邦政府和各级地方政府制定的相关法律对表土剥离再利用有严格规定。不仅如此，各国还根据经济社会发展形势变化，适时修改涉及表土剥离再利用的法律法规，如日本《耕地整理法》颁布以来已进行四次较大修改；加拿大艾伯塔省《道路建设环境保护条例》随着经验实践的发展，适时修订条例。

2. 不同法律定位清楚要求具体

各国法律针对不同的开发建设活动从不同方面对表土剥离再利用进行规定，并严厉惩处各种违法行为。日本的《农业振兴地域整备法》立足农业地域开发限制，《土地改良法》立足土地改良，《耕地整理法》立足耕地整理等，分别对表土剥离再利用做出了具体要求。英国的《城乡规划法》从城乡规划角度要求及时复垦矿山土地，北爱尔兰农业部门制定的《农用地表土剥离法案》从保护农地角度对表土剥离再利用进行限制，威斯汉姆的《城镇和乡村规划法》对表土剥离再利用中具有考古价值的发现进行规定。美国《露天采矿与复垦法》在全美建立了统一的露天采矿管理和复垦标准，《基本农田采矿作业的特殊永久计划实施标准》为在基本农田上采矿作业的表土剥离和复垦制定了操作规程和标准。加拿大《环境保护法》涉及土壤污染防治和土地保护问题，农业和食品部制定的《表土保护法》是针对表层土壤保护的专门法律，《萨斯喀彻温省管线法》对管线建设中表土剥离再利用做出了具体要求。

（四）表土剥离再利用经济手段的运用较娴熟

1. 保证金和基金制度得到实施

开发建设中的表土剥离再利用是一项系统工程，无论是剥离前的准备，还是剥离中各种技术方法的运用、搬移存贮，以及事后回填等，都要花费一定的人力物力财力。不少国家为了保障开发建设中表土剥离再利用，普遍采用的经济手段是建立各种保证金制度和基金制度。以美国矿区土地复垦为例，有相应复垦保证金制度、废弃矿山复垦基金制度等。其中，复垦保证金是在勘探或采矿许可证申请得到批准但尚未正式颁发前，由申请人向管理机关缴纳根据采矿区地理、地质、水文、植被等条件确定的保证金，如按规定履行了复垦义务并通过验收将退还保证金，否则政府将用这笔资金复垦土地；废弃矿山复垦基金源于社会各界捐款、征收的复垦费、罚款和滞纳金，主要用于获得批准的废弃矿山复垦及紧急情况，而在基金管理上，联邦政府成立了专门机构并由内政部长负责，各州也有专门项目组管理项目。

2. 公益性事业政府投资占主导

对于公益性事业中表土剥离再利用的资金投入，政府投资起着主导作用。以日本土地改良事业为例，政府在资金上给予大力支持。虽然缺乏具体投入数据，但从与其关联密切的农业基本建设投资构成中可见一斑。根据 20 世纪 80 年代相关统计，日本政府农业财政预算每年约占国家一般预算支出的 10%，其中农业基本建设支出占 28%。在地方政府层面也是这样，国家批准立项的项目各方出资比重为中央财政 30%、县财政 30%、地方（包括农户）40%，县批准立项项目则是县财政出资 60%、地方（包括农户）40%。农户负担的投资，经总会表决后可向国家设立的农林渔业金融公库申请长期低息贷款，年息一般在 2% 左右，10 年宽限期，15 年还完。不仅如此，表土剥离再利用配套工程所需经费也主要由国家支持，农民只需按一定标准缴纳养护费用即可。

（五）表土剥离再利用技术成熟且不断创新

表土剥离再利用对技术和工艺要求很高，各国进行了大量探索，现有技术日臻成熟，新技术新工艺不断问世。

1. 开发建设方面

为尽可能减少不良生态环境影响，各国对开发建设中表土剥离再利用工艺有着严格要求并推进相关技术不断革新。日本在公路建设坡面绿化方面，发展了包括工程措施与植物措施相结合的 10 多种绿化方法，如客土喷播技术、植生袋技术等。澳大利亚矿区复垦已纳入开采工艺，不仅采用综合模式和多专业联合投入，并引入卫星遥感、计算机、分子生物学和遗传学等高科技。美国矿产资源开采有成熟的标准规范，包括表土剥离、存储、回填和恢复生产力技术标准，并常有相关设备和方法申请专利。英国制定了非常详细的《土壤处置实践指南》，列举了较为成熟的技术方法以指导公司或个人剥离再利用表土。

2. 土地改良方面

为更好提高土地质量，日本在各方支持下，对土地改良技术进行了广泛而深入的研究和创新。19世纪末以来，特别是"二战"后，北海道在土层改良研究方面不断取得进展，探索出一系列适于不同土壤的改土技术，包括如何更好剥离其他地区表土并将之作为客土掺入改良地区的表层土壤的工艺方法，如翻转客土、改良式翻转客土等。

3. 污染治理方面

目前的主要处理措施有客土、换土和深耕翻土等。在这当中，深耕翻土用于轻度污染的土壤，而客土和换土则主要用于重污染区。目前客土方面采取的工艺方法虽有实施工程量大、投资费用高和破坏土体结构等缺陷，但也具有彻底和稳定等优点。此外，近几十年来，有关国家的农业工程研究人员还在试图建立一门崭新的、完整的学科，旨在创造和保护优美的农村自然风景，其中包括表土剥离再利用技术的创新和应用。

（六）表土剥离再利用呈现市场化社会化趋势

1. 表层土壤市场供需客观存在

出于保护表层土壤，各国制定的相关法律规定，除得到法律和土地所有者许可外，一般不得随意挖掘和移动表土，农地和生态保护区表土尤其如此。但这并未消除表土市场。一方面，日常土地利用如土壤客土改良、工地塌陷回填或复垦、景观美化等需要来自其他地方的表土；另一方面，一些公司在存贮表土时面临技术和成本挑战，以及因为其他原因需要出售剥离的表土。正因供需双方存在，才有了美国马萨诸塞州的牛顿市在2003年9月对外招标，剥离和存贮6英寸厚表土以备利用和出售；而开发商在开发建设初始阶段剥离表土并部分用于出售在一些国家则较普遍。

2. 表土剥离再利用有专业公司和企业

相关法律对表土剥离再利用的硬性规定，加上市场需求的客观存在，各国出现了专业化程度较高的公司和企业。美国宾夕法尼亚州的绿山地清洁公司的三项主要业务之一就是剥离表土，该州匹兹堡的中途采煤有限公司也主要致力于矿区地形恢复。澳大利亚昆士兰州的布莱尔安索煤炭公司虽然是该国最大的锅炉用煤出口公司，但该公司日常需要处理的环境问题就包括采矿后的土地利用、表土再利用等，对外培训项目也包括土地清洁、表土剥离、覆盖层剥离等内容。加拿大 Envirem 技术公司专门生产包括富含有机质的表土、有机肥、防治土壤流失的覆盖物等在内的产品。英国的汤姆黑井有限公司是一家植物出租和运土公司，擅长预开发地区地面清洁、表土剥离和地形重塑等。

（七）表土剥离再利用的生态化特征日益明显

纵观各国表土剥离再利用，追求经济效益或生态效益是开展此项工作的主要目的。随着经济社会发展，特别是可持续发展理念下人们生态环境保护意识不断增强，表土剥离再利用工作日益重视生态效益。日本表土剥离再利用目标已从战后初期提高农业生产力，转为保护环境和美化景观等方面，这一点可从土地改良预算分配变化中看出，20 世纪 70 年代以来改善农村生活环境在土地改良目标中日益重要。加拿大进行表土剥离再利用的主要目的是保护资源和生态环境，而非一味保护耕地。英国伦敦发展署 2007 年颁布的报告《湿地道路配置和广域景观美化》规定，所有建设活动的表土剥离再利用都要考虑生态环境影响，在表土搬移和复原中积极防止入侵物种扩散，以免带来负面生态影响。美国对生态效益的重视程度更高，并常为此引发社会冲突，如 2008 年某工程承包商在奥尔巴尼县两条交叉路的环形道建设即将完工时移入了带有日本节草的表土后，在当地引起轩然大波，并最终迫使该工程承包商组织工人沿路割草，并手工清除入侵植物。

第二节　国内耕作层土壤剥离再利用概况

随着耕地保护形势持续严峻和生态环保理念深入人心，建设占用耕地耕作层土壤剥离再利用得到社会各界高度关注，各级政府做出部署，专家学者发出呼吁，不仅相关研究成为学术领域热点，有关实践也在一些地方相继推行。

一、理论研究

近年来，有关耕作层土壤剥离再利用的研究渐多，发挥了理论先行作用。

（一）国外表土剥离再利用状况跟踪

国外特别是一些发达国家开展表土剥离再利用时间较早，对这些国家经验做法的跟踪一度成为国内学界研究热点，并对国内正处起步阶段的耕作层土壤剥离再利用起到借鉴作用。研究表明，国外表土剥离再利用主要发生在矿产开发和生产建设中，也见于土地质量提升和污染土地治理等活动中。美国早在20世纪70年代就建立了农用地表土剥离再利用制度，至今已形成较为成熟的管理制度和保障机制。澳大利亚从1980年就已组织开展采矿区复垦工作，要求采矿活动结束后将剥离的表土放回并恢复植被。20世纪80年代以来加拿大各级资源环境保护立法中，几乎所有建设项目都要按规定进行表土剥离并妥善利用。在日本，生产建设中只要挖取或堆积土方的深度、面积超过一定标准，就要对被占土地进行表土剥离并合理利用。研究认为，前述发达国家的表土剥离再利用日益呈现出目标综合化、主体多样化、资金多元化、技术规范化和实施法治化等特征，对于国内开展相关工作不乏启示。

（二）耕作层土壤剥离再利用的科学合理性

耕作层土壤剥离再利用涉及地表形态改造、土壤构成改变和空间位置移动等活动，其科学合理性受到国内学者持续关注。李国生认为，开展非农建设征用耕地的耕作层土壤剥离再利用法律上有依据、技术上可操作。司泽宽等指出，开展非农建设占用耕地耕作层土壤剥离再利用在经济技术上合理可行，但也存在剥离土壤长期储存和多次转运等风险。徐艳等指出，开展耕作层土壤剥离再利用必须因地制宜，努力确保填土区和取土区供需状况基本匹配。黄希垚基于剥离土壤再利用二次污染风险评价结果，对规划期内案例区可剥离耕作层土壤再利用进行优化布局分析。莫利平认为高速公路建设项目开展耕作层土壤剥离再利用既是项目自身绿化和土地复垦的需要，也是持续发展的长远考虑，在技术上、经济上科学可行。颜世芳等对前郭县高速公路取土场剥离土壤进行的检测结果表明，剥离的土壤符合复垦用土要求。

（三）耕作层土壤剥离再利用模式

耕作层土壤剥离再利用模式是人们对该项实践所形成经验做法的高度归纳和总结，国内学者开展了这方面研究，并对如何优化提出建议。谭永忠等总结了国内初步形成的特色模式，如行政机制刚性要求型模式、行政和市场结合型模式，以及市场化运作型模式。程从坤将耕作层土壤剥离再利用分为政府独立实施模式、市场独立运作模式和政府主导市场运作模式，并归纳了每种模式的运行方法、优点缺点和适用条件。窦森等将松原市耕作层土壤剥离再利用划分为挖掘压占大量耕地的砖厂模式、油井泥浆无害化场地模式、以高速公路为代表的线性工程取土场模式和城市建筑场地模式。董雪将吉林省黑土区村庄耕作层土壤剥离划分为露天采矿模式、砖厂模式、油田泥浆无害化场地模式、高速公路取土场模式、城市建筑场地模式和土地增减挂钩模式。

（四）耕作层土壤剥离再利用技术体系

耕作层土壤剥离再利用技术复杂，横跨众多领域，吸引了国内不少学者关注。付梅臣等提出"条带复垦表土外移剥离法"等表土剥离工艺。董丽娟等总结了取土区剥离技术、堆放点保育技术和覆土区耕层再造技术。傅广仁等研究了高肥力土壤剥离存储技术和建设年满后尾矿库造地复垦技术。董雪以黑土区村庄改建与新农村建设为背景，尝试建立一个科学、系统、实用的耕作层土壤剥离再利用技术体系。王锐等总结了三峡库区移土培肥工程实施中关键环节，阐述了取土区域选择、土方平衡、土壤搭配和覆土等技术条件。林爱文等研究了三峡库区移土培肥工程特有的取土、覆土培肥工程设计与关键的"坡改梯"工程设计。李建华等提出适于安徽省丘陵区的条带剥离递进回填表土剥离工艺技术。吴风研究了路基耕作层土壤剥离再利用技术措施。

（五）耕作层土壤剥离再利用成本效益

耕作层土壤剥离再利用的成本及其效益也是国内学界研究的重点领域。在成本研究方面，高世昌等实地调研 12 个省份后发现，耕作层土壤剥离再利用平均成本约为 1.2 万 ~ 1.8 万元/667 平方米，各地成本差异较大且主要受运输费用、施工方法和人工费用三个因素影响。陈东等研究发现，耕作层土壤剥离再利用费用逐年递增，资金保障难度越来越大。在效益研究方面，高世昌等认为，运用剥离的耕作层土壤改造中低产田能在短时间内达到高标准农田产能，较快形成投资收益。刘雪冉等通过分析土壤质量空间分布和作物投入—产出值，揭示了耕作层土壤剥离再利用对土地整治项目收益的影响。韩春丽认为，耕作层土壤剥离再利用不仅具有市场价值，还具有较高的社会效益、生态效益和人文效益等非市场价值，并基于选择试验模型评估了浙江省余姚市耕作层土壤剥离再利用效益的非市场价值。

二、制度建设

国内在倡导和鼓励开展建设占用耕地耕作层土壤剥离再利用时注意加强制度建设，不仅国家层面如此，地方层面这方面意识也在逐步加强。

(一) 立法建设情况

构建合适的法律体系是国外表土剥离再利用工作顺利开展的根本保障，国内相关立法一直在推进。1991 年制定的《水土保持法》首次从水土保持角度，对生产建设项目的表土保护与利用做了原则规定。1998 年修订的《土地管理法》提出"县级以上地方人民政府可以要求占用耕地的单位将所占用耕地耕作层的土壤用于新开垦耕地、劣质地或者其他耕地的土壤改良"，首次从法律上明确这是县级以上政府职责，同年修订的《基本农田保护条例》规定"占用基本农田的单位应当按照县级以上地方人民政府的要求，将所占用基本农田耕作层的土壤用于新开垦耕地、劣质地或者其他耕地的土壤改良"。2011 年修订的《土地复垦条例》要求"土地复垦义务人应当首先对拟损毁的耕地、林地、牧草地进行表土剥离，剥离的表土用于被损毁土地的复垦"。

一些地方性行政法规和政府规章也对这项工作提出要求。2007 年通过的《湖南省耕地质量管理条例》要求涉及耕地质量建设的项目建设单位剥离遭到破坏的耕作层土壤并在项目竣工验收前恢复利用，县级以上人民政府农业行政主管部门要责令不按规定开展工作的单位和个人限期改正，逾期不改正的处以被占用耕地每平方米 10 元以上 30 元以下罚款。2010 年出台的《贵州省土地整治条例》要求市、州人民政府和地区行政公署、县级人民政府结合本地实际制定耕地耕作层保护相关规定和政策措施，鼓励占用耕地的单位将所占用耕地耕作层的土壤用于新开垦耕地、劣质地或者其他耕地的土壤改良。2014 年出台的《浙江省土地整治条例》指出"土地整治项目实施过程中，根据规划设计需要剥离表土的，应当先进行表土剥离，剥离的表土用于该土地整治项目"，"建设项目占用耕地的，应当依照耕地质量法律、法规、规章的规定对被占用耕地的优良耕作层予以剥离，用于土地整治"，要求由设区的市、县（市、区）国土资源主管部门或者其委托的乡（镇）人民政府、街道办事处在建设项目供地前组织实施耕地耕作层剥离，并将所需费用列入供地成本。2015年出台的《山东省土地整治条例》规定"土地整治项目实施过程中，根据项目设计需要剥离耕作层表土的，应当先进行表土剥离，剥离的表土用于耕地质量建设"。2017 年出台的《广西壮族自治区土地整治办法》专门用 1 章 7 条对耕作层土壤剥离利用进行详细规定，涉及耕作层土壤剥离的适用对象、规划编制、计划制订、负责单位、实施方案、剥离规范和剥离土壤用途等方面内容，是迄今关于这项工作的最详尽法律规定。

(二) 政策制度概况

在现行法律、法规和规章指导下，国家及相关部委相继出台有关文件对做好这项工作进行规范。早在 1997 年，中发 11 号文《关于进一步加强土地管理切实保护耕地的通知》就提出，"占用耕地进行非农业建设，逐步实行由建设单位按照当地政府的要求，将所占耕地地表的耕作层用于重新造地"，这一规定促成 1998 年修订《土地管理法》时将耕作层土壤剥离再利用明确为政府法定职责。进入 21 世纪后，涉及耕作层土壤剥离再利用工作的政策文件逐渐增多，内容规定愈发具体。2001 年原国土资源部出台的《关于进一步加强和改进耕地占补平衡工作的通知》要求"有条件的建设项目，要按照《土地管理法》的有关规定，将所占用耕地耕作层的土壤剥离用于新开垦耕地"。直到 2009 年原国土资源部发布《关于加强占补平衡补充耕地质量建设与管理的通知》，相关文件均仅原则要求有条件地区和项目开展这项工作；但 2012 年原国土资源部出台的《关于提升耕地保护水平全面加强耕地质量建设与管理的通知》要求各地借鉴三峡库区"移土培肥工程"，以及一些地方建设占用耕地表土剥离再利用的经验做法，结合本地实际，制定和完善管理办法，按照"谁占用、谁剥离"原则，将占用耕地单位剥离耕作层的法律义务落实到位，并且明确"凡城镇周边及各类园区、东北及中东部等优质土壤丰富地区，各类建设集中连片占用耕地的，都应开展耕作层剥离和再利用；占用基本农田的，必须进行耕作层剥离和再利用"，并对如何统筹安排剥离、存放、覆土等任务，以及剥离的耕作层重点用途等提出要求。2014 年原国土资源部发布的《关于强化管控落实最严格耕地保护制度的通知》指出要全面实施耕作层土壤剥离再利用制度。2017 年中发 4 号文《关于加强耕地保护和改进占补平衡的意见》着眼加强新时期耕地保护工作，明确提出"全面推进建设占用耕地耕作层土壤剥离再利用，市县政府要切实督促建设单位落实责任，将相关费用列入建设项目投资预算，提高补充耕地质量"。

各地结合实际出台地方性文件，有力指导了相关实践。吉林省从 20 世纪 80 年代末开始探索开展建设占用耕地耕作层土壤剥离工作，2006 年出台《关于进一步做好被占用耕地耕作层土壤剥离工作的通知》，要求单独选址建设项目、城镇建设用地范围内分批次建设用地拟占耕地具备耕作层土壤剥离条件的，要进行剥离再利用工作。2012 年下发《关于开展建设占用耕地耕作层土壤剥离工作的通知》，在 18 个试点县（市、区）建设占用基本农田等 8 种类型必须开展耕作层土壤剥离再利用，并且探索建立涵盖耕作层土壤剥离、存储、管理、交易、利用等全过程工作机制。2013年下发《关于推进建设占用耕地耕作层土壤剥离工作的意见》，在全省部署开展这项工作，并对耕作层土壤剥离范围、剥离条件、剥离方式、存储要求、土壤利用、鼓励政策等做出规定。浙江省继2007年发文要求有条件地市积极开展这项工作后，2008年出台《关于进一步开展建设占用耕地耕作层剥离和再利用工作的通知》，要求各地采取措施深入开展这项工作。四川省绵竹市于2010年10月出台的《关于加强耕地保护实施建设占用耕地表土剥离和利用的通知》规定，经依法批准占用耕地（含临时占用），一律实行建设占用耕地表土剥离和有效利用制度，土壤严重污染、缺乏肥力、不易种植农作物的劣质表土，经批准可以不剥离，指出"该制度作为占用土地的前置条件，须将表土剥离方案纳入其中，作为用地单位用地的前提条件。建设用地单位不执行表土剥离方案或验收不合格的，有关部门不予办理相关手续，工程不予验收"。贵州省2012年下发《关于转发省国土资源厅省农委贵州省非农业建设占有耕地耕作层剥离利用试点实施方案的通知》，要求非农建设占用耕地必须进行耕作层的剥离、保存和利用，并提出具体工作要求和奖惩措施；基于毕节市织金县试点经验，2013年贵州省非农建设占用耕地均要求编制耕作层剥离方案，政府监督执行；贵州省还根据实际工作情况相继出台《〈县级耕作层剥离利用专项规划〉编制指南》《贵州省耕作层剥离利用工程指南》等技术规范，《贵州省耕作层剥离利用工程实施管理办法》也在抓紧研制。

三、实践推进

（一）国家层面部署推动

虽然从立法和政策制定角度，开展耕作层土壤剥离再利用早已成为官方要求，但直至21世纪，中国才真正开始部署这一工作。2006年3月，原国土资源部办公厅下发《关于推广吉林省开展被占用耕地耕作层土壤剥离工作有关做法的通知》，号召各地尤其是人均耕地资源偏紧省份学习吉林省做法，推行耕作层土壤剥离再利用。2006年6月，原国土资源部、财政部发布《三峡库区土地开发整理"移土培肥"工程项目实施指导意见》，计划对淹没区16个县（区）适宜剥离的耕地耕作层土壤进行剥离、搬迁，并对库区淹没线以上瘠薄耕地进行"坡改梯"改造和覆土培肥。2008年国务院批复的《全国土地利用总体规划纲要（2006—2020 年）》首次在国家规划中要求"积极实施耕作层剥离工程，鼓励剥离建设占用耕地的耕作层，并在符合水土保持要求前提下，用于新开垦耕地的建设"。2012 年国务院批复的《全国土地整治规划（2011—2015 年）》承袭前述部署，并将之作为加强新增耕地后期管护的重要措施。

随着前期工作成效凸显，如三峡库区"移土培肥工程"按期完成淹没耕地耕作层土壤全部剥离任务，建成 17 万亩"当家田"，为库区 25 万人移民后靠安置提供了生计保障，加上国家级规划相继部署，原国土资源部从 2013 年开始明显加快推进这项工作。2013 年，全国国土资源工作会议提出要"积极开展'移土培肥'和优质耕地耕作层表土的剥离再利用等工作"。2014 年，原国土资源部将"推进耕地耕作层土壤剥离利用"列为年度重点工作任务，该年 10 月还在吉林省组织召开全国耕地耕作层土壤剥离再利用现场会，推动交流地方经验和典型做法，组织制定下发专门政策文件。在此基础上，2015 年全国国土资源工作会议提出"全面推进建设占用耕地剥离耕作层土壤再利用"，并会同其他部门全面推进这项工作。2015 年、2016 年中央"一号文件"连续提出"全面推进建设占用耕地剥离耕作层土壤再利用"。2017 年国务院批复的《全国土地整治规划（2016—2020 年）》对"十三五"期间全面实施耕作层土壤剥离再利用工作做出部署。

（二）地方层面实践探索

截至 2014 年年底，全国已有 12 个省份及部分市、县开展了耕作层土壤剥离再利用工作。根据 2014 年全国耕地耕作层土壤剥离再利用现场会材料，截至该年 10 月，吉林省半数以上县域开展了这项工作，累计实施近百个项目，剥离耕作层土壤面积超过 13333 公顷，剥离土方量超过 5000 万立方米。贵州省剥离 5.5 万亩非农建设占用耕地的 1359 万立方米耕作层土壤，并已利用 1199 万立方米，临时存储 160 万立方米，主要用于裸岩石砾地开发、低丘缓坡等未利用地开发、城乡建设用地增减挂钩复垦、灾毁地复垦、中低产田改良，实现新增中等以上质量耕地 1.25 万亩，改良中低产田 2.78 万亩，质量普遍提高 2~3 个等级。湖北省实施的三峡库区"移土培肥"工程，实现了"移得出、覆得上、保得住、能受益"的总体目标。浙江省宁波市从 2008 年开始，合计完成剥离新增建设用地耕地耕作层约 3 万亩，剥土厚度 30~50 厘米不等，剥离优质耕作层 600 多万立方米，多用于围涂造地、农村土地整治、灾毁耕地修复、违法用地拆除复耕等再利用工程。甘肃省嘉峪关市剥离存放了 170 万立方米征用土地土壤，在未利用土地上以土壤搬家形式新造优质耕地 127.6 公顷，节约资金 5200 余万元；中煤平朔集团有限公司在煤矿开采中，编制了矿区土地复垦总体规划，制订了复垦造地计划，统筹"剥离—采矿—回填—复垦"工作，30 年来，复垦土地 27 万亩。广西壮族自治区是全国较早开展耕作层剥离再利用工作的省份之一，自 2013 年柳州至南宁高速公路改扩建项目纳入全国耕作层剥离再利用试点至 2017 年 2 月，剥离优质耕地 2319 亩，剥离土方量 70 万立方米，2017 年要求每个县（市、区）至少完成一个剥离项目后，截至 2017 年 6 月，合计剥离 1.34 万亩。

各地推进耕作层土壤剥离再利用时，在工作机制、实施管理和资金筹措等方面进行了积极探索。工作机制上，吉林省建立"政府推动、需求拉动、政策驱动、政企联动"的"四动"机制。贵州省将耕作层土壤剥离利用纳入市、县人民政府耕地保护责任目标考核内容并层层签订责任目标，强化政府主导作用。四川省绵竹市成立市长任组长、分管国土的副市长任副组长、国土等相关部门及乡镇人民政府负责人为成员的工作领导小组负责组织协调工作。实施管理上，吉林省抓好准备、剥离、存贮、利用和验收等关键环节管理，将耕作层土壤剥离与土地整治项目建设、临时占用耕地复垦、新农村建设中村庄复垦、菜篮子工程建设、油田钻井临时用地再利用相结合。浙江省宁波市探索建立了规范化工作流程和操作程序。资金筹措上，吉林省运用新增费列支、政府财政适当补贴和鼓励有偿交易等方式，既调动占地单位和使用者积极性，又引入社会资金解决剥离利用投入问题。贵州省将土地出让金的 20% 用于此项工作并对利用剥离土壤建成的高标准农田按 500 元/亩进行补助。浙江省宁波市有关县（市）、区政府按新增建设用地每亩 2 万 ~3 万元不等标准，收取建设占用耕地耕作层剥离经费，对于出让的土地在土地出让金中提取，对于单独选址建设项目和划拨用地则直接向用地单位收取，费用列入项目建设成本。

第三节 国内耕作层土壤剥离再利用展望

由于大规模开展这项工作时间较短，目前国内学界对耕作层土壤剥离再利用的概念和内涵尚未达成一致，也容易混淆耕作层土壤剥离再利用与表土剥离再利用概念，需要分析当前存在的问题，结合经济社会发展形势提出解决对策。

一、现状问题分析

目前主流媒体对有关地方实施耕作层土壤剥离再利用取得成效的宣传，主要聚焦于诸如稳定了耕地面积、提高了耕地质量、促进了节约用地、改善了生产条件生态环境，以及实现了农民增收、农业增效、农村发展等。毋庸置疑，科学实施耕作层土壤剥离再利用确实必要而且成效明显，但更值得重视的应是在此过程中凸显的缺陷和弊端，而且这些缺陷和弊端正在影响这项刚刚崭露头角的事业。

（一）认识水平存在局限

土地资源近乎无限制的粗放利用，在支撑了中国长达 30 多年经济社会持续较快发展的同时，也带来了耕地资源快速减少并一度危及粮食安全的后果。根据第二次全国土地调查结果，仅 1996—2009 年间全国耕地减少量就超过 1353.33 万公顷，而且多为优质耕地。另外，根据 2014 年原国土资源部发布的《全国耕地质量等别调查与评定主要数据成果》，全国耕地平均质量等别为 9.96 等，等别总体偏低。耕地占补平衡制度实施以来，占多补少、占优补劣、占近补远、占水田补旱地等现象普遍，耕地资源数量减少、质量降低趋势尚未得到有效遏制。虽然中国从 20 世纪 90 年代就鼓励剥离再利用建设占用耕地的耕作层土壤，但主要囿于认识水平不够，人们在思想上对保护耕作层土壤重视不够，如生产建设项目规划设计上对耕地的认识局限于数量规模，较少关注耕作层土壤价值，对占用土地的补偿大多只是针对面积的补偿，导致对土方的取弃近乎失控；施工建设中，重开发轻保护现象普遍存在，建设单位为加快施工进度和减少投入，基本上不重视水土保持，随意弃土弃渣，多数地方政府也未做出硬性规定，导致大量肥沃的耕作层土壤随着生产建设活动进行而被白白埋掉或以其他方式浪费。前述因为忽视耕作层土壤价值而不愿剥离再利用的现象在多数地方成为常态，但也不应忽视一些地方无视基本自然规律和经济规律而硬性推广这一工作的现象。以广西壮族自治区为例，耕作层剥离再利用主要通过自治区下发文件和层层分解任务方式推进，市县自发开展积极性不高，如 2016 年要求各市完成的耕作层剥离面积不得少于本市年度供地面积的 10% 并将此纳入各市耕地保护责任目标考核及自治区政府对各市年度绩效考评指标体系，但从实际督察情况看，市县政府大多主要完成纳入考核的任务，较少主动扩大范围，而且 2017 年全区 74 个统计地区中，有 62 个地区剥离面积不足 300

亩，剥离总面积仅占全区的 32.5%。

（二）法治体系建设滞后

现行有关建设占用耕地耕作层土壤剥离再利用的法律条文非常零散，不仅法律体系不完善，而且规定不全面、要求不具体、权威性不够。如《水土保持法》规定"对生产建设活动所占用土地的地表土应当进行分层剥离、保存和利用，做到土石方挖填平衡"，虽然对建设项目做出了表土剥离要求，但对表土如何剥离利用、资金如何落实等没有提出具体办法。《土地管理法》在界定地方政府开展这项工作职责时指出，"县级以上地方人民政府可以要求占用耕地的单位将所占用耕地耕作层的土壤用于新开垦耕地、劣质地或者其他耕地的土壤改良"，使用的字眼是"可以要求"，是对政府部门的柔性或选择性规定，多数学者认为过于弹性、缺乏力度，认为在占用耕地用地单位依法缴纳开垦费后就已履行补充耕地法定义务，不应强制要求其剥离耕作层，地方政府权衡时认为似乎可以执行也可不执行，导致执行力度不够。在实施体系方面，地方政府或者用地单位由于缺乏明确的法律条文指导，剥离的深度、存储的条件、运输的要求、利用的规范、验收的标准以及资金的落实等往往无章可循。一些地方虽然先后出台相关带有强制性的地方政策文件，但由于缺乏上位法支撑而显得法律依据不足和操作性不强。浙江省宁波市 2007 年 10 月转发的《关于加强耕地开垦项目管理意见的通知》首次明确，"所有利用丘陵山地、溪滩地、废弃矿山、建设用地等开垦耕地项目，其表土必须为建设占用耕地剥离的优质耕作层，且耕作层达到 30 厘米以上，以确保新增耕地质量；建设用地单位不得以任何理由阻止表土剥离，否则，停止供地"，但对表土如何剥离利用、资金如何落实等没有提出具体办法，缺乏操作性。浙江省余姚市临山镇在 2007 年年底出台的《关于新批建设项目占用耕地须进行耕作层剥离的实施意见》规定，"建设用地单位必须将所占耕地约 30 厘米厚的耕作层无偿提供给镇政府，并集中运送到指定地点，待耕地耕作层表土剥离后凭镇土地整理办出具的验收证明，方能办理建设项目施工许可证并领取事先缴纳的每亩 1 万元的耕地耕作层表土剥离保证金"，此规定附带强制性行政命令，被认为是临山镇耕地表土剥离政策能被有效执行的最大保障，但没有相应国家法律支持。在监管体系方面，目前缺乏对应剥宜剥耕作层土壤剥离再利用工作的有效监管。在责任追究方面，对于开发建设中不按要求进行耕作层土壤剥离再利用的行为一直缺乏可以操作的法律惩戒措施。

（三）激励机制建设不足

耕作层土壤剥离再利用环节较多、费用较大，全面推进这项工作亟待解决如何建立健全激励机制以调动地方政府和用地单位积极性问题。原国土资源部土地整治中心近年开展了耕作层土壤剥离利用成本调查分析，调查案例共计12个省份，费用主要考虑耕作层土壤剥离、运输和再利用三项费用，通过统一工程量、统一施工方法和统一成本计算方法等设定调查条件发现，12个省份平均剥离费用2382元/亩，运输费用10424元/亩，再利用费用2751元/亩，各地剥离再利用成本差异较大，主要受运输费用、施工方法和人工费用三个因素影响。对于地方政府而言，由于政府部门分工、建设用地单位职责不明，相互之间衔接不紧，与耕作层土壤剥离再利用相关奖惩措施没有上升到制度层面，特别是由于地方政府出于当地经济发展和城市建设需要，对招商引资项目都尽可能提供便利条件，在没有法律强制规定的情况下，加上担心影响对方投资意愿和延误项目建设进程（开展耕作层剥离再利用需编制方案、确定施工单位、协商租赁存储场地及实施剥离再利用，平均需要增加一月的工期），在以市场化方式供应土地时一般不愿向用地单位提出剥离并利用被占耕地耕作层土壤的要求；而对于用地单位而言，根据现行土地管理法律法规，建设单位依法缴纳耕地开垦费后就已履行了补充耕地义务，在目前没有法律硬性规定情况下，要求用地单位再增加投入开展这项工作难度较大，用地单位若无其他激励政策驱使，一般不会主动开展。一些地方在激励机制建设方面进行了探索，但主要以行政力量推动。如用地指标奖励、安排土地整治项目等是纯粹行政手段，即便是减征耕地开垦费、给予财政补贴等经济手段实际上也是行政干预结果，而且效果并不明显。浙江省杭州市本级及有关县（市、区）尚未建立有效耕作层土壤剥离再利用专项资金筹措和使用办法，实际操作各不相同；浙江省富阳市对耕作层土壤剥离再利用项目补助仅5000元/亩，与工作成本相比相差较远。另外，个别地方试行的有偿交易剥离的耕作层土壤是市场化手段表现，但面临着如何规范的问题。

（四）标准规范建设滞后

耕作层土壤剥离再利用涉及诸多技术，不同生产活动、不同土壤类型，以及不同地形条件都对这项工作提出了不同要求，需要一套完善的技术规范。中国目前尚未制定类似英国《土壤处置实践指南》的通用标准或规范，更未形成涵括这项工作主要环节的技术标准体系。由于剥离再利用的适用范围、土壤调查与评价、剥离土壤的数量和质量、堆放存储场所,以及耕层构造和验收考核等缺乏技术指南,各地开展工作时难以做得精细,如按照耕作层土壤性质分层剥离、分层利用做法较少,基本上都是一次性开挖,耕作层土壤与犁底层土壤混合,无法保证被剥离土壤价值不减和再利用效益最佳,常见情况是耕作层土壤理化性状受破坏、土壤在搬运和存储中受损失,以及耕作层土壤剥离中或再利用中产生水土流失等问题。一些地方在探索中制定的操作规范不仅针对性较强,而且科学合理性也往往存疑,如剥离再利用施工工艺不够明确,难以保证不破坏原土壤结构和土壤生物网,无法保证剥离土壤的价值不减损,而且施工工艺也不一定充分考虑有效土层厚度、土壤质地、砂砾石含量、土壤紧实度、潜育化程度、阳离子交换量、养分含量、地下水位、生物区系、地质地貌条件等因素。

(五) 一些地方违规实施

前述缺陷和不足大多可以归结为经济社会发展阶段和科技创新引领不足等原因,导致耕作层土壤剥离再利用无法科学开展,但随着这项工作推进,一些地方的不当操作可能使其堕入难复的深渊。2017 年 6 月 11 日中央电视台《焦点访谈》播出的《移土培肥"肥"了谁?》节目就具有这样的杀伤力。根据该节目介绍,在当年麦收季节,河南省南阳市淅川县有些地块要么减产减收,要么荒着颗粒无收,农民朋友欲哭无泪,村民们将罪魁祸首归结于这两年淅川县搞的移土培肥工程。该工程是将丹江口水库库区淹没线 170 米以下优质耕地耕作层土壤剥离转移到 172 米以上的瘠薄耕地,配套进行土地平整等工作,工程竣工后可以培肥耕地 14.03 万亩,新增耕地 0.19 万亩,每年新增粮食 1.2 亿斤。中央财政为淅川县移土培肥工程专项拨款 19.94 亿元,环绕丹江口水库有10 个乡镇属于培肥区。可是这个工程真正做起来后,农民却觉得并非如规划设计那样。由于山区大部分土地为贫瘠的丘陵坡地并且水、土、肥流失很严重,移土培肥步骤是先平整好土地再覆盖肥土。但记者沿路询问多处培肥区的农民后,发现偷工减料情况非常严重:大石桥乡清风岭村培过肥的土地上庄稼稀疏,地皮裸露;滔河乡刘伙村的 5 个小组只有 1 个小组因为临路被培土;盛湾乡姚营村 13 个小组只有 2 个临路小组培了土;老城镇的秧田村有 3 个小组土地因平整而被破坏。但这么多没有培土以及并非培了肥土的地却通过了验收。虽然事后有关方面反映,前述节目所揭示问题并不完全属实,但其产生的破坏力已经较为惊人，足以让人产生好事如何做好的困惑。

二、未来发展展望

2017年党的十九大将"坚持人与自然和谐共生"确定为新时代坚持和发展中国特色社会主义的十四条基本方略之一，要求"坚定走生产发展、生活富裕、生态良好的文明发展道路，建设美丽中国"。推进建设占用耕地耕作层土壤剥离再利用有利于确保国家粮食安全、化解保护资源和保障发展中耕地"占优补优"所面临的难题、改善农村生产生活生态条件。

（一）广泛宣传多形式展示成效

在加强土地资源国情尤其是耕地保护"红线"教育活动中，围绕确保国家粮食安全、落实耕地占补平衡制度和改善农村生产生活生态水平等，注意运用广播、电视、报纸、网络等各类主流媒体，大力宣传建设占用耕作层土壤剥离再利用的重要性和紧迫性，在4月22日"世界地球日"、6月5日"世界环境保护日"、6月25日"全国土地日"等节日举办活动进行针对性的宣传教育，深化社会各界对保护和利用耕作层土壤的认识，树立珍惜和保护耕作层土壤的理念，加快推动形成保护和利用耕作层土壤的良好社会氛围。对于一些目前开展较好的地方或项目特别是作为试点推进的地区或项目，要及时总结好的做法并加以宣传，但不要一味为了达到宣传效果而过度拔高致其不可相信，同时加强不同地区间的经验交流，促进这项工作水平整体提升，促进耕地保护真正实现由数量保护向数量、质量、生态"三位一体"全面保护的转变。

（二）理顺剥离再利用管理体制

管理体制不顺是当前各项建设普遍没较好履行占用耕地耕作层土壤剥离再利用职责，以及矿山复垦历史欠账很多，而且这种现象一定程度上仍在继续的主要原因。2017年中发4号文《关于加强耕地保护和改进占补平衡的意见》提出全面推进建设占用耕地耕作层土壤剥离再利用，要求市县政府切实督促建设单位落实责任，将相关费用列入建设项目投资预算，涵括了理顺管理体制方面的要求。当然，国内并非没有管理体制理顺的案例。从有关报道看，三峡库区移土培肥工程总体上在这方面做得较好。该工程遵循"省级政府主导，县级政府承担，乡级政府实施，当地农民参与"的原则，重庆市、湖北省分别成立由省（市）、县、乡镇分管领导负责的领导小组，国土资源、发改委、监察、财政、水利、农业、审计、移民局等相关部门参与。由于理顺了管理体制，工程建设中各种协调相对容易。贵州省通过下发《关于转发省国土资源厅省农委贵州省非农业建设占用耕地耕作层剥离利用试点工作实施方案的通知》，明确了责任主体和工作部门，即耕作层土壤剥离再利用工作由县级政府负责组织实施，县级国土资源、农业部门负责具体管理，县级土地整治机构或建设用地单位负责具体实施，并接受省、市（州）国土资源、农业部门指导和监督，省国土资源厅、省农委负责制定相应实施规程和技术规范，各市、州成立领导小组。

国外经验和国内实践凸显了在耕作层土壤剥离再利用中理顺管理体制的重要性。正因如此，作为行政主管部门的原国土资源部早在 2006 年就向各地转发了吉林省国土资源厅《关于开展表土剥离加强土地复垦工作有关情况的报告》，要求各地认真学习借鉴吉林省在重点工程建设中积极推行被占用耕地耕作层土壤剥离的做法，并希望在管理体制和机制等方面进一步深入探讨。虽然一些地方通过试点在理顺管理体制上取得了媒体宣传的成效，但可能针对性较强、普适性不够，很难复制和应用到其他地区。从当前实际和今后发展看，由于建设占用耕地耕作层土壤剥离再利用涉及面广、政策性强、技术含量高，涉及国土、发改、规划、农业、交通、建设、环保等诸多部门，从政府尤其是县级政府层面成立耕作层土壤剥离再利用工作领导机构和实施机构，明确相关责任部门，应为比较妥当和可行之举。在这之中，国土资源主管部门要以法律为依据发挥主导作用，同时加强与相关部门的协调合作，以整体和全局利益最大化为耕作层土壤剥离再利用管理体制改革的主要目标。随着 2018 年政府机构改革中自然资源部的成立，及其肩负的统一行使全民所有自然资源资产所有者职责、统一行使所有国土空间用途管制和生态保护修复职责，在同级政府领导下由该部门在耕作层土壤剥离再利用中发挥主导作用成为必然，而这也将毫无疑问成为该部门的一项重要职能。

（三）规范剥离再利用程序标准

中国耕作层土壤剥离再利用开展时间较短，虽然相关法律和政策文件都已对此做了要求，但由于管理体制尚未理顺，权利责任关系尚未明确，当前不少地方开展的类似实践多属应付敷衍。不仅缺乏可以普遍遵循的规范管理程序，具体的技术标准也有待制定。从目前可以获得的材料看，之所以部分试点地区耕作层土壤剥离再利用实践开展较好，除了理顺有关体制外，都较为成功地摸索出合适的管理程序，并制定和遵循了相应技术标准。

国内外的成功做法提供了关于规范耕作层土壤剥离再利用工作流程和严格技术标准的经验和启示。耕作层土壤剥离再利用一般应该包括规划、立项、实施、验收等管理程序。其中，规划阶段，要依据相关规划，统筹考虑耕地现状、资源潜力和经济技术可行性等因素，组织编制耕作层土壤剥离再利用专项规划，并与新农村建设、地质灾害防治、水土保持、生态和环境保护、村庄和集镇建设等规划衔接；立项阶段，建设用地单位依法取得土地使用权后，在开工建设前，必须主动向所在乡镇政府提交建设占用耕地耕作层土壤剥离再利用申请，乡镇政府实地勘查后根据该宗土地质量情况，制订剥离再利用方案并报县级政府审批，县级政府组织有关部门实地评估实施方案后立项；实施阶段，施工单位根据一定技术标准进行耕作层土壤剥离再利用，完成取、运、堆、覆土工作；验收阶段，县级政府组织有关部门，对照实施方案和技术标准，评估项目是否合格。有些地方已经根据之前的尝试初步总结出一套技术标准体系，但这些试点往往因为仅是耕作层土壤剥离再利用工作的一种类型，总结的经验不一定具有普适性。为了这方面工作更具针对性和操作性，必须根据其应用对象和主要目标进行合理规范，加快构建包括国家和地方、涵括不同生产建设活动以及这项工作主要环节的标准体系。国家层面上，推动出台建设占用耕地耕作层土壤剥离再利用技术指南或规范，科学制定耕作层土壤剥离再利用分区并明确宜剥应剥区域和条件，明确什么情况下实施剥离再利用而什么情况下没有必要，合理划分这项工作的主要环节并规定相关工艺流程和技术规范，以及对土壤调查评价、环境影响评价等做出说明和要求；各地根据国家层面技术指南或规范，结合实际制定具有地方特色的技术标准和规范。对于不同生产建设活动的耕作层土壤剥离再利用工作及其主要环节，围绕"怎么调""怎么剥""怎么搬""怎么储""怎么用"，分别建立健全针对调查、剥离、运输、储存、利用等各个环节的系统化的规范文件和技术标准。其中，调查内容包括土地资源和产权归属等，剥离包括耕作层土壤分层剥离与地质灾害防治，储存包括土壤保肥存储与改良等。

（四）综合运用多种方法和手段

国外在推进表土剥离再利用工作时运用了包括行政、经济、法律和技术在内的多种手段，而且众多手段里运用得最多的是法律和经济手段。反观国内，从1991年《水土保持法》首次涉及表土剥离再利用以来，虽然相关法律如

《土地管理法》《基本农田保护条例》等也对耕作层土壤剥离再利用提出要求，但出现得最多的仍是相关主管部门（原国土资源部、农业部等）颁布的有关通知、意见和办法等，经济手段上虽然也提出要建立健全矿山生态环境恢复保证金制度等，但目前这方面进展不大，技术创新上则较少。

根据中国耕作层土壤剥离再利用实际，以及适应市场经济体制发展需要，今后应在继续灵活运用行政手段的同时，强化经济手段和法律手段，以及加强相关技术研究和成果应用。行政手段上，除了及时发布相关文件、适时建立健全相关制度外，把耕作层土壤剥离再利用作为用地审批前置条件，规定建设项目用地申请书中必须包含耕作层土壤剥离、搬运、存储、利用的方案，促进建设占用耕地项目做到耕作层土壤"应剥尽剥"；对政府的耕地保护责任目标考核应将占用耕地的耕作层土壤剥离再利用作为重要评价指标，并将其实施成效与年度用地计划分配、土地整治项目安排等挂钩；建设项目用地预审要强调是否采取剥离耕作层土壤等工程措施提高补充耕地质量等；细化激励政策，强化耕作层剥离再利用与耕地"算大账"、占补平衡工作的衔接，探索提高耕地质量等别可折抵部分补充耕地数量的政策，调动地方政府积极性；强化考核措施，根据各地区每年土地利用计划指标或供地计划等，制定各地年度实施耕作层土壤剥离及再利用任务，定期考核并根据考核情况予以奖惩。经济手段上，除了在公益性事业上确保国家投资的主导作用外，更重要的是建立健全相关制度，如建立建设占用耕地耕作层剥离再利用保证金制度，将按照标准完成耕作层土壤剥离再利用情况作为确定保证金返还比例的依据；按照有关要求，将耕作层土壤剥离再利用所需费用列入建设项目投资预算并加强监管；适当提高耕地开垦费收缴标准，但对按照耕地耕作层土壤剥离利用计划实施的用地单位减免一定耕地开垦费，合理利用新增费并将其形成的新增耕地用于占补平衡；尤为重要的是，引导和鼓励市场化运作，推动部分剥离土壤有偿使用，调动社会资本参与积极性，激发开展耕作层土壤剥离再利用原动力，既调动占地单位和使用者剥离再利用积极性，又引入社会资金解决投入问题。法律手段上，逐步提高耕作层土壤剥离再利用的法律地位，提高各级政府、用地单位、农民个人开展耕作层土壤剥离再利用意识，推动落实法定义务。如结合《土地管理法》修改工作，完善耕作层剥离再利用有关条款，将现行指导性要求改为更加硬性规定（对于适宜开展耕作层土壤剥离再利用的项目或地区而言），完善《基本农田保护条例》《土地复垦条例》相关规定，同时加强新法研究制定，推动形成以《土地管理法》等为指导、以《建设占用耕作层土壤剥离再利用条例》

为核心，辅以部门规章和地方性法规、地方政府规章的法律体系，特别是明确建设用地单位和地方政府责任，明确违反规定的惩罚措施。技术手段上，完善耕地质量评价标准，提高耕作层土壤质量在评价指标中的权重，体现耕地质量重要性；逐步增加技术方面研究和应用投资，将耕作层剥离再利用技术作为土地科技战略的重要内容，从调查、规划、剥离、存储、回填、复耕、生产力恢复、景观再造、生态养护等方面探索更多先进和实用技术，制定标准化指导意见。

（五）实现剥离再利用综合效益

有关国家开展这项工作为了追求包括经济、社会和生态效益在内的综合效益，但随着环境保护意识的增强，对于生态效益的追求常常居于最突出地位。中国人多地少的土地国情和处于经济社会发展关键时期的客观事实，使得日益增大的土地需求对耕地保护造成了极大压力。另外，随着生态文明建设纳入"五位一体"总体布局，各项工作开展日益重视生态效益。为此，推进耕作层土壤剥离再利用要算好这样三方面账：一是算好经济账。开展耕作层土壤剥离再利用需要的大量资金投入要通过行政手段和市场运作妥善解决，如前述提高耕地开垦费标准、用好新增费和引入社会资本等，确保这项工作经济上可行且持续；二是算好社会账。将耕作层土壤剥离再利用建设成为"惠农工程""民心工程"和"德政工程"，需要得到广大群众特别是农民群众的认可和参与，发挥农民和农村集体经济组织的主体地位和作用，将实现坚守耕地"红线"的国家目标与农民群众提高收入、改善生产生活条件的个人目标有效衔接；三是算好生态账。通过实施耕作层土壤剥离再利用抢救土壤资源，修复各类建设损毁或破坏的土地，实现区域生态系统良性循环，维持生物多样性，为自然留下更多生态空间，为农业留下更多良田。为此，要因地制宜推进，有差别地开展耕作层土壤剥离再利用，对于不宜开展的区域或地类（如坡耕地、沙地等），剥离耕作层土壤可能引发水土流失问题，不宜出台"一刀切"具有绝对刚性约束力的政策或法规；统筹协调推进，将农村土地整治等重点区域和建设项目占用耕地集中区域对接，使得建设占用耕地耕作层土壤剥离与农村土地整治、高标准农田建设、中低产田改造、工矿废弃地复垦、矿山地质环境治理、城市绿化和苗圃建设等工作结合，做到土壤剥离与利用相衔接，取土与覆土相匹配，达到边剥边用、供需结合，特别是剥离土壤的利用要遵循"宜农则农、亦生态则生态"的原则，真正做到物尽其用、各得其所；加强过程监管，有关部门在项目前期入手，提前谋划，抓好源头环节，加强实施过程监管，使耕作层土壤剥离再利用不流于形式，耕作层土壤资源真正实现循环利用，确保既能增加耕地数量，也能提高耕地质量，并将不破坏和改善土地生态功能贯穿始终，确保实现综合效益最大化。

第八章　农村土地整治的国际交流

中国现代农村土地整治的发展历程也是国际交流合作不断深化的过程。不可否认，国际经验交流以及与国外机构合作，对于中国农村土地整治的产生和发展意义重大。在这期间，有因为国情、理念的差异而使得一些交流与合作未能达到预期，但也正是这些交流与合作打开了中国农村土地整治学习、借鉴国外经验以及吸取、规避国外失败教训的窗口，并为当前和今后的交流合作指出了方向。

第一节　国际交流合作的基本情况

从国际交流合作的视角考量，中国现代农村土地整治经历了从最初的刻意模仿国外到偏离本源发展再到吸收国外经验并结合中国实际进行创新的不同发展阶段，中国农村土地整治与国外的关系也经历了从无经验交流到打上中国特色烙印再到中国经验开始反哺世界。正是在与国外交流合作中，中国农村土地整治不仅得以产生，并在发展中看到了差距，而正是对这些差距的正视才使其有望真正将结合了中国实际的中国经验呈现在其他国家或地区面前。

一、国际交流合作的阶段划分

中国现代农村土地整治的产生发展与国际交流合作关系密切，这里不得不提的是德国官方或非官方机构在这过程中给予的支持和帮助，而与德国的交流合作也成为中国农村土地整治国际交流合作的重中之重。以此为主线，可将中国农村土地整治国际交流合作大致分为这样三个阶段：

（一）"模范学生"学习阶段（1986—1997 年）

1988 年 2 月，德国巴伐利亚州农林食品部土地整理局和汉斯·赛德尔基金会（以下简称汉斯基金会）在山东省青州市何官镇南张楼村启动了中国农村土地整治领域第一个国际合作项目——"土地整理与村庄革新"试验（也称"巴伐利亚试验""城乡等值化试验"），虽然在此之前，国外特别是德国土地整理理念已经传入中国，但土地整理真正被广为人知主要源于此次试验。为配合实施"土地整理与村庄革新"项目，1989年4月山东省测绘局开展了针对南张楼村的航空测绘，完成了中国第一份农村土地整治项目区航测图——《青州市南张楼彩红外影像图》。1990年，德国巴伐利亚州农林食品部土地整理局和汉斯基金会在华援建项目——"平度农业职业教育中心"建成。1990—1991年，德国专家帮助南张楼村完成中国第一个土地整理与村庄发展项目规划，并召开全体村民大会宣传德国土地整理规划和公众参与理念。该项实验的开展，正式拉开了中国农村土地整治国际交流的序幕。1989年6月，应汉斯基金会邀请，山东省有关部门及南张楼村联合组成土地整理代表团赴德国考察学习巴伐利亚州土地整理；1997年9月，中德双方在山东省青州市南张楼村召开"中德农村双边发展研讨会"，美国《世界日报》以"山东小农村举办国际研讨会全用自己的翻译"为题予以报道。总的来看，在这一时期国际交流合作中，中方大体以学生的姿态学习外方经验，并在外方支持下开展相关工作，为之后发展蓄力。

（二）"中国特色"凸显阶段（1998—2011年）

在前期交流合作基础上，结合国内实践，1998年2月，原国家土地管理局组织编写了中国第一本土地整理书籍——《国内外土地整理借鉴》。该书在介绍国内一些地方土地整理典型经验的同时，着重介绍了国外一些国家和地区的土地整理做法。2001年2月，原国土资源部启动与联合国开发计划署（UNDP）合作开展的"中国国土整治与土地资源可持续利用研究"课题。2001年，原国土资源部土地整理中心与荷兰土地整理局向荷兰政府申请的"中荷土地整理示范培训项目"获得荷兰外交部批准（项目总费用150万荷兰盾，荷兰政府出资100万荷兰盾）。2002年10月，原国土资源部与汉斯基金会在中华世纪坛举办"中德土地整理与农村发展研讨会"。2004年11月，"中德土地整理与农村发展培训中心"在山东省青州市成立，成为双方共同研究农村发展和土地整理理论方法、交流经验技术解决现实问题、培训土地整理人才的创新基地，双方还举办了"中国土地学会土地整理与复垦分会2004年年会暨中德土地整理学术交流会"，签署了《中华人民共和国国土资源部德意志联邦共和国汉斯基金会合作协议》。2007年7月，原国土资源部领导在赴德参加

"中国和德国乡村地区的可持续发展——见证山东与巴伐利亚"会议期间，与汉斯基金会签署在中国西部地区开展"土地整理和农村发展"示范项目的合作备忘录，议定在重庆、宁夏共同建设土地整理和农村发展项目，以促进中国西部地区持续发展。2009年5月，"中德土地整理与农村发展研讨会"在青岛举办，进一步推进了中德双方在土地整理和农村发展领域的合作交流。2011年10月，汉斯基金会主席蔡特迈尔博士到访原国土资源部，双方希望在未来合作中保持高层交往，加强政策研究，拓宽合作领域，加大人员培训等。总的来看，这一时期，中国在学习外方经验的同时，更多结合实际进行"本土化"创新，突出表现为在偏离本源道路上愈走愈远，但这其中不乏弥补农业基础设施欠账和国内公民社会发育程度不高等因素。中国特色的烙印也反映在国际交流合作中，中方更多展示的是诸如工程建设方面的"实体性"成果，而外方更加看重农民的主体地位和作用发挥等。中外合作这一时期仍然主要在国外政府或机构资助下开展。

（三）"中国经验"反哺阶段（2012年—　　）

2012年以来，中国农村土地整治出现了复归本源、重树农民主体地位的意愿和实践，反映在国际交流合作方面，就是学习国际做法并结合中国实际产生的"中国经验"渐受国外关注。2013年10月，原国土资源部与汉斯基金会共同签署新一轮合作备忘录，议定在土地综合整治与农村发展、矿区土地复垦与产业经济转型等领域开展交流合作。2013年11月，汉斯基金会与江西省国土资源厅签署合作协议，在赣州市开展一个以优化土地利用格局、实现环境保护和景观保护为目标，旨在加强乡村地区发展和以适度旅游促进经济发展的农村发展示范项目。2014年9月，湖南首个、国内最大的长沙县金井镇涧山村耕地生态保护型土地整治项目通过验收，该项目为原国土资源部土地整治中心和德国国际合作机构（GIZ）共同执行的合作项目"中德低碳土地利用"之子项目；同年11月，安徽省与德国下萨克森州签署联合声明，明确双方在土地整治生态景观示范村建设项目等方面开展合作。2015年9月，由原国土资源部土地整治中心与汉斯基金会共同主办的"土地整治与农村发展——未来的挑战与展望"研讨会在山东省青州市举办。2016年以来，中外农村土地整治交流合作频次加快。总的来看，这一时期，中国已经不再只是一味学习借鉴国外经验做法，带有中国特色的农村土地整治实践越来越多引起国外关注，在持续多年学习、跟踪之后，农村土地整治的"中国经验"一定程度上开始反哺世界。

农村土地整治成为中外合作的重要内容。30 多年来，中国政府有关部门和有关国家政府部门及机构秉承"扩大交流、加强合作、促进发展"的思路，开展了广泛合作，定期就农村土地整治领域共同关心的重点问题进行交流和研讨。通过这些交流合作，中国同仁开阔了视野，认识到农村土地整治对于破解工业化、城镇化进程中土地利用矛盾的重要作用，为推行"田、水、路、林、村"综合整治和建立相应的政策制度提供了借鉴。同时，也为中国培养了大量专门人才。仅以与汉斯基金会为例，双方合作以来，原国土资源系统已有超过 200 多名管理人员和技术人员赴德参加了土地整治与农村发展相关培训，他们回国后，在农村土地整治领域发挥了重要作用，促进了农村土地整治水平提升；双方在山东省青州市共同建立的"中德土地整理与农村发展培训青州中心"，成为培养农村土地整治人才的重要基地，为双方开展有关理论、方法研究和经验交流创造了条件。

二、与国际知名机构交流合作

谈及中国农村土地整治国际交流合作，德国相关机构理应排在第一位。当然，30 多年来，中国农村土地整治的国际交流合作范围不断拓展、内容不断深入，与主要国际知名机构交流合作情况如下：

（一）汉斯基金会

汉斯基金会成立于 1966 年，是德国基督教社会联盟（CSU）下属政治基金会，总部位于巴伐利亚州慕尼黑市。该基金会以"为民主、和平和发展服务"为指导方针，当前工作重点是政治教育、科学研究资助、政策顾问、奖学金资助、由国际交往与合作所开展的对外援助和关系建设等。在对外援助方面，汉斯基金会目前活跃于 70 多个国家，有近 80 个项目点，近 60 名驻外专家和工作人员，中国是基金会合作项目最多的国家。1983 年，汉斯基金会与当时的国家教委签订了中德双方第一个合作协议（框架协议），在此基础上建立了上海教师培训中心和南京建筑职业教育中心。目前汉斯基金会中国合作伙伴包括教育部、原国土资源部（现自然资源部）、建设部、中央党校、全国妇联、对外友协等中央合作伙伴和山东省等地方合作伙伴，合作领域包括成人社会政治教育、职业教育、协助改善管理和机构建设、管理培训以及基础设施建设等。

汉斯基金会与原国土资源主管部门合作始于 1988 年在山东省青州市南张楼村共同开展的"土地整理与农村发展"项目。该项目借鉴德国巴伐利亚州农业和农村发展经验，以土地整理和村庄建设为核心，探索农村发展有效途径，为推进农村发展积累经验，成为中德合作的成功典范。截至目前，中德双方已经签署 4 期合作谅解备忘录。经过 20 多年交流合作，中德两国在土地整治与农村发展领域互惠互利、共同发展，取得了丰硕成果。多年来，汉斯基金会在先进技术、管理经验、人员培训和示范项目实施上给予了中国许多帮助。通过合作交流，中德双方达成相互信任的伙伴关系，在农村土地整治领域合作也达到一个全新高度。如共同举办了多次学术研讨会，探讨交流了双方共同关注的农村土地整治及相关热点、难点问题，促进了中国农村土地整治工作开展；2004 年双方在山东省青州市建立了"中德土地整理与农村发展培训中心"；合作开展了多期人员培训。截至目前，原国土资源系统已有超过 200 多名管理及技术人员参加了赴德国的短期培训，对德国土地资源可持续利用与保护、土地整理与农村发展等方面的理论、实践有了进一步了解，促进了国内工作开展。同时，基金会还资助中国原国土资源系统多名人员赴德国慕尼黑工业大学攻读硕士、博士学位，培养了多名管理、技术人才。此外，在原国土资源部支持下，基金会还与原江西省国土资源厅、原四川省国土资源厅等分别签署合作协议，开展土地整治与农村发展示范项目建设，并引进国际专家赴地方开展农村土地整治领域基层工作人员培训工作。

根据已经签署的合作协议，接下来一段时间，国土资源主管部门将与汉斯基金会在土地整治与农村发展、可持续土地利用保护与开发、矿区土地复垦与产业经济转型等方面进一步加强合作与交流，为促进中国持续利用土地资源，特别是乡村地区土地资源持续利用与发展作出贡献。而且对于今后的合作，双方达成以下意见：一是加强高层互访，促进共同发展。双方将在原有沟通交流基础上，建立定期的高层互访机制，形成定期会晤和交流，加强协商沟通，加深了解，增进友谊，进一步推动双方开展实质性合作。二是加强政策研究，完善制度建设。双方将合作开展政策交流，深入研究德国土地整理的立法及运作模式，借鉴德方先进经验和成熟做法，结合中国实际情况，进一步完善中国土地整治的法律法规、标准体系和管理体制。三是拓展合作领域，丰富合作内容。在延续、深化以往合作基础上，根据两国经济社会发展情况，积极拓展合作领域，如中国新型城镇化进程中的土地节约利用、城乡统筹发展、生态国土建设、低碳土地利用及土地污染防治等问题。四是加强人员培训，提高业务素质。通过国内与国外培训、短期与长期培训相结合的方式，加强土地整治及相关领域培训。通过双方合作，进一步充实培训内容、优化培训方式，更好展现培训成果。

（二）其他相关

在农村土地整治国际交流合作方面，原国土资源部土地整治中心一直发挥着主力军作用，特别是近年来积极构建国际合作渠道、拓宽合作领域，主要围绕农村土地整治与土地资源持续利用、统筹城乡及农村持续发展、土地利用与生态环境保护、生物多样性保护、低碳土地利用等热点领域，除汉斯基金会之外，还与联合国开发计划署、欧盟、比利时弗朗芒土地局、德国联邦环境自然保护与核安全部、德国国际合作机构、加拿大发展计划署、世界银行、澳大利亚昆士兰大学、俄罗斯联邦国立土地管理大学等机构开展合作。先后执行的主要项目有：与 UNDP 合作的"中国国土整治与土地资源可持续利用"项目、荷兰政府 Asia Facility 框架下的"中荷土地整理与土地可持续利用研究和培训项目"、科技部重点双边国际科技合作"可持续土地利用数字化平台技术研究与示范"项目、中国—欧盟生物多样性保护"土地利用规划与土地整理中的生物多样性保护"项目、加拿大发展计划署资助的"生态环境保护目标下的土地利用政策研究"项目、世界银行"农村集体建设用地管理利用的政策研究"项目、联合国开发计划署"公共服务与农村土地政策"项目、与德国环境部和德国国际合作机构共同执行的"低碳土地利用"项目以及"土地整治中的公众参与"项目。通过与前述国外组织合作，开展了卓有成效的交流与培训，为相关管理和技术人员构建了了解世界同行的一座桥梁，为提升个人能力素质和推进事业发展搭建了平台。

三、开始反哺世界的中国经验

2016 年 5 月 14 日至 15 日，原国土资源部专家组在广东省清远市调研期间，对清远市土地整合与美丽乡村建设经验给予了高度评价。调研组成员之一的德国专家迈克尔·克劳斯博士，对清远市虽然名为土地整合但实为农村土地整治的成功做法"点赞"。克劳斯博士表示，经过两天走访，他感觉清远市土地整合与美丽乡村建设工作到位，尤值一提的是，清远市目前的土地整合是以村民自发行动为主，政府只是给予适当扶持。他建议，清远市下一步可在充分了解民意基础上，结合各职能部门形成整体规划，加强项目统筹配套，并建议清远市组织考察团到德国学习或者邀请德国专家到此进一步指导。作为汉斯基金会中国项目常驻代表，迈克尔·克劳斯博士的关注和点赞，一定程度上表明清远市土地整合在不失农村土地整治本源的同时，加入中国特色元素后成为"中国经验"。近年来，随着农村土地整治的广泛开展，特别是一些地方在探索尝试中真正考虑农村土地整治本源并与中国特色的结合，创造了越来越多的"中国经验"并受到国外关注。

（一）上海市郊野公园建设

作为拥有近2400万常住人口的国际大都市，上海市在城市功能不断提升的同时，面临着土地资源紧约束和生态游憩空间缺乏等压力。2012年5月上海市第十次党代会提出建设生态宜居城市后，结合地域特征、城市特点和行业特色，围绕"系统化、精细化、功能化"，推动"绿地、林地、湿地"融合发展。郊野公园建设产生于这一背景之下，并且成为落实生态文明战略、全面提升城镇化质量、实现"创新驱动、转型发展"总体要求的关键举措。根据有关规划，上海市将先后建设20多个郊野公园，第一批启动的有闵行区浦江郊野公园、嘉定区嘉北郊野公园、青浦区青西郊野公园、松江区松南郊野公园、长兴岛郊野公园5家，后来又增加了广富林郊野公园、金山区廊下郊野公园。7个郊野公园合计占地126.8平方公里，总投资近40亿元。

以嘉北郊野公园为例，该公园位于上海市嘉定新城主城区西北部，涉及菊园新区、外冈镇、嘉定工业区3个镇9个行政村，总面积约2.1万亩。一期土地整治范围1.395万亩，投入资金2.56亿元。该公园定位为"近郊休闲型"郊野公园，整体风貌"南田北林"，追求一种回归自然、朴素宁静，又见一缕炊烟的乡村田园风景。具体推进中，该郊野公园规划统筹相关专业规划，明确近期各专业建设任务；从概念规划到单元规划再到工程规划，都要求高标准规划，结合今后发展，重点考虑生态景观规划等内容；政策设计上采用引逼结合，所有低效建设用地全部减量，以减定增；市级层面由分管副市长亲自挂帅，定期召开联席会议，区级层面成立嘉北郊野公园建设指挥部，明确区委书记担任组长，副书记担任副组长，区级各主要职能部门为成员，该郊野公园还列入区委、区府重大项目；以土地整治为平台，积极聚合规土、农委、水务、发改委（经信委）、环保、体育、电力等部门的涉农政策。公园建设至今取得了显著成效，促进了现代农业发展，建设用地减量化目标基本实现，倒逼产业结构调整成果初显，促进了服务业发展，壮大了农村集体经济组织实力，并减轻了社会治理压力。

虽然从目前接触到的材料看，一些专家和人士曾经认为，上海市郊野公园建设可能存在郊野公园与周边乡土文化景观融合不充分、郊野公园生态涵养及周边环境关联方案有待完善、郊野公园一体化功能体系有待进一步构建、对郊野公园的配套用地缺乏有效协调和保障，以及郊野公园的营运管理机制有待完善等缺陷，但经过近几年发展后，学界和政府基本在郊野公园建设的重要意义上达成一致，如注重生态优先和郊区功能发展，推进了城乡发展战略转变；坚持以人为本和聚焦都市游憩需求，塑造了上海特色郊野活动空间；注意增绿添彩和稳定城市增长边界，优化了城市总体空间结构布局；整合资源并发挥综合效应，加快实现了城乡土地使用方式转变。上海市郊野公园建设一定程度上已经成为当前中国农村土地整治的"顶级状态"，多次在国际研讨会上进行交流讨论并受到国外专家的关注和赞赏，成为中国农村土地整治的一张"名片"。

（二）湖南省长沙县金井镇涧山村耕地生态保护型土地整治项目

该项目位于湖南省长沙市长沙县金井镇涧山村境内，建设规模 277.34 公顷，项目总投资 1418.40 万元，涉及涧山村 26 个村民小组。2013 年 6 月 13 日长沙县国土资源局发出项目施工单位征集公告，提出高水平、高起点、高质量建设生态保护型土地整治项目，将该村打造成湖南省"生态名片"。2013 年 11月，该项目正式开工建设，在传统农村土地整治项目基础上，新增了表土剥离与回填、生态沟渠、生态田间道路、生态净化系统、生态景观等内容，项目整治重点为金井河及沿线通视条件好、集中连片的区域，打造旱涝保收、生态优质的高标准农田，突破了农村土地整治以增加耕地数量为主的老模式，把生态文明建设放在首位，实现"数量管控、质量管理、生态管护"三位一体模式，成为湖南省乃至中国首个以生态保护型为特色的农村土地整治项目。2014 年 8月，该项目全面竣工。

项目建设中，多次召开生态项目宣讲会和生态技术培训会，使村民及参与人员充分了解生态理念和保证项目实施质量；认真开展农田生态环境现状和生物多样性调查和分析，为项目生态保护提供基础数据；深入研究生态工程技术，设计公司通过大量试验研究出小型沟渠生态衬砌、生态池、生物通道、生物栖息地、农田渍水净化系统、泥结石路面、精细化土地平整等一系列生态工程技术；进行包括生态沟渠设计、规划农田渍水净化系统、泥结石田间道路设计、合兴溪沿线生态走廊设计、规划四处生态宣传平台、规划生物逃生网络系统等在内的全覆盖生态化设计；施工单位严格按照设计进行施工，设计公司组织研究人员对土地整治项目标准化施工工艺流程进行整理汇编；强化生态项目监管，确保了项目设计、实施的进度和质量。通过项目实施，优化了土地结构，改善了农民生产生活条件，提高了耕地质量和产出率，美化了乡村，同时找到了农村土地整治项目与生态环境保护之间的平衡点，保护了生物多样性，维护了农田生态系统平衡，降低了碳排放和能源消耗，达到了经济、生态、社会效益的有机统一。该项目的成功实施，为湖南省构建了生态型土地整治项目新模式，仅2015年和2016年长沙市国土局就在长沙县、望城区、浏阳市、宁乡县安排14个项目进行生态型整治并已全部完成实施。来自德国国际合作机构的自然资源管理专家安迪多次来金井镇考察项目进度，对项目中采用的沟渠构造大为赞赏。该项目也多次在国际研讨会上作为中国农村土地整治的经验进行交流，引起国外诸多专家的浓厚兴趣。

2017年10月10—17日，原国土资源部土地整治中心邀请6位来自比利时、德国、荷兰、日本、澳大利亚的土地整治领域专家学者，赴四川、上海调研了高标准农田建设、村庄综合整治、郊野公园建设等土地整治项目，并进行了深入交流研讨。外国专家充分肯定了中国土地整治项目采取的诸多生态友好型措施，对这些地方在高标准农田建设中改善农田耕作条件、村庄革新改善农民居住条件等给予高度评价，并围绕生态型土地整治理念、规划设计、监测与评价、工程措施等提出建议，如充分发挥大自然自我修复功能，保护生物多样性，以便项目验收后持续发挥生态效益；建立健全生态影响评估机制和二氧化碳排放量化机制；注重公众参与，项目实施前全面评估当地社会经济情况，满足当地真实需求；对农村土地整治项目进行评价，在全国范围内推广示范项目等。

第二节　国际交流合作的案例分析

农村土地整治领域国际交流合作类型较多，最能体现交流合作成果的莫过于中外双方或多方选择一个或多个地区，将外方秉持的理念和国外通行的做法，结合中国实际进行实验。以汉斯基金会为例，20世纪80年代中后期以来，相继在中国有关部门支持下，选择山东省青州市南张楼村，以及江西省、重庆市等地区，将德国土地整理和村庄革新理念予以推行（德国"软实力"表现）。总的来看，德国的一些做法在中国取得了成功，但有些理念也可能存在"水土不服"现象。

一、南张楼村项目

在中外合作开展的实验项目中,山东省青州市南张楼村普遍被认为最成功。深入分析后可以发现,德国行之有效的先进理念在中国落地生根并非一片坦途,两者磨合的艰难也折射出双方推进农村土地整治意图和手段的反差。

(一)基本背景

南张楼村项目实施缘于德国巴伐利亚州"城乡等值化"试验成功以及德国希望在其他国家或地区复制这一经验。"二战"后,巴伐利亚州大量农业人口离开农村涌入城市,在农业凋敝、农村自然环境和基础设施恶化的同时,城市建设扩容太快,城乡差距拉大。鉴于此,德国开展了以"城乡等值化"为核心理念的"巴伐利亚试验",通过采取土地整理、村庄革新等方式改善农村设施,使农民享受和城里一样的生活待遇,实现"在农村生活并不代表可以降低生活质量""与城市生活不同类但等值"目的,将农民留在农村。经此实验,巴伐利亚州缩小了城乡差距,农村经济与城市经济平衡发展,而且保留了田园牧歌式乡村生活,吸引了大量国内外游客,自然环境优美还使得当地农产品大受欢迎。这一实验成功后逐渐成为德国农村发展的普遍模式,并从1990年起成为欧盟农村政策方向,改变了欧盟"为集中建设而放弃边远乡村地区、迁出农业人口"的规划。

20世纪80年代末,随着中国改革开放不断深入,出现大量农民涌入城市务工现象,德国希望把在本土成功运行40多年的农村发展模式运用到中国。1987年山东省和德国巴伐利亚州缔结友好省州关系,德方确立了一系列援建项目。1988年汉斯基金会选中山东省青州市南张楼村实施中德合作"土地整理和村庄革新"项目,签订了《中德土地整理与村庄发展》合作意向书,这是双方确定的合作项目中唯一一个农业项目,德方以传播先进理念以及培训人才为主、经济支援为辅。在该项目落户之前,南张楼村在青州市属于中等偏下农村。1988年以前,该村与周边的北张楼、张楼店等村并无差别,人多地少,农民除了农业再无其他收入;村内房屋破旧、道路泥泞。德方恰恰看中当时该村的一些天然劣势:一不靠城,二不靠海,三不靠大企业,四不靠交通要道,五没有矿产资源,六是人多地少。德国方面选择南张楼村,主要缘于该村更加符合他们心目中中国北方典型平原的农村形象。汉斯基金会希望在南张楼村能够成功复制巴伐利亚州"城乡等值化"试验，即通过土地整理，改善农村基础设施，提高农民生活质量，让农民无须涌向城市，留在家乡就可享受市民般生活。

（二）主要做法

"巴伐利亚试验"的主要做法包括：制定村镇整体发展规划，调整地块分布，改善农田基础设施等；调整农村产业结构，推广机械化作业，组建合作社，发展生态农业；保护乡村传统文化，整修传统民居、建立博物馆等；加强教育培训，推行"双元制"教学，让孩子从小既学文化也学实用技术。与此同时，文娱活动被视为与吃饭穿衣一样重要，村庄里各种娱乐设施齐全。在选定南张楼村作为项目区后，德国方面并未像当地政府和村民所期盼的那样"多给钱"，最初15年间，汉斯基金会投入约450万元人民币、人均投入1125元（村里投入资金远多于450万元），用于改造环境、改善生产条件、完善基础设施和发展教育事业等（1996年麦收之前遭到雹灾，汉斯基金会给了10万元人民币，但更多是慈善行为而非合作项目本身），汉斯基金会的450万元起到了很好的引导作用。

1990年实施的南张楼村土地整理与村庄革新项目主要做了这些事：一是开展土地整理。国土资源部门、当地政府与德国专家召集村民反复论证、多方征求意见后，制定"南张楼村整体发展"规划，将全村分成南部工业区、东部大田区、北部文教卫生区和中部生活区等四大功能片区。在此基础上分步实施规划，如调整地块分布，对全村耕地重新划分、挖高填洼、整平地面，统一埋设界桩，而且1990年德国专家制订田地合并方案并在当年秋收结束后开始田块调整，将每户分散地块调整为一块地；改善农田水利设施，新打机井187眼，平均每100亩打3~4眼机井，埋设节水管线44万米、地下输电线路5万米；绿化、硬化田间道路20公里，盘活利用村内闲置废弃地等。二是调整产业结构。结合南张楼村地处平原、冷暖分明、土地肥沃等特点，引导村民调整产业结构；发展高产高效优质农业，发展反季节蔬菜种植；引导村民科学种田，先后增添大型联合收割机、播种机等农业机械，推广机械化作业，并新建奶牛场一处，现已发展到近百头奶牛，利用秸秆过腹还田。三是改善生活条件。根据村庄规划，利用废弃地建成文化广场和休闲公园；改善村民居住条件，全村75%旧房屋改造为具有洗浴、会客、卧室等布局合理、功能齐全、居住舒适的新房；成立专业卫生队，按时清理村内垃圾，净化村内环境；改造村内古河道，植树种草等。四是发展素质教育。德国方面在村里中小学推行"双元制"教学，投资 20 多万元为小学建起金工室、木工室，每周两节课让小学生学习简单木工、金工等技艺，培养孩子动手技能。五是丰富文化生活。文化功能区建有南张楼博物馆和文化中心，中心内建有装备了现代音响设备的大礼堂，礼堂内座位一户一个，每年 3 月在这里召开村民代表大会时按号入座。文化中心前有广场、雕塑，以及现代化体育设施。

（三）主要成效

中德合作项目实施以来，南张楼村逐步建成一个布局合理、功能齐全、生活舒适、农民安居乐业的新型农村。项目实施的主要成效为：一是提高了土地利用效率。实施土地整理前，南张楼村有可耕地 6308 亩，合计 257 块，每户平均 7 块以上，分布零散、面积狭小，既不便于管理又不便于机械化操作。实施土地整理后，全村田地改造成长 350 米宽 300 米的 54 块大方，统一南北方向耕作，一户一田，实现了全程机械化作业，减轻了劳动强度，提高了劳动生产率；将 1800 亩荒湾、废坑和河道、窑场整理成耕地，并用这部分土地指标发展工业园区和奶牛养殖小区，确保了原有耕地面积不减；实现塑料管道地下送水、地下供电，仅此改造提高土地利用率 10%。二是激活了农村内生动力。南张楼村将离村庄较近地块划为经济田，承包给有种菜经验的农民，做到粮田、经济田分离，为部分有种植技术农民提供了致富条件。此外，把通过土地整理出的非农用地建立农村企业，汉斯基金会帮助挑选项目，扶持发展农村中小企业，不仅解决了本村农民就业，还吸引了周边村庄及外地农民在此打工。工业发展带来的人口聚集，促进了第三产业发展，特别是近年来，随着知名度提高，诞生了一项新产业——旅游。依托"德国村"这一品牌打造的"省级旅游特色村"，每年吸引 100 多批游客来此参观旅游。三是改善了农村公共服务。建设至今，南张楼村有了社区服务中心、幼儿园、小学、医院，有了环卫队、垃圾中转站，还有文化活动中心、博物馆、健身广场、图书馆、阅览室等。城里人享有的公共服务，这里的村民几乎都能享受。四是提升了农田生态环境。南张楼村项目实施中，注意在农业生产中融入特色生态理念。东部大田区的田间路上，根据德方提议建设了长达 2 公里的生态路，路面大部分用水泥硬化，但道路中间部分却被掏空用来种草，能够看到路面下的泥土和小草，让田间路有保护生态作用，如蚯蚓等田间生物在穿过道路时，可以在路中间草丛中休息，以免被太阳晒死。

南张楼村，这个当年被德国专家选定的"不太穷也不太富"的小村庄，在经过 20 多年建设后，通过完善农业基础设施、改善生产生活条件、发展实体经济、开展职业教育等，激发了村庄活力。2014 年全村经济收入 8.2 亿元，人均纯收入 1.9 万元。虽然村庄性质和村民身份均未改变，但工作模式发生变化，农业生产成为副业，企业生产成为正式职业。而且，生活基础设施完全脱离了传统农村氛围，工作和生活在工业区、大田区、文教区、生活区等功能片区内，生活方式明显改善，并以文教中心、集贸中心辐射周边村庄，起到了明显的示范带动作用。较之项目实施前，南张楼村民仍是 4000 人左右，说明农村发展得好就能够留住农民，先天条件不好的村庄通过科学规划、土地整理、村庄革新也能留住农民。南张楼村"土地整理和村庄革新"项目的重要内容——"以城乡等值为目标，让农民享受与城里人一样的公共服务"，应该说得以部分实现。

（四）中外差别

在中德双方共同努力下，南张楼村项目总体上按照制定的规划实施，而且重视村庄社会发展与环境建设、城乡之间协调发展，以及把"土地整理"作为村庄发展最重要的工作来抓。但是，深入分析后发现，项目实施中，德国理念与中国实际的碰撞始终存在，而这个项目目前呈现在人们面前的正是双方在碰撞中相互妥协的结果。首先，表现在"土地整理"内涵界定上。德国的土地整理主要是将小块土地并成大块土地，便于机械化作业，而且通过土地整理保护自然景观和文物古迹，预留出公共建设用地以完善村庄革新中的公共设施，以把农村建成和城市具有同样吸引力的居住场所，着眼点在于农村发展，工作对象是人，土地被作为发展载体来看待；而中国的"土地整理"以及后来的"农村土地整治"，其本意接近于整合农业资源、维护土地生态平衡的建设工程，目的在于搞好农业基础配套设施，增加耕地面积，提高耕地质量，工作对象是地。其次，表现在前瞻性视野上。南张楼村开始村庄规划和功能分区时，多数村民并不认同，现在越来越多村民体会到功能分区的好处。当时德方规划中设有停车场，但因村民认为停车场费地而取消，现在随着村里汽车增多，村民这才意识到当初的短视。再次，表现在对传统文化传承和生态景观保护上。进行村庄革新时，中方主张盖成楼房，认为那是富裕的象征，但德方认为没有必要盲目模仿城市，更不应建造毫无中国传统的西式建筑，中国农村应有自己的特点，坚持北京四合院式平房，并且因为村里医院没有按规划做成坡顶和在外表贴了瓷砖而拒绝资助医疗设备。德方坚持不能随意砍树，村里很多树木都被保留下来，社区服务中心西边一棵30多年杨树在道路中间也未砍伐，村里还根据德国专家意见建起全国第一家农村民俗博物馆，将收集到的村民老旧生活用具和农具陈列在这里，村里人也后悔当初没有将原有的大树、古庙、铁胡同等保留下来。最后，表现在推进方式和行事风格上。汉斯基金会坚持在土地整理和村庄革新中要有村民参与，一些重大事项要与村民讨论并表决，这些年来村民参与热情逐步提高，但距离德方的希望和预期仍有差距；村民对德国人的严谨和精细很佩服，但一直未能完全学会。即使在双方达成共识的选派年轻人出国问题上，汉斯基金会考虑的是送村里年轻人出去学习后回来建设农村，但村里人想得更多的是出国赚钱。

截至目前，中德双方一致认为，南张楼村部分实现了最初预设的目标。南张楼村的确比周边村庄富裕，离开村子进城打工现象较少，而且每年吸引几百外乡人来此打工，实现了把村民留在农村，但并非仅仅通过土地整理等改善农业生产条件和改善农村整体环境来实现的，而其最大的吸引力来自该村大力兴办的非农产业，这一点恰恰有违"巴伐利亚试验"的初衷。德国人心目中的农村生活，是宁静温和、安守乡土、自给自足的"田园牧歌"式新型农村，他们只投资教育、土地整理和基础设施建设等，从未投资前述非农产业，村里多数工厂都是出国打工挣钱村民返村后投资建立，几乎没有农民选择把钱投在地里，这让德国人很无奈和不解。可以肯定的是，现在的南张楼村并非德国专家理想中的中国新农村范本，但也明显有别于中国农村大批农民进城打工的常态，因而是德国经验与中国现实互相作用又互相妥协的一个结合体。但在此过程中，德国专家一直秉持着"试验在很多国家都没有取得预期的效果，希望在中国得到满意的结果"的信念。

二、其他相关项目

除了南张楼村项目实施年限较长并且取得一定国际影响外，汉斯基金会近年还先后在中国其他省份选择特定地区作为项目区继续进行相关实验。

（一）重庆梓潼村项目

自2005年12月起，汉斯基金会、原国土资源部土地整理中心、重庆市有关方面经多次调研，初步确定长寿区八颗街道（原八颗镇）梓潼村为中德合作示范项目点，2007年原国土资源部与汉斯基金会签订协议时明确为双方合作项目。该项目远非单纯意义的土地整理，而是涉及农村建设、产业发展、农民增收等农村重大现实问题的系统工程。项目所在地梓潼村面积 433.63 公顷，其中耕地 282 公顷，建设用地 47 公顷；村民 1600 户，农业人口 4100 人，劳动力 1910 人，外出务工人数占 70% 以上。项目实施前，梓潼村产业结构主要为传统种植业（水稻、玉米）和生猪养殖，农产品以自给自足为主，农民增收主要靠外出劳务收入。该项目旨在借鉴德国土地整理与村庄革新的成功模式和先进理念，将"综合整治土地、改善生态环境、发展高效农业、发动公众参与、实现城乡等值"的德国农村发展理念与梓潼村的自然资源、人口结构、经济文化紧密结合，坚持生态环保、绿色发展原则，实现德国经验的中国化、梓潼化。

项目实施中采取的主要做法有：一是坚持规划先行，加强顶层设计。针对项目建设需要，项目实施前经多方论证，完成顶层设计，编制了《梓潼项目实施纲要》《梓潼项目产业发展规划》《梓潼村规划》《梓潼项目土地整理规划》等"一纲要三规划"，明确了项目的主题定位、基本原则、主要任务和保障措施。二是借鉴德国经验，加强生态整治。结合土地平整工程进行生态型土壤改良，选用生态环保材料进行施工，注意统筹农田防护与生物多样性保护。三是注重产业引导，发挥工程效益。投入资金近 4000 万元，新建村级道路 15 公里，种植生态防护林 7900 米，修建蓄水池 23 座，整修和新修提灌站 9 座、亲水平台 10 座，实现山水林田湖综合整治，为农业规模化经营和生态景观化建设创造条件；引进农业龙头企业流转土地，发展规模化种植业、生态效益农业；推动项目区产业结构从"粮食 + 生猪"模式向"规模化、产业化"特色生态效益农业和乡村旅游相融合模式转变。四是强调以人为本，尊重民情民意。尊重群众意愿，发挥村集体和农民群众主体作用，设计方案和权属调整方案征询群众意见；群众投工投劳参与项目建设，对可由群众承担的工程，优先安排给村集体和群众建设，尽可能增加当地群众劳务所得。五是开展村庄建设，推进社区重建。按照"大分散、小集中""以村庄改造为主，适当建新为辅"思路，形成农民新村"一心（村民活动中心）多点（新房子居民点、饮马凼居民点及黑巷子居民点）"规划布局，实现"六通"（通道路、供电、给水、排水、广播电视和通信）和"六有"（有一个小广场、一个便民商业网点、一个医务室、一个垃圾运收站、一个农家书屋、一个幼儿园）改造。

2015 年 3 月，原国土资源部土地整治中心和汉斯基金会有关专家，对该项目进行了评估调研，评估报告认为，项目"一纲要三规划"借鉴了德国土地整理与农村发展先进经验,结合了当地农业、农村和农民实际,具有可行性和指导性;项目建设取得阶段性成效,土地整理一期工程已经完成,二期工程即将开工;通过市场机制引进社会资本,组建了农业龙头企业,引导农村土地流转,发展规模化的种植业和农产品加工业,建立了"公司+农户"利益机制,村庄革新和农村环境综合整治有序推进,项目建设理念逐步呈现。同时建议,村庄革新要注重新建与改造相结合,不能大拆大建,保留部分具有传统风貌特色的居民点;采取综合配套措施加快扶持产业发展,从涉农惠农项目安排、农村土地制度改革等方面支持龙头企业发展,做好农业龙头企业经营风险防范;充分调动村民"共建共享"积极性和创造性,充分发挥村民自治作用,加强对村民劳动技能培训,支持龙头企业与村民建立股份合作与劳动合作关系等。2016年6月,汉斯基金会有关专家考察调研项目实施情况时认为,经过近几年推进,项目围绕"城乡生活等值化"理念,规划的土地整理目标、产业发展目标、生态目标和民主参与目标逐步实现,项目建设成效开始凸显,表现为:一是注重基础设施建设配套。三纵四横环村骨干道路、网状连接田块和院落支路及灌排设施等与生产、生活很好衔接。二是注重多样化生产模式发展。依托农业企业带动合作社和自营模式发展,产业种植方向市场适应性强。三是注重生态、民俗文化理念建设。始终把生态环境建设和民俗文化挖掘提升贯穿于生活、生产中,提升了农民生态意识和农村经济社会发展软实力。四是注重部门联动、合力推进。项目整合交通、水利等其他部门及社会投资共建,注重基层民主政治发展和基层治理,建立了农民广泛参与的民主管理机制,实行"民事民议,民权民定",调动了村民"共建共享"的积极性创造性。

(二)江西三百山项目

2013年3月,原江西省国土资源厅与汉斯基金会明确合作意向,拟选定安远县三百山镇虎岗、符山、嘴下等三个村作为中德合作土地整治与农村发展项目点。2013年11月,原江西省国土资源厅与汉斯基金会签订合作协议。根据协议,双方将在五方面开展合作,其中包括在江西省赣州市安远县建立一个以优化土地利用格局、实现环境保护和景观保护为目的的农村发展示范项目。该项目位于安远县三百山镇,涉及虎岗、符山、嘴下等3个行政村,预算1.98亿元,建设年限近期为2013—2015年,展望到2020年,建设内容为土地规划整理、灌溉渠系建设、观光(精品)果园建设、珍贵林木培植、村庄建设、旅游配套设施建设等;项目资金主要来源于土地整理项目上级资金、农田水利建设资金及县财政配套等资金。2014 年 5 月，中德合作三百山土地整治与农村发展项目进入规划编制阶段；5 月 18 日至 31 日，汉斯基金会常驻中国项目代表迈克尔·克劳斯和农村发展项目专家彼得汉斯·斯姆克先生在江西省安远县就该项目开展了为期 15 天的考察调研，调研组对项目区现状、发展条件和发展方向进行了深入的分析、探讨，为项目开发方案的确立提供了基础资料。调研期间，他们虽然语言不通，但照样走村入户，细心询问各种需求，有记录的访谈 133 次，共有 545 人参加，占项目区总人口的 9%，通过访谈详细了解了当地生态、经济、社会、文化、历史等多方面信息。在德国专家看来，土地整治的目的，是让当地老百姓受益，而只有当地老百姓最了解做规划所必需的各种信息。2014 年以来，德方专家几乎每年都去该项目点了解进展、指导建设，但迄今尚无有关项目建成及发挥效用的宣传报道，而根据规划，早在 2015 年就应结束项目主体建设。

（三）四川南充市项目

2016 年，原四川省国土资源厅与汉斯基金会商定在四川省南充市西充县、仪陇县实施"川德合作土地综合整治与农村发展示范区建设"项目。该项目将借鉴德国的理念和技术，结合产村融合、城乡统筹、精准扶贫等，实施土地综合整治与农村发展示范区建设。根据协议安排，双方将在地方政府主导下，在两个示范区启动高标准农田建设和城乡建设用地增减挂钩试点等项目，通过项目实施，重组乡村空间地理结构，形成不同功能分区，项目实施中还将与乡土文化修复、生态廊道建设、农业景观打造、村民自治管理建设等结合，打造产村相融的新农村。而根据中方特别是当地政府的考虑，除项目外，两县还将依托示范区建设，开展农村土地征收、集体经营性建设用地入市、宅基地制度"三块地"改革试点，探索宅基地有偿使用制度和自愿有偿退出机制，探索农民住房财产权抵押、担保、转让的有效途径；通过松绑土地制度，为土地综合整治添动力；逐步探索出符合省情的土地整治和美丽新村建设的政策方针、标准规范、管理机制……项目总体规划拟于 2017 年年底前编制完成，2018 年 6 月前完成相关专题规划编制，确保示范区建设落实到位。2017 年 7 月，原国土资源部、汉斯基金会、原四川省国土资源厅、南充市国土资源局等部门负责人和专家到西充县进行实地考察调研。中德双方两年多来围绕合作内容、选址、办事机构等各个环节进行反复磋商后，最终拿出确定的方案，虽然从签署意向性协议到进入规划编制阶段，已经过去两年多时间，中方觉得有点慢，但德方仍然觉得太快。

前述三个案例，除了重庆梓潼村项目近年宣传报道较多外，江西三百山项目和四川南充市项目均报道较少，究其缘由，后者尚在规划编制阶段因而相关成效尚未凸显，前者历时已久但建设不顺、成效不显或为真因。根据相关渠道反馈的信息，江西三百山项目建设过程中中德双方在工作理念、推进方式等方面的碰撞经常发生，中国人惯有的"一万年太久，只争朝夕"短期政绩思维和德方"效益恒长久"土地整理信仰难以在这个项目点有效对接，中方一贯坚持的政府强力主导和德方持续倡导的农民积极参与也在实践中难以有效弥合，另外可能还存在中方"毕其功于一役"的好大喜功与德方较为单一的项目建设目标存在鸿沟的现象。客观而言，这些现象在所有中外合作项目区都存在，只是程度轻重不同，而这往往不是仅以诸如中外国情不同、发展阶段有异、工作基础薄弱等理由就能轻易搪塞。农村土地整治国际交流合作中国需要学习的东西尚多！

第三节　当前国际交流合作的重点

2017年十九大报告提出坚定实施"乡村振兴战略"，这是继2005年十六届五中全会部署新农村建设、2013年中央"一号文件"提出建设美丽乡村后，中国审时度势做出事关"三农"问题解决大计的又一重大安排。农村土地整治要围绕"产业兴旺、生态宜居、乡风文明、治理有效、生活富裕"的总要求，拓展平台打造抓手，配套完善制度体系，改革创新实施方式，用活用好政策，加快弥补乡村在产业发展、生态保护、社区治理和生活水平等方面存在的不足，推动形成城乡融合发展新格局，更好满足广大农民美好生活的需要。

作为德国著名土地整理和农村发展问题专家、慕尼黑工业大学终身荣誉教授，霍尔格·马格尔教授一直在关注和跟踪中国土地整治和农村发展，而且给予了不少帮助。霍尔格·马格尔教授指出，德国土地整理在法律制度体系发展与完善过程中，整理的目标不断扩大，生态环保、村庄文化等内容先后被纳入，促进农村综合发展逐渐成为根本目的。这是一个经实践探索并已被实践证明不断进步的过程，在这一过程中，德国土地整理的理念不断更新、方法更趋科学、综合效应更加明显。德国土地整理实践的曲折发展历程，并不意味着其他国家要不加分析地复制照搬，恰恰相反，德国已用实践摸索出了一条科学、合理、和谐发展的路子，为国外提供了一条避免步入误区的捷径。中国农村土地整治要把如何助推乡村振兴作为当前和今后一段时间国际交流合作重点，充分吸收包括德国在内其他国家的有益经验，力争少走弯路、少犯错误。另外，在积极引进外国经验的同时，还应适时携中国经验走出去，以实际行动响应和推动人类命运共同体的构建。

一、如何夯实乡村振兴的产业用地基础

"二战"后，德国城乡差距不断扩大，大量农村人口涌入城市，城市饱和、乡镇凋敝问题日益严重。20世纪50年代汉斯基金会在巴伐利亚州倡导的"城乡等值化"试验取得成功并推广后，逐渐形成城乡统筹、分布合理、均衡发展的独特模式。美国著名城市学家刘易斯·芒福德指出，"城与乡承载着同等重要的价值并需要有机结合在一起，在这方面，德国是成功的。"德国欧中经济技术交流促进会会长杨佩昌也在谈及德国城乡发展时盛赞："德国的城市是农村，农村就是城市。"1955年德国政府制定的《农业法》，允许土地自由买卖和出租，使得原本规模很小、经营分散小农场转变为150~300亩或更大规模农场；20世纪50年代中期，德国政府实行《土地整理法》，调整零星小块土地，使之集中连片，政府还利用信贷、补贴等经济手段鼓励小地块所有者出租或售卖土地，以促进土地自由流动，扩大集中规模。德国农场规模由1949年平均每个农场120亩扩大到2005年的450亩，农场数量则从1949年的165万个减少到50万个，农业劳动生产率大幅提高。值得注意的是，德国村镇在农业用地结构上，根据资源禀赋特点和持续发展要求，突出发展生态农业，形成以畜牧养殖业和葡萄、小麦、大麦、玉米、牧草等种植业为特征的高度国际化高效农业产业结构，并在升级第一产业的同时有序推进第二、第三产业发展。目前，巴伐利亚州70%以上乡镇均有工业企业，旅游、餐饮、娱乐、教育、信息等服务业遍地开花，截至2005年，第三产业占当地生产总值比例高达68%，就业人口占比60%。村镇富裕了，城乡差距自然缩小。德国经验正好验证了刘易斯·芒福德那句话，"通过土地整理、产业升级等方式，实现农村与城市生活的等值，才是缩小城乡分化最有效的途径之一。"

霍尔格·马格尔教授认为，山东省青州市南张楼村是德国在中国进行近30年试点后取得的一个成功样本。1988年，霍尔格·马格尔教授作为德方派来的专家，带着团队按照"套娃理论"与"洋葱头理论"，以"城乡等值化"发展为目标，指导南张楼村制定土地整理和村庄革新规划，把全村近10平方公里的土地规划并建设成为农业区、工业区、生活区和文教卫生区，生产发展

与生活富裕的同时，村里的传统民俗文化和原始生态环境得到保护与管理。从这层意义上讲，霍尔格·马格尔教授认为的农村发展关键在于对土地进行综合性管理，主要手段包括土地权利、土地流转、土地整理和村庄更新等观点在南张楼村得到了验证。十九大强调的建立健全城乡融合发展体制机制和政策体系，较之于"城乡等值化"更加内涵丰富。结合中国农村实际，乡村振兴需要兴旺发达的产业支撑，这就要求，一方面，在确保粮食和其他重要农产品安全的前提下提升农业现代化水平；另一方面，瞄准建立现代农业产业体系推进农业与第二、第三产业融合。农村土地整治应该着重考虑如何服从服务于新时代农业供给侧结构性改革需要，在优化乡村土地利用结构布局进而夯实乡村产业发展用地基础方面发挥平台作用，保障乡村产业发展用地，巩固农业基础地位，提升农业产业链、价值链，激发乡村内生发展动力。

作为巩固粮食安全耕地资源基础的重要手段，农村土地整治要落实"藏粮于地"要求，因地制宜采取整理、复垦、开发等方式，调整优化耕地布局，统筹补充耕地数量，保护提升耕地质量，确保最严格的耕地保护制度落到实处。与此同时，围绕十九大提出的"保持土地承包关系稳定并长久不变"以及明确的"第二轮土地承包到期后再延长三十年"，农村土地整治要瞄准解决导致农业生产效率损失和适度规模经营不便的耕地细碎化问题，扎实开展土地权属调整，在此基础上配套建设农业基础设施，提高农业生产的土地产出率、资源利用率、劳动生产率和科技贡献率，巩固和完善农村基本经营制度。与此同时，党的十九大提出的"促进农村一二三产业融合发展"，一方面希望通过构建现代农业产业体系，提高农业产业竞争力，拓展传统农业的功能边界；另一方面旨在通过做强第一产业、做优第二产业、做活第三产业，延伸产业链、提高附加值，实现从传统农业的平面规模扩张转向现代农业的立体效益提升。这就要求，紧抓农业产业转型升级的战略机遇，以农村土地整治为平台，优化建设用地格局、推进存量用地挖潜，加大空心村治理，提升低效用地利用效率，特别是要借鉴农村"三块地"改革试点经验，结合所在地区的资源禀赋特点，盘活集体经营性建设用地和闲置宅基地，为创建现代农业园区、扶持传统特色产业，以及培育新产业新业态等提供用地保障和承载空间，开发农业多种功能，实现产业融合、优势互补，提升农业农村经济活力与竞争力。

二、如何筑牢乡村振兴的生态人文根基

德国土地整理最初以提高农业生产力、保障粮食安全为主要目标，特别是

"二战"后，因为粮食出现大量短缺，政府通过土地整理扩大耕地面积、改善耕作条件满足粮食生产需求。但是，单一农业生产目的的土地整理对生态环境带来极大破坏。为此，德国对《土地整理法》进行多次修订，土地整理目标从单一关注农业生产逐渐向更宽广范畴延伸，特别是强化了生态环境保护内容。当前德国土地整理十分重视对人文景观和生态环境的保护，尽可能减少对自然环境的改变和对人文景观的破坏。土地整理任务之一的"促进土地文化"，就是通过土地整理传承和保护当地土地利用传统和习惯，使凝结在土地及其利用形式上有关历史和风俗的特征持续存留。德国土地整理重视保护生态环境表现为遵循生态占补平衡原则，开展土地整理需要进行生态环境影响评价，首先规避项目区内自然景观，尽量不去破坏和改变，一些自然保护区严禁开发；如果实在无法绕开，必须做到生态占补平衡，即占用森林、绿地、耕地、河道等造成的生态损耗需要进行补偿，实现与原来同样的生态效应，保持生态功能持续稳定；针对土地整理中因维护和保持良好生态用地而付出经济代价的行为主体要适当补偿。德国土地整理中还注意做到精细生态化设计和实施，如农田多为整齐但并非统一造型的田块，多有灌木丛或小河流贯穿其中；把曾经修建得笔直的河道改回蜿蜒曲折的自然状态，不仅有利于美化自然景观，同时有助于把洪水蓄留当地；对于车辆较少的乡间道路，在夯实的地基上铺以砂石路面，既可以降低成本，也可达到集蓄雨水效果。正因如此，近年来尽管人口负增长使德国经济社会发展受到制约，但农村人口并未大量流失到城市，这一方面得益于"城乡等值化"理念引导下乡村创造的优质生产生活条件，另一方面土地整理和村庄革新让乡村的地方特色、自然环境、传统历史文化等尽可能保持原有风貌，人与家乡情感纽带被保留了下来。

　　长期以来，中国多数乡村地区发展滞后，生产生活条件与城市差距较大，农村生态环境总体上处于恶化状态。随着经济社会发展，特别是进入 21 世纪以来，新农村建设、美丽乡村建设等重大工程相继实施，更多农民住上了安全、舒适的住房，但与此同时，千村一面的问题开始出现，农村建设对城市的拙劣模仿已非个别现象，乡村之美在一些地方濒于消失。村民在上楼与被上楼过程中，感受到传统村居功能丧失带来的不便，一些具有保护价值、不可复制的传统古村落被破坏更是造成无法挽回的损失。有鉴于此，十九大对乡村振兴界定中包含的"生态宜居"要素，意味着乡村振兴需要根植于良好的生态环境和深厚的文化底蕴，要求在保护和治理乡村生态环境的同时，保留和传承乡村传统文化。农村土地整治要积极践行"绿水青山就是金山银山"的理念和弘扬中华优秀传统文化，在整治前、中、后都要注重保护自然环境和修复受损生态，注意保留当地传统农耕文化和民俗文化特色，积极营造不同于城镇的自然景观和人文氛围，使乡村振兴的内涵更加丰富、功能更加多元，促进形成自然与人文和谐统一的可持续发展乡村。

农村土地整治要围绕"望得见山，看得见水，记得住乡愁"和"还自然以宁静、和谐、美丽"的要求，将绿色、生态理念贯穿从规划、设计到施工、验收、管护的全部流程和环节，打造与城市有别的田园风光。农用地整理要因地制宜加强农田生态防护和建设，耕地资源丰富地区大规模建设高标准农田，优化农田生态系统，发挥农田的基础生态作用；土地生态环境脆弱地区大力加强国土综合整治，提高生态系统自我修复能力，增强生态系统稳定性。农村建设用地整理要坚持"慎砍树、不填湖、少拆房"，依托当地的山水脉络、气象条件，整治利用村庄存量用地，减少对自然的干扰和破坏；尽量使用当地材料和工艺，利用闲置土地、现有建筑及设施等，合理保护与修复自然景观。习近平总书记曾经指出"博大精深的中华优秀传统文化是我们在世界文化激荡中站稳脚跟的根基"，十九大要求推动中华优秀传统文化创造性转化、创新性发展。作为中国传统文化的主要载体，农村土地及其利用形式蕴含着丰富的历史文化内涵，农村土地整治必须加强乡村传统文化保护，在乡村地区促进形成传统文化与现代文明包容并存的和谐局面。实施农村建设用地整理要注意分析土地整治项目对传统文化的影响，旧村改造和新居建设不应全盘否定农村传统因素，而要尊重农村特色，尽可能保留传统农耕文化和民风民俗中的积极元素，全面保护文物古迹、历史建筑、传统民居等传统建筑，重点修复传统建筑集中连片区，建设与城镇同样便利但风貌各异的现代农村；尽可能在原有村庄形态上改善居民生活条件，保持建筑、村落以及周边环境的整体空间形态和内在关系，保护传统村落在各个时期的历史记忆。

三、如何提升乡村振兴的社会治理能力

霍尔格·马格尔教授认为，无论哪个国家或地区，都需要建立一个良好的保障公众参与的政府管理机制，要在维持一个合理的、自上而下的施政方式的同时，采取有效措施自下而上地征求并吸纳民众的意见和建议。德国特别重视土地整理中的公众参与，认为公众积极参与和广泛支持是土地整理目标实现的关键。德国《土地整理法》明确规定公众参与的组织设置、参与规模、参与形式、参与程序，要求项目立项、土地估价、权属调整、规划方案等都要向社

会公告或公示，及时征求参加者和相关部门意见。在巴伐利亚州，土地整理项目实施前，农村发展局就要通过学校对村民进行培训，征询他们的意愿，增加他们的兴趣。另外，作为实行土地私有制的国家，德国土地整理中最复杂也是最直接影响参加者利益的工作是地产重新分配，因此特别重视土地整理中权属管理。翔实的地籍资料使加强土地整理权属管理成为可能，德国境内每一宗地的土地类型、利用类型、质量状况、地上建筑物状况、权属状况、抵押情况和空间属性等信息都在地籍簿上有详细记录；科学的土地估价是土地整理参加者获得等价土地补偿的根本前提，其中，农用土地按照一般耕种经营方式获得的土地收益进行估价，建设用地和农用设施估价则以其市场价值为基础；经过土地整理形成新的权属关系后要及时变更登记。在德国，一个土地整理项目可能历时12~15年，其中，调整和明确产权归属及他项权利是贯穿始终的关键工作。正是因为鼓励公众参与，而且注重土地权属调整，一方面，政府官员需要充实和发展自己的管理才能，特别是要谋求更易为民众接受的综合性管理手段与方法（如建立对话机制等），从而有利于解决政府与民众间的冲突；另一方面，广大民众也从实际参与中提升了参政议政的意愿和能力，推动土地整理治理向着有序化、高效化发展。

长期以来，中国一直实行"大政府、小社会"的社会治理模式，政府对社会事务大包大揽，往往管不过来、也管不好。反映在农村土地整治上，就是因为政府过度主导，缺少公众参与，特别是不注意发挥农民的主体作用，一些地方政府好心办坏事的情况经常发生，部分群众颇有怨言。对此，有专家认为，中国农村文明程度、现代化程度低，农村人口受教育程度不高，在社会事务决策中难以发挥作用。但是，前述南张楼村项目很好地证明了这是个谬论。该项目广泛吸收和征求全村群众意愿，甚至不认字的妇女也在德国专家鼓励下提出自己对家乡发展的愿景，为这个项目顺利实施夯实了民众基础。按照十九大要求，乡村振兴要以乡村治理体系健全和治理能力提升为前提，这对新时代创新和完善乡村治理机制提出了迫切需求。农村土地整治本身兼具工程建设和社会治理双重属性，但之前过于偏重工程建设的做法导致其社会治理属性难显。鉴于此，农村土地整治要围绕提高乡村治理体系和治理能力现代化要求，创新组织实施方式，发挥农民主体作用，壮大农村集体组织，促进农民思想观念变化和农村基层民主政治建设，推动构建符合国情、规范有序、充满活力的乡村治理机制。

随着农村土地整治资金来源渠道的拓展，特别是新时代"坚持以人民为中心"基本方略的提出，需要真正树立农民的主体地位，通过宣传教育培训、完善法律制度、畅通参与渠道、搭建参与平台等，改变农民思想观念，激发农民参与热情，引导和鼓励农民全程参与农村土地整治，促进广大农民在积极参与中实现自我管理、自我服务、自我教育和自我监督，一方面确保农村土地整治项目实施真正做到农民愿意、农民参与、农民受益、农民满意，另一方面为营造乡村良治格局夯实群众基础。乡村治理好坏的关键在于农村基层基础工作是否扎实，党的十九大也提出"加强农村基层基础工作，健全自治、法治、德治相结合的乡村治理体系"。为此，农村土地整治要加快创新组织实施方式，推动乡镇服务型政府建设，促进农村集体经济组织发展壮大，助力村级党组织领导的村民自治有效实现形式探索取得实效。实际操作中，可按照"乡镇主导—村级实施—农民主体—部门指导"模式推进，引导和鼓励乡镇政府发动村集体根据改善农村生产生活生态条件的实际需要申报项目，村集体组织农民在自治框架内通过自愿协商方式开展土地权属调整整合细碎化地权，自主参与并承担农业基础设施配套等工程建设的主体内容，一方面，确保实现国家资源自上而下输入与农村发展实际需求有效对接；另一方面，以国家资源输入为契机提升农村基层组织公共服务能力，促进农村基层组织在为群众办实事、办好事中引导群众、赢得群众，巩固基层组织建设。

四、如何拓展乡村振兴的农民增收渠道

在德国，土地整理项目经费来自欧盟、联邦和州提供的财政资金，以及相关土地权利人支付的费用，但各乡镇土地整理项目的资金构成情况不一，比较富裕的乡镇实施土地整理项目，获得的财政资金最低只占全部费用的 20%；而边远地区和山区的较穷乡镇实施土地整理最多可以得到占全部费用 80% 的财政资金支持，具有明显的导向作用。不仅如此，如果要修建公路等基础设施，所需土地由项目区内全部土地权利人按照一定比例划出，政府会通过购买和土地调整置换来补偿土地权利人，当公共利益和私人利益发生冲突时，土地征收将作为政府获取土地的最终手段。由于既要出钱又要出地，德国民众在监督土地集约利用、资金节约使用、项目工程质量等方面毫不含糊，土地整理项目区内没有宽马路、大广场，修建的机耕道也往往以碎石铺成，或仅对车轮驶过部分进行硬化，既降低成本、易于维护，又利于环保、经久耐用。正是由于土地整理与农民利益紧密相关，而且农民积极主动介入，土地整理成果为广大农民分享，土地整理也使德国乡村散发出巨大活力。以巴伐利亚州为例，这里

的乡村不仅吸引半数以上中小企业在此落户，支撑经济发展和就业，而且保留了田园牧歌式的乡村生活，吸引了大量国内外游客。1200 万人口的巴伐利亚州每年接待游客数量超过 3000 万人，这些游客很多会选择住在当地农庄。根据粗略估算，1/4 农场收入来自旅游，每年政府仅针对住宿收入征收税款就达 10 亿欧元之多。由于自然环境天然优美，当地的农产品也大受欢迎，成为健康、营养的代名词，农民收入水平随之提高。

与德国情况不同的是，目前阶段中国农村土地整治的经费基本全部来自财政资金，农民不需要出资出力，加之现行农村集体所有的土地制度安排，使得多数农民以为农村土地整治与己无关。虽然不少研究认为，农村土地整治对于增加农民收入、助推脱贫攻坚有益，但前述原因的存在使得农村土地整治这方面效果在一些时候并不十分明显。改革是推动农村各项工作发展的动力之源，新时代实施乡村振兴战略需要继续强化改革手段和措施，破除体制机制障碍，激发农村要素活力，并让改革发展成果惠及更多人群，增强广大农民的获得感和幸福感。为此，农村土地整治要进一步加大改革力度，针对支撑农民增收的传统动力逐渐减弱，努力拓宽新渠道、挖掘新潜力、培育新动能，切实解决农民收入增长放缓问题。与此同时，要围绕打赢脱贫攻坚战，真正按照采取超常规举措、拿出过硬办法的要求，创新思路、开拓路径、显化效益，促进实现全体人民共同富裕。

针对项目管理容易造成公司企业利用技术优势占据项目实施权、凭借资本优势垄断整治土地使用权，不仅"俘获"巨额项目经费，而且获得整治土地使用的超额利润，仅有少数农民通过提供劳务获得收益的状况，农村土地整治要加强总体设计，拓宽农民增收渠道：农民可以承担的工程建设内容由农民承接，经招投标确定的施工单位要雇用当地农民，将项目经费尽可能多地转化为农民工资性收入；当地农民能够胜任的农业生产领域，整治后的土地要向他们倾斜，确保有稳定的经营性收入；引导工商资本进入农业生产的产前、产后服务环节和少数更具优势的农业生产领域，但要坚持"先整治后流转"，通过整治增加农民以租金和分红表征的财产性收入；整治后签订土地流转合同时做出约定，确保财政补贴类转移性收入主要为农民获得。到 2020 年实现农村贫困人口脱贫是全面建成小康社会最艰巨的任务，党的十九大也强调"让贫困人口和贫困地区同全国一道进入全面小康社会"。应该说，经过 30 多年持续扶贫后，中国目前剩下的贫困人口呈现较为显著的结构性贫困特征，常规扶贫模式日益面临"内卷化"困境。鉴于此，农村土地整治要着眼啃硬骨头和攻坚拔寨，围绕促进脱贫攻坚进一步创新思路和办法。将贫困地区通过实施农村土地整治，以及基于农村土地整治平台实施高标准农田建设、城乡建设用地增减挂钩、工矿废弃地复垦利用等新增耕地，作为占补平衡补充耕地指标并用于区域间有偿调剂，不仅可以搭建区域间土地资源（耕地指标）优化配置平台，而且还能基于此建立区域间有偿帮扶机制，带动或推动贫困地区加快脱贫。另外，有序部署实施补充耕地国家统筹，优先考虑深度贫困地区实施农村土地整治得到的新增耕地指标，进一步放大指标调剂获益。

第九章　农村土地整治中文化传承

研究德国等国家和地区土地整理发展历程可以发现，有关国家和地区在历史上走过一段因为片面追求粮食产量而忽视传统文化保护的"弯路"，但深刻反思并纠偏后，该国（地区）土地整理又都打上了深深的"人文"烙印。中国近些年快速推进的农村土地整治，虽然不乏保护和传承优秀传统文化的成功案例，但也有不少因为追求数量进度和表观政绩而导致人文景观破坏与文化传承断档的反面典型。当前迫切需要将注重传统文化传承的理念贯穿农村土地整治尤其是农村建设用地整理（村庄整理）工作始终，加强历史遗迹保护，保留地方人文特色，增强居民文化认同，留住更多"乡愁"，使得乡村振兴更有文化底蕴。

第一节　农村土地整治与文化传承

进入 21 世纪以来，农村土地整治一度成为政府部门和专家学者话语体系中新农村建设和城乡统筹发展的新平台。在这一过程中，由于思想观念更新不及，加上建设用地指标吃紧，土地整治对一些地方农村中物质或非物质形态的传统文化造成严重破坏。当然，也有不少地方认识到农村土地及其利用形式蕴含的丰富历史文化内涵，树立了包括文化价值在内的综合价值而不是单一经济价值的土地价值观，在农村土地整治中注意保护和传承传统文化，努力创建传统文化与现代文明包容并存的和谐局面，促进了农村土地整治内涵式健康发展。

一、二者关联

文化是人类优秀物质生活和精神生活的历史积淀，就特定民族而言，文化是其精神和灵魂，传统文化更是民族凝聚力和创造力的重要源泉。作为文化产生发展的最基本物质环境和载体，土地尤其是农村土地及其利用形式与传统文化之间存在相生相伴关系。在建设社会主义文化强国背景下，各类农村土地利用（含农村土地整治）应注重保护和传承传统文化，使之与现代文明包容并存。

（一）农村土地利用中的传统文化因素分析

社会文化因素是导致土地利用及其变化的重要原因之一，传统文化更是通过观念、习俗等深深扎根于农村土地利用，影响着农村土地利用的方式方法、现状效果以及发展变化等。

1. 土地利用中的文化因素分析

不同区域的土地利用状况与土地资源禀赋、生产力水平、文化特征等密切相关。其中，土地资源禀赋使得土地利用成为可能，生产力水平从根本上决定着一个地区土地利用类型格局，而文化特征则在长时间内决定和延续着土地利用形态，使之不会随着生产力水平变化而发生根本转变；同时，由于各地不同文化背景的积淀，不同地区土地利用的深度和广度存在很大差异。虽然传统文化是一种促使土地利用保持稳定的重要力量，并与其他因素一起决定土地利用变化方向，但这方面的研究一直较缺。近年来，随着土地利用变化研究的深入，一些学者认识到，文化问题再也不能从土地及其利用中分离出去。

土地利用中需要尊重不同地域文化，保持文化多样性，并以此指导土地利用的政策制定、制度改革以及行为改变等，否则难以达到预期效果。这是因为，在经济社会发展中，虽然经济、法律等制度在一定条件下可以移植，但任何制度都根植于一定的社会文化传统，而社会文化传统却具有不可移植性。每一项新制度的构建必须充分考虑与传统文化融合，否则制度将被架空并无法发挥作用。土地利用及其变化也是如此，而且国内外均不乏此类案例。研究表明，俄罗斯目前土地制度困境的根源就在于脱离了自身文化传统，盲目进行制度移植和构建，从而导致土地制度变革与预期目标背离。由汉斯基金会援助、中德双方在山东省青州市南张楼村开展的土地整理项目未能完全达到预期，也充分说明农村土地整治要注意所在地区文化特色，尊重项目区的民族文化和地域文化。

2. 农村土地利用中的传统文化

中国广大乡村地区的土地受到特定人文环境和地理条件的影响，并且历经千百年发展演变后，形成了不同的土地利用方式和格局，无论是村落用地布局、乡土建筑形式、土地利用习俗，还是农田景观、乡村植被、宗祠寺庙等均呈现出丰富多彩的形态，既反映出不同地区人们生产生活、社会文化发展的状况，也凝聚着丰厚的地域人文精神和历史文化价值。

在乡村地区，农耕文化、乡村聚落文化和民居文化是最为典型的传统文化形态。农耕文化是由前人创造并传承至今的农业耕作制度、技术与方法，以及在此过程中形成的信仰、风俗、能力和习惯等。在中国 2000 多年传统农业社会里，逐渐形成了以天、地、人"三才说"为理论依据，以土地整治、田间管理、集约经营和农牧结合为核心的技术经验和知识体系，成为传统农业社会人们从事农业生产经营活动的行动指南，也构成了中国农耕文化的优良传统。特别是不同的区域结合耕作历史、经验和技术，呈现出不同的农作文化，如南方的水田文化和梯田文化、北方的旱作文化等。其中，梯田主要分布在南方山岭地区，它是农民长期劳动的成果、智慧的结晶，又以元阳梯田、龙脊梯田和紫鹊界梯田较为出名。其中，元阳梯田位于云南省元阳县哀牢山南部，是哈尼族人世世代代留下的杰作，被誉为中国最美的"山岭雕刻"，梯田开垦随山势地形变化，因地制宜，坡缓地大则开垦大田，坡陡地小则开垦小田，甚至沟边坎下石隙也开田，大者有数亩，小者仅有簸箕大；龙脊梯田位于广西壮族自治区龙胜县和平乡平安村龙脊山，分布在海拔 300 ~ 1100 米，秦汉时期梯田耕作方式已在当地形成，唐宋时期得到大规模开发，明清时期基本达到现有规模，距今至少 2300 多年，堪称世界梯田原乡。

传统的乡村聚落是人类长期居住凝结出的文化精华，每个地区独特的地域环境导致这个地区的传统乡村聚落具有与众不同的空间形态与文化特质。传统村落选址体现出"天地人"的三统一思想，重视并尊重基地自然生态环境的内在机理和自然规律，大都利用天然地形，依山傍水，枕山环水，背山面水，负阴抱阳，随坡就势，整个村落的轮廓与所在的地形、地貌、山水等自然风光和谐统一；传统村落布局追求"形胜"思想，强调顺应自然、因山就势、保土理水、因材施工、培植养气、珍惜土地及水脉等原则，保护自然生态格局与活力，特别是仿生形式的空间布局体现着中国"天人感应"的自然观。而在乡土民居形式选择上，由于民族的历史传统、生活习俗、人文条件、审美观念的不同，也由于各地的自然条件和地理环境不同，各地人们居住房屋的平面布局、结构方法、造型和细部特征均不相同。在中国农村民居中，最有特点的是华北地区的四合院、西北黄土高原的窑洞、安徽的古民居、福建和广东的镬耳屋、客家土楼和蒙古的蒙古包等。其中，四合院是华北地区民用住宅中的一种组合建筑形式，是一种四四方方或者长方形院落，一家一户，住在一个封闭式院子里，享受家庭的欢欣、天伦的乐趣；窑洞是生活在黄土高原上的人们因为没有房子而利用那里又深又厚、立体性能极好的黄土层建造的一种独特住宅，又分为土窑、石窑、砖窑等几种；皖南民居是中国南方民居的代表，以黟县西递、宏村最具代表性，代表徽派民居建筑风格的"三绝"（民居、祠堂、牌坊）和"三雕"（木雕、石雕、砖雕），在此得到完好保留。

（二）农村土地整治及其对传统文化的影响

改革开放以来，特别是近年来，随着城镇化进程加快和新农村建设展开，农村中的传统文化因素遭遇到前所未有的冲击和挑战。人口压力增大、环境污染加重、生活方式改变、民俗民风缺失等以及由其导致的农村土地利用变化，使得一些依存于土地上的历史文化遗产和人类文明记录难有立身之处，一些优秀农耕文化渐行渐远，传统乡村聚落不断消失，凝聚在其中的传统文化逐渐丧失。以农村土地整治为例，虽然在强化耕地保护、缓解用地矛盾等方面取得了主流媒体宣传的成效，但由于对传统文化保护尚未引起足够重视，不仅导致土地利用类型、结构和布局变化，还对传统文化带来不容忽视的影响，许多数千年来哺育中华民族繁衍生息的传统耕作方式和技艺以及许多优良传统和理念正在走向衰落或消失，一些具有整体风貌特色和典型民居特点的村落或建筑被拆除并被城市化的农村社区取而代之，致使乡村风貌特征和文化价值丧失，大量附存于传统村落的传统文化慢慢失去赖以生存的空间。应该说，国家在农村土地整治对传统文化可能产生的负面影响方面已经有所考虑，并且做出相关规定。例如，2005年中共中央国务院颁布的《关于推进社会主义新农村建设的若干意见》就要求"村庄治理要突出乡村特色、地方特色和民族特色，保护有历史文化价值的古村落和古民宅"。但实际工作中，许多地方在进行农村土地整治时仍然丢弃了传统文化的合理部分，忽视了对当地资源环境的充分考虑，造成农村建设对城市建设的拙劣模仿，打破了农村中人与自然的宁静和谐之美，也使得传统民族文化内涵淹没在追求物质表象的庸俗潮流之中。2011年9月6日，时任总理温家宝在纪念中央文史研究馆成立60周年座谈会上，对当时一些地方的古村落拆真建伪现象深恶痛绝。

农村土地整治对传统文化保护带来负面影响，主要原因不外乎：一是主观认识不足。多数人对所在地区农耕文化、乡土聚落和民居建筑等的稀缺性、重要性认识不足，多数农耕文化处于自生自灭状态，多数传统村落"散落乡间无人识、无钱修"，即便不是开展农村土地整治，也得不到有效保护。

二是配套政策缺乏。农民对现代生活方式和品质的追求，对原有居住环境的不满意构成传统村落保护的内部压力。根据现行宅基地制度，乡村地区实行"一户一宅"，如果旧宅基地上的旧民居不拆除则国土资源主管部门不批准新宅基地，迫使传统村落原住民在原址上"拆旧建新""弃旧建新"。三是过于急功近利。一方面，出于对建设用地指标的追求，有的地方政府在条件并不成熟时推进城乡建设用地增减挂钩等工作，把农民从祖祖辈辈生活的村庄中"请"出来，统一搬进高起点、高标准规划建设的整齐划一的高层住宅小区；另一方面，出于显化政绩的追求，推进农村土地整治中，大搞"千村一面"形象工程，随意推倒重建或盲目大拆大建，甚至按照城市模式大搞"村庄建设城镇化"，把一些依山傍水、古朴宁静的村落推倒重新规划，建设一排排整齐划一的欧式别墅。四是过度商业开发。不少地方政府片面追求农耕文化和传统村落乡土建筑的经济价值，在农村土地整治中"重开发利用，轻保护管理"现象普遍，尤其是一些成功申报定级的历史文化名村，面临着旅游性、开发性破坏；一些地方盲目进行旅游开发，未制定保护利用规划，简单采取商业化模式运作——"把古迹当景点，把遗产当卖点"，将传统村落变成赚钱新路，甚至将传统村落整体转让承包，或将经营权变相转卖给旅游公司开发经营。五是基础工作薄弱。农村传统文化保护标准和对象尚待明确，目前尚未建立统一的农村传统文化保护标准、评价指标，即便是正在遭受破坏的乡土聚落和乡土建筑等也无标准可依；建造、修缮乡土建筑的民间工匠纷纷改行，熟知乡土建筑的形制样式和特色工艺的工匠后继乏人；农村传统文化保护法规制度建设滞后，一些地方规定凡未列入文物保护单位的传统乡土建筑可由村民自愿拆除，造成一些珍贵的乡土建筑被拆毁；农村传统文化保护资金投入明显不足，特别是由于传统乡土建筑数量多、维修规模大、所需费用高，当地居民、村镇难以承受。

二、负面案例

由于片面追求建设用地指标，加之保护传统文化意识不强，农村土地整治以及基于此平台并发端于 2004 年国务院《关于深化改革严格土地管理的决定》中"城镇建设用地增加要与农村建设用地减少相挂钩"且由原国土资源部 2005 年试点的城乡建设用地增减挂钩，不可避免地破坏了一些地区的传统文化传承。

（一）村之不存，文化何附？

2010 年 11 月 2 日《新京报》署名《多省撤村圈地意在财政 失去宅基地农民被上楼》的文章，披露了当时正在全国 20 多个省市通过"撤村"换取建设用地，利用政策漏洞扩大土地财政，以及失去宅基地农民"被上楼"现象，给 2008 年 4 万亿元经济刺激方案出台后、原国土资源部迅速跟进加大周转指标规模而掀起的城乡建设用地增减挂钩"运动"打了一剂清醒针。根据该报道，城乡建设用地增减挂钩政策被一些地方政府利用、"曲解"，成为以地生财的新途径，有的地方突破指标范围，甚至无指标而"挂钩"，违背农民意愿，强拆民居拿走宅基地，演变为一场新的圈地运动；宅基地转化后的增值收益，被权力和资本"合谋"拿走，农民则住进被选择的"新农村"，过着被产生的"新生活"。有关专家指出，这是一次对农村的掠夺，强迫农民上楼并大规模取消自然村，不仅与法治精神相违背，而且对农村社会也带来巨大负面影响。记者在实地采访中发现，河北省廊坊市 2006 年被评为河北省生态文明村的董家务村，当时已成一片废墟，大片新修的村居在铲车下倒塌，刚修好的"村村通"水泥路被铲平；山东省诸城市取消行政村编制，1249 个村被合并为 208 个农村社区，诸城 70 万农民都将告别自己的村庄，搬迁到"社区小区"。时任中央农村工作领导小组副组长陈锡文指出，和平时期的大规模村庄撤并运动"古今中外，史无前例"。其时各地规模浩大的拆村运动，虽然打着诸如城乡统筹、新农村建设、旧村改造、小城镇化等旗号，实质都是基于农村土地整治平台利用城乡建设用地增减挂钩政策调整城乡土地利用格局，但是毫无疑问在尚未健全规范制度的前提下推进步伐过快而且缺乏有效监管，致使政策执行效果大大偏离初始的设计预期。

山东、天津、江苏、湖北、四川五省直辖市于 2006 年 4 月被原国土资源部列为城乡建设用地增减挂钩第一批试点，2008 年 6 月原国土资源部颁布《城乡建设用地增减挂钩管理办法》后，特别是随着应对金融危机的刺激政策出台后，2008 年、2009 年原国土资源部又分别批准 19 个省加入试点。时至今日，城乡建设用地增减挂钩早已不再试点而已成为一项常规工作并在几乎所有省份开展。毋庸置疑，当时这篇文章的出台引起了社会各界的广泛关注，直接导致《国务院关于严格规范城乡建设用地增减挂钩试点切实做好农村土地整治工作的通知》的出台，倒逼原国土资源主管部门和各级地方政府加强对这项工作的领导、规范和监管。实际上，当时这篇文章主要聚焦于拆村导致农民

"被上楼"和地方政府以地生财、解决用地缺口，忽略了这项政策野蛮执行对乡村地区传统文化传承的破坏。不难理解，村庄都被拆除了，农民也住进了统一规划建设的整齐划一的"社区"，还会有多少乡风民俗等被传承？更别说那些被直接拆除的传统村落和有价值的民居了。

（二）古村遭拆，文化何往？

2011 年 3 月 28 日《新安晚报》刊发《列入"整村推进项目"徽州上叶古村被整体拆除》，直斥农村土地整治项目实施导致古村被毁。该文指出，黄山市徽州区潜口镇上叶古村是黄山白岳脚下、新安江两岸 5000 多个历史悠久、文化遗存丰厚徽州古村落中的一个，约有 600 多年历史，明朝之前就有人居住在此，村中古民居上留有精美的门罩砖雕、朝代痕迹明显的墙壁彩绘，丰山南坡还有一座皇帝钦批的"勅封威灵高庙"，上叶古村村民不仅对二月二"高庙"庙会民俗记忆犹新、津津乐道，而且"高庙"后面就是明末徽州名士、大名鼎鼎的《新安江赋》《黄山赋》作者许楚隐居的地方，高庙下面还有歙县四大名泉之一的故迹，"末代翰林"、徽州大学者许承尧也曾在此苦读。2004年，上叶古村被安徽省社科联、黄山市社科联列入《徽州五千村》丛书。数百年来，村民们一直在此过着世外桃源般的生活。2010 年 11 月，潜口镇政府为了拆村并镇、平整土地以置换更多土地，在全镇范围启动"整村推进"项目。上叶古村连同其他 7 个村的居民点被一同列入整治试点村。按照统一部署，上叶村 52 户村民要集中搬迁到三四公里外的东山村安置点，统一建房，而现有的民居将被全部拆除。随着村里居民搬走，上叶古村不复存在，"高庙"和叶氏宗祠恐也难保。

记者在实地走访中发现，当时无论是尚未搬迁的村民、还是已被安置的村民，大都不支持这个行动。2010 年 12 月，徽学专家方利山曾专门前往该村实地调查，并与另一位徽学专家共同撰写长篇调查报告《古村落保护之忧思——从上叶古村的消亡谈起》，报告上网公布后引起网友广泛关注。两位徽学专家在报告中认为，徽州古村落是汉代以来陆续徙迁古徽州之域的中原先民在中华儒学天人合一理念指导下、巧妙利用所居聚落的山川形势、经过千百年精心营构而成的人居杰作。"几乎一个古村落就是一部宗族文化的发展史，一个古村落就是一页内容丰富的徽州文化。"两位专家认为，上叶古村是中华传统文化在徽州地域厚实积淀的重要和珍稀物证，不应列入"整村推进"项目加以"整村推倒"，而应传承和保护。方利山等徽学专家建议，从徽州文化生态空间保护的理念出发，反对和制止对徽州古民居、古建筑随意搬迁、挪移、倒卖的"断根"行动。"大量以'异地保护'为由，对徽州古村落的掠夺性破坏再也不能继续下去了，政府应为徽州古村落文化生态空间保护立法。善待徽州古村落——这就是上叶古村的消亡给我们的最新警示。"但时任潜口镇政府副镇长朱晓峰在接受记者采访时则表示，上叶古村整体搬迁不会停止，他认为，上叶古村坐落在山上，交通闭塞，不宜人居，将他们整体搬迁下山，有助于提高村民的幸福指数。"我们将村民房子拆迁后，在原地种植油茶，将提高他们的收入。"该报道还指出，2010年安徽省第三次文物普查时，"高庙"已被文物部门收录登记在册，处于保护范围内，徽州区文广新局正在寻找"高庙"当初复建时的设计图纸，声称一旦找到就将异地复建并进行保护。而且，上叶古村唯一一座百年老宅也在此次拆迁中进行了原址保护。但那些未能引起注意而被拆除了的古建筑又能怎样？

（三）田之不再，文化何谈？

2014年3月26日《河北日报》刊发的《谁为农村公共工程质保》文章引起社会关注。根据该文，在卢龙县燕河营镇河南庄村，一项投资360多万元、计划新增耕地超过27公顷的耕地占补平衡项目，完工多时，却因存在质量问题引发群众不满，部分群众甚至放弃耕种。记者实地走访发现，该项目坐落于河南庄村村南的南山上，涉及3个村民小组，对村民原有梯田进行了重新改造。村民们集中反映的问题，是项目建设未充分考虑水土流失因素，导致项目区内外多处土地出现坍塌、沟壑，或者被冲击而来的砂石覆盖。村民反映，"原来每一级梯田上都修有堰沟用来排水，而且堰节都用石头砌护起来。像现在这样，还不如别开发了呢！"一些村民形容自家地里被石头"盖了被子"。根据当地国土资源主管部门统计，项目区土地被水毁、压占的约有35亩。卢龙县国土局有关这一项目的立项材料显示，实施这一项目，目的在于将荒草地改造为良田，并通过解决水土流失问题和水利灌溉问题来提高耕地质量。很显然，良好初衷没能实现。村民们认为，这与项目实施中过于粗放，并未充分尊重群众意愿和耕种习惯有关。多位村民指出，原有梯田上的熟土没有被保留，新垫上的生黄土导致土地质量下降；项目建设以及土地权属上存在的问题，还导致该村三组几十户村民弃种，几十亩土地撂荒一年。卢龙县国土局、燕河营镇政府多次与村民代表沟通后，决定尽快平整水毁耕地、砌护堰节、加固排水沟等。虽然此报道中当地农耕文化的被破坏掩盖在其他更为突出和严重问题之下，但也应引起注意。

三、正面典型

现代化进程中传承农耕文化、汲取传统文化的精华和有益成分，对于发展现代农业而言，是重要的精神资源和必不可少的文化滋养。为保护优秀的农耕文化，2002年联合国粮农组织发起了全球重要农业文化遗产保护项目，旨在建立全球重要农业文化遗产及其有关的景观、生物多样性、知识和文化保护体系，中国的浙江青田稻鱼共生系统、云南红河哈尼稻作梯田系统、江西万年稻作文化系统、贵州从江侗乡稻鱼鸭系统、内蒙古敖汉旱作农业系统等相继列入，成为保护和传承优秀农耕文化的典范。古村落和古建筑以及附存于上的传统文化保护也受到越来越多的关注。虽然农村土地整治在一些地方造成对传统文化传承的破坏，但在弘扬中华文化和建设社会主义文化强国背景下，推进农村土地整治时保护优秀传统文化也在不少地方得到不同程度践行，这就使得在发展地方经济的同时留住民族的记忆、留住文化的传承和留住心中那份弥足珍贵的乡愁成为可能。

浙江省庆元县在村庄整理中，坚持"生态为本、文化为魂"的理念，着力建设村落文化。一是注重生态保护。村庄整理中注意保护自然，保持田园风光。在规划路网和整治居住区时，尊重地形原貌，注重随坡就势，保护山体、河流、水塘、植被，尽量保持生态环境和自然风貌的原生性，在参差错落中协调融合；尊重农村传统和习惯，蕴涵农村文化的历史沉淀，体现人与自然的和谐相处。二是提升村庄品位。庆元县有着丰厚的历史文化渊源，许多有价值的历史文化古迹散布于市井村落，弥足珍贵的非物质遗产蕴藏于民间口头相传。村庄整理中，庆元县注重对古廊桥等文物古迹周边环境的治理，村庄整理建设工程在色调、格调上均要求与古迹相协调。同时，整治修缮古建筑，传承传统建筑风格。对传统文化浓厚、明清古民居保存较为完好的大济、月山等村镇，坚持以修缮为主，不搞大拆大建，文化部门介入指导，从保护历史文脉、保护文物角度修缮整治。三是进行分类规划。村庄整理规划建设实践中，对不同村庄模式赋予不同建设形式。对于种养庄园村落，通过"开茶果园、建宽敞路屋、修沼气池、建标准圈（塘）"，开展生态家园建设活动，打造"养—沼—种"循环产业庄园式村落；对于书香人文村落，通过修缮古建筑，保护古树木、古道、古井等手段，打造浓郁文化气息的书香人文村落；对于旅游景观村落，以营造出小桥流水、曲径通幽、有浓郁菇乡特色民居村落为目标，建设适于发展摄影采风、休闲度假为一体的旅游景观村落。

针对龙胜梯田景区随着开发和游客增多出现"人田争水"的现象，以及由于灌溉用水不足使大量水田被迫改为旱地和梯田塌方得不到及时修复等现象，2011年5月龙胜县启动全国首个梯田整治项目，对梯田自然景观存在的不同程度破坏进行修复，具有650多年历史的龙胜梯田自然文化遗产的保护与弘扬翻开了历史性一页。该项目位于龙胜县和平乡金江、龙脊、平安村委，总投资2540万元，建设规模565.15公顷，建成后新增耕地17.26公顷。根据项目设计方——广西第一测绘院介绍："龙脊梯田整治与一般的土地整治项目不同，没有现成经验借鉴。主要围绕'山是生命，水是命脉，景观是灵魂，梯田是眼睛'的理念进行设计，强调对梯田自然景观的恢复与保护。"为了最大限度推进梯田文化和生态景观保护，分别对田、水、路进行综合整治，修复翻耕塌方和撂荒田块，在梯田顶部建设一个30万立方米水库，完善灌溉、排水系统，改建景区道路。在施工方法上，主要采用生态、绿色、环保办法，强调"就地取材"，力求"修新如旧"，以人工的原始工艺为主，比如修复梯田墙面，采用打木桩和砌泥巴夯实的办法，道路建设全面铺设石板路，使龙脊梯田的自然景观永久、完好保存下去。

2014年，南京市江宁区"千村整治、百村示范"工程的33个重点整治和108个一般整治村庄全部建成。在小甘村落户的都是甘氏家族后人，与城中甘熙故居一脉相承。村民介绍，村庄整理前池塘里长满水花生，周边搭满猪圈、土厕所，杂乱不堪。经过整治，村庄设施完善、水质改善，河塘边建设了缓坡延伸的驳岸，院落的围墙也呈现出形态不一的镂空墙窗，没有大拆大建，也没有硬质整形，整个村庄依然保持最初的自然形态。百年榉树保护得更好，树下经历了上百年的石凳润滑光亮，成为村民聚集聊天的地方。旁边的小菜地围上一圈竹篱笆，形态简洁朴实，充满田园气息。甘家人看见自己世代居住的村庄整理一新，提出要在村口募捐铸立一座甘氏祖辈铜像，让甘氏家族文化在小甘村世世代代传承。根据有关部门介绍：在江宁区"千村整治、百村示范"工程建设中，最注重的就是坚持乡土特色和自然生态，摒弃现代城市建设的模式化，充分体现农村特色和乡土风情。各个村庄都注重保护村内历史建筑、文化遗存、古树名木，充分挖掘特有的历史文化及乡土资源，传承乡村文化，力求构筑一村一品的"美丽产业"。

宁波市奉化萧王庙街道青云村内古建筑数量庞大，保存较完整的有20多处，整村风貌保持了清末民国时期江南的古民居风格。这些年，对这些古建筑进行了抢救性修复，并在尽可能保持原貌基础上统一翻建。2014 年，青云村因其深厚的历史底蕴、整洁的居住环境、保存完好的古建筑群，被列入第三批中国传统村落。青云村的变化，是宁波市特色村建设的缩影。"十二五"期间，宁波市依托"百村示范、千村整治"工程，努力建设具有浙东民俗风情、江南水乡韵味的美丽乡村特色村，使村庄整理建设纵深推进，打造农民幸福生活的家园和市民休闲旅游的乐园。截至 2014 年，全市就已累计培育特色村 115个，余姚金冠村、奉化岩头村等 12 个村庄列入省历史文化保护重点村。在特色村创建中，坚持因地制宜、分类推进，按照历史文化型、产业集聚型、主题开发型，将特色村培育与历史文化传承、农业产业发展和山水资源开发结合起来，打造"一村一景、一村一品、一村一业"。宁海龙宫村建筑物古朴，与自然山水和田园风光浑然一体。在特色村创建中，该村先后修复建设汉代古驿道、古村落，登记造册古祠堂、古民居，积极挖掘非物质文化遗产，历史文化得到保护和传承。

近年来，湖北省大力实施农村土地整治，不仅建成一批具备生态景观功能的高标准、成规模的基本农田，打造了一批休闲观光现代农业走廊，复绿了一批资源枯竭地区矿山开采区，而且恢复了一批历史传统文化古村落。在保障粮食安全的同时，一副"看得见水、望得见山、记得住乡愁"的城乡发展新格局已现雏形。以广水市桃源村为例，该村于 2014 年列入第三批中国传统村落名单，在农村土地整治规划设计、施工工艺中，注重与原生态自然景观格局辉映，项目建成后整个村容村貌体现了"让农村更像农村"的初衷。十堰市郧阳区樱桃沟村土地整治坚持"风貌古朴、产业有机、文明复归"理念，避免大拆大建，最大限度保留原有村落布局和年代印迹，实现了"一树一屋都是景观、一片一处流淌乡愁"。

第二节　新形势新要求新任务

党的十九大提出了坚定实施包括乡村振兴战略在内的七大战略，也提出要推动中华优秀传统文化创造性转化、创新性发展。作为调整优化农村生产生活生态空间的重要平台，农村土地整治不仅是实施乡村振兴战略的有效抓手，也是促进中华优秀传统文化更好保护、传承和发展的有利工具，十九大明确的新形势和新要求无疑将成为确定农村土地整治当前及今后一段时间新任务的重要依据。

一、国家战略演化视角

2002 年党的十六大提出"统筹城乡经济社会发展，建设现代化农业，发展农村经济，增加农民收入，是全面建设小康社会的重大任务"，2004 年后中国之前"农业支持工业、为工业提供积累"的传统城乡关系开始根本扭转，国家更加积极支持"三农"发展，继 2005 年部署新农村建设、2013 年强调建设美丽乡村后，2017 年提出实施乡村振兴战略。在这一过程中，保护和传承农村优秀传统文化受到越来越多的关注，农村土地整治也在适应和服务国家战略需求。

（一）国家战略的演化概况

基于促进城乡统筹发展、城乡一体化发展和城乡融合发展的总体考虑，中国相继提出新农村建设、美丽乡村建设和乡村振兴战略，对"三农"问题的认识愈加深刻、方向愈加明确、路径愈加清晰，保护和传承农村传统文化的重要性随之日益凸显。

1. 新农村建设中的传统文化

2005 年党的十六届五中全会通过的《中共中央关于制定国民经济和社会发展第十一个五年规划的建议》，首次提出要按照"生产发展、生活宽裕、乡风文明、村容整洁、管理民主"的要求推进新农村建设。2006 年中央"一号文件"《中共中央国务院关于推进社会主义新农村建设的若干意见》对"十一五"时期协调推进农村经济建设、政治建设、文化建设、社会建设和党的建设进行部署。在新农村建设"二十字方针"中，乡风文明指的是乡村文化的一种状态，表现为农民在思想观念、道德规范、知识水平、素质修养、行为操守以及人与人、人与社会、人与自然关系等方面继承和发扬民族文化的优良传统，摒弃传统文化中消极落后的因素，适应经济社会发展，不断有所创新，积极吸收城市文化乃至其他民族文化中的积极因素，以形成积极、健康、向上的社会风气和精神风貌。乡风文明建设是新农村建设的重要内容之一，并为其他几个方面提供精神动力和智力支持。

由于只重视物质形态建设而忽略传统乡土文化景观传承，极易造成乡土文化景观崩塌和草根信仰缺失，这一时期新农村建设中，加强农村景观的完整性和特色性保护，挖掘农村景观历史文化价值，是保护传统景观风貌、弘扬民俗文化的重要任务，并且成为乡风文明建设的重要内容。2006 年中央"一号文件"提出,"村庄治理要突出乡村特色、地方特色和民族特色,保护有历史文化价值的古村落和古民宅"。2008 年十七届三中全会通过的决议也要求"加强农村文物、非物质文化遗产、历史文化名镇名村保护"。2011 年 10 月召开的十七届六中全会指出,"优秀传统文化凝聚着中华民族自强不息的精神追求和历久弥新的精神财富,是发展社会主义先进文化的深厚基础,是建设中华民族共有精神家园的重要支撑","要全面认识祖国传统文化,取其精华、去其糟粕,古为今用、推陈出新,坚持保护利用、普及弘扬并重,加强对优秀传统文化思想价值的挖掘和阐发,维护民族文化基本元素,使优秀传统文化成为新时代鼓舞人民前进的精神力量",特别强调"加强国家重大文化和自然遗产地、重点文物保护单位、历史文化名城名镇名村保护建设,抓好非物质文化遗产保护传承"。2012 年十八大从全面建成小康社会、实现中华民族伟大复兴的高度,提出要建设优秀传统文化传承体系,弘扬中华优秀传统文化,虽然并未直接提及新农村建设,但毫无疑问提供了基本遵循。

2. 美丽乡村建设中的传统文化

2013 年中央"一号文件"《关于加快发展现代农业 进一步增强农村发展活力的若干意见》首次提出"努力建设美丽乡村"后,美丽乡村建设逐渐成为新农村建设的升级版。国务院农村综合改革工作小组 2012 年发布《关于开展农村综合改革示范试点工作的通知》,开展美丽乡村建设等十项示范试点;财政部 2013 年发布《关于发挥一事一议财政奖补作用 推动美丽乡村建设试点的通知》,将美丽乡村建设作为一事一议财政奖补工作主攻方向,启动美丽乡村建设试点;农业部办公厅 2013 年发布《关于开展"美丽乡村"创建活动的意见》,全面掀起美丽乡村建设热潮。为了引导各地规范开展工作,2012 年国务院农村综合改革工作小组《关于开展农村综合改革示范试点工作的通知》要求建立标准体系,做好建设、运行、维护、服务及评价等环节的标准制定、实施与监督,实行分类指导;2013 年国家标准化管理委员会与财政部联合发布《关于开展农村综合改革标准化试点工作的通知》,将浙江、安徽等 13 个省列为美丽乡村标准化试点,要求通过试点初步建立结构合理、层次分明、与当地经济社会发展水平相适应的标准体系。

这一时期美丽乡村建设中,农村传统文化的保护和传承被给予较多关注。仅 2015 年,中央"一号文件"《关于加大改革创新力度加快农业现代化建设的若干意见》在"全面推进农村人居环境整治"部分,强调要"完善传统村落名录和开展传统民居调查,落实传统村落和民居保护规划……有序推进村庄整理，切实防止违背农民意愿大规模撤并村庄、大拆大建"；《中共中央国务院关于加快推进生态文明建设的意见》提及加快美丽乡村建设时，强调要"加强农村精神文明建设，以环境整治和民风建设为重点，扎实推进文明村镇创建"；《中共中央办公厅国务院办公厅关于深入推进农村社区建设试点工作的指导意见》也要求"积极推进'美丽乡村'和村镇生态文明建设，保持农村社区乡土特色和田园风光"。不仅如此，有关部门在具体指导各地推进美丽乡村建设中也对保护和传承农村传统文化高看一眼。农业部制定的"美丽乡村"创建目标体系中，作为分类目标之一的"文化传承"目标，就包括农耕文化、乡村休闲等要素，其中，农耕文化包括传统建筑、民族服饰、农民艺术、民间传说、农谚民谣、生产生活习俗、农业文化遗产得到有效保护和传承；乡村休闲包括自然景观和人文景点等旅游资源得到保护性挖掘，民间传统手工艺得到发扬光大，特色饮食得到传承和发展，农家乐等乡村旅游和休闲娱乐得到健康发展。2013 年以来，各地在美丽乡村建设探索和实践中涌现出的十大典型模式中就包括文化传承型模式，该种模式适于具有特殊人文景观，包括古村落、古建筑、古民居以及传统文化的地区，其特点是乡村文化资源丰富，具有优秀民俗文化以及非物质文化，文化展示和传承潜力大。

3. 乡村振兴战略中的传统文化

2017 年十九大不仅提出实施乡村振兴战略，而且指出了新时代文化建设基本方略。《决胜全面建成小康社会　夺取新时代中国特色社会主义伟大胜利》的报告中有关"文化自信是一个国家、一个民族发展中更基本、更深沉、更持久的力量"的表述，以及"推动中华优秀传统文化创造性转化、创新性发展"的要求和"不忘本来、吸收外来、面向未来"的号召，既是乡村振兴战略实施的重要内容，也是战略实施取得成效的重要保障。

（二）农村土地整治的应对

农村土地整治在逐步广泛推进中不断意识到保护和传承优秀传统文化的重要性。2003 年原国土资源部印发的《全国土地开发整理规划（2001—2010年）》是中国第一部土地整治规划，由于当时刚刚步入快速发展阶段，对于数量的关注远胜质量和生态，更遑论文化，这份规划通篇未提"文化"二字。正因如此，该轮规划期间推进的土地开发整理和复垦对一些地区的农村传统文化造成了不可逆转的破坏。

随着新农村建设对传统文化保护和传承的愈益重视，特别是 2011 年十七届六中全会的召开，农村土地整治日益关注传统文化。2012 年国务院批复的中国第二部土地整治规划《全国土地整治规划（2011—2015 年）》对农村土地整治中传统文化的保护和传承做出要求，"加强乡村景观特色保护。加强村庄整体风貌设计，注重村庄人文环境、建筑环境和艺术环境的统一规划，实现自然环境和人文环境的和谐。注重保留当地传统、有特色的农耕文化和民俗文化，保护自然人文景观及生态环境。注意避让和保护特色村庄，控制周边建筑类型、高度、风格和色彩，使之与旧址建筑相协调"。受全国规划影响，各省、市、县编制的相应层级"十二五"土地整治规划都在有关方面做出安排。本轮规划期间兴起的美丽乡村建设强调规划先行，尤其指出，村庄规模较大、情况较复杂时，宜编制经济可行的村庄整理等专项规划，而历史文化名村和传统村落应编制历史文化名村保护规划和传统村落保护发展规划。美丽乡村应是乡土风貌的生态乡村，农村土地整治要围绕保护和传承传统性文化，促进自然与人文和谐统一，使美丽乡村的内涵更加丰富、底蕴更加深厚。2013 年住房和城乡建设部出台的《村庄整理规划编制办法》强调，编制村庄整理规划要尊重现有格局，保持乡村特色，保护和传承传统文化，方便村民生产，慎砍树、不填塘、少拆房，避免大拆大建和贪大求洋。

2017 年国务院批复的第三部土地整治规划《全国土地整治规划（2016—2020 年）》在农村传统文化保护和传承上更是给予前所未有的关注。不仅在"积极开展特色农业土地整理"措施中，要求"开展重要农业文化遗产保护与建设，加强生态保护和修复"；而且在"加强乡村特色景观保护"措施中，要求"开展农村土地整治，要注重保留当地传统农耕文化和民俗文化的特色，保护自然环境和人文景观，促进自然环境与人文环境相和谐。遵循历史传承，对具有历史、艺术、科学价值的传统村落，少数民族特色村寨、民居等进行建设性保护。按照尊重自然、顺应自然、保护自然的理念，依托当地山水脉络、气象条件，整治利用土地，减少对自然的干扰和破坏"，尤其是首次提出"实施传统村落保护性整治工程，农村新居建设要保持当地农村特色和风貌"。该规划备注的专栏"传统村落保护性整治工程"指出，对"入选中国传统村落名录的 2555 个村落，对历史文化底蕴深厚、保护状况较好、有较大旅游开发潜力的传统村落，开展保护性整治工作"。在全国规划指导下，各地编制的"十三五"土地整治规划大都秉承和弘扬历史文化、地域文化、民族文化、农耕文化，鼓励有条件地区从村庄自然地理环境、资源文化特色、经济状况和群众生产生活需要等出发，保持乡土气息、民俗文化、田园风光，保护古驿道、古建筑、古村落等，不搞"面子工程"，不搞大拆大建，不建大型广场，不挖山毁林，保持村庄原有肌理和格局，彰显村庄文化底蕴。有的还指出，要立足"一村一业""一村一品"，推进特色村建设，挖掘和发挥乡村的文化功能，发展地域文化、人文历史、山水美景、田园风光、农家情趣和绿色食品等具有浓厚地域乡村特色的休闲旅游资源，以及结合保护、整理和挖掘地域文化和人文资源，发展农耕文明、传统村落和古驿道、民族风情和农家情趣体验、革命老区、红色旅游和革命传统教育等文化旅游项目，建设农耕文明、人文历史的农家小型博物馆，保护好古村落、古建筑、古民居，留住乡韵、记住乡愁。

二、乡村振兴战略考量

十九大提出乡村振兴战略，是基于城乡关系嬗变、"三农"问题解决出现新的历史机遇的统筹考量，传统文化的保护和传承将为乡村振兴提供持久动能，农村土地整治需要而且应该促进优秀传统文化复兴，进而推动乡村振兴。

（一）乡村振兴战略的提出

十八大将推进城镇化作为解决制约经济持续健康发展的重大结构性问题的四项重点任务之一，十九大将实施乡村振兴战略作为贯彻新发展理念建设现代化经济体系的六项重要内容之一。十九大之所以没有沿袭既往思路大谈城镇化战略，反而首提乡村振兴战略，这是准确把握中国基本国情和当前发展阶段得出的一个重要判断，是针对新时代不平衡不充分发展最突出体现在农村做出的应对之举，事关中国全面发展直至最终建成现代化强国。

回顾中国城乡关系发展可以发现：中华人民共和国成立初期至改革开放前，基于快速建成工业化国家的初衷，中国事实上长期奉行"城市优先"政策，并且通过建立户籍制度等造成城乡隔离状态；改革开放后，城乡隔离的藩篱出现松动，开始允许农村劳力进城以期推动"工业化与城市化"，生产要素更多是在市场机制下而不是靠政府强制从农村单向流向城市，而且这种单向流动延续了20多年；进入21世纪后，工业化水平有了较大提高，加之农村发展滞后带来的不良后果凸显，世纪之初提出的城镇化战略开始强调城乡统筹发展，但统筹的思路仍以城镇化为方向，基本思维是通过城镇化来实现农村人口向城市转移，从而摆脱农村的落后，走出传统农民的生活。正因如此，即便经历了改革开放后持续30多年的快速工业化城镇化，乡村"空心化"、衰败不堪仍在近年越来越成为人们广为关注的社会现象。正因如此，十九大针对现实中各方面的新变化、新需求，在发展战略上做出相应调整后提出"乡村振兴战略"，不再强调一味通过向城市转移农村人口来帮助农民实现对美好生活的追求，而是通过"城乡融合发展"（不是简单的城乡统筹发展和城乡一体化发展），把农村打造成理想之地，让农民在农村而不是进入城镇就可享受现代文明、共享改革成果。而且，乡村振兴战略的提出，指明了改变中国农业弱质性的新的有效方式，通过农村第一、第二、第三产业融合发展，特别是鼓励以农业为基础的乡村创业活动，有望使农业成为有奔头的产业，使农业呈现报酬递增性质；夯实了乡村产业结构转型的新基础，通过培养造就一支懂农业、爱农村、爱农民的工作队伍，并把这些有丰富阅历、专业技术知识和较好经济积累的人输送到农村、扎根在农村，开创农村新业态，帮助农民走出传统单一农业的困境；指明了中国农村现代化发展的新路径，通过建立健全城乡融合发展体制机制和政策体系，破除城乡二元体制，发展农村要素市场，引导城市要素在市场机制作用下流向农村，实现城乡要素互惠互利，促进城乡板块共生共荣、共同发展。

（二）优秀传统文化重要性

十九大提出的乡村振兴战略二十字总要求，涵括经济、生态、文化、科技、社会等方面，意即乡村振兴是全面振兴。其中，文化方面要求是"乡风文明"。2006 年中央部署新农村建设时，也提出"乡风文明"要求。乡村振兴战略总要求中提到"乡风文明"，又是出于怎样的考虑和安排？

十九大指出，"文化自信是一个国家、一个民族发展中更基本、更深沉、更持久的力量"，以及"没有高度的文化自信，没有文化的繁荣兴盛，就没有中华民族伟大复兴"，提出要"推动中华优秀传统文化创造性转化、创新性发展，继承革命文化，发展社会主义先进文化"，特别强调"深入挖掘中华优秀传统文化蕴含的思想观念、人文精神、道德规范，结合时代要求继承创新"。十九大结束不久，中共中央办公厅、国务院办公厅联合印发《关于实施中华优秀传统文化传承发展工程的意见》，提出"到 2025 年，中华优秀传统文化传承发展体系基本形成，研究阐发、教育普及、保护传承、创新发展、传播交流等方面协同推进并取得重要成果，具有中国特色、中国风格、中国气派的文化产品更加丰富，文化自觉和文化自信显著增强，国家文化软实力的根基更为坚实，中华文化的国际影响力明显提升"的总体目标，明确的重点任务中，"保护传承文化遗产"包括加强历史文化名城名镇名村、历史文化街区、名人故居保护和城市特色风貌管理，实施中国传统村落保护工程，做好传统民居、历史建筑、革命文化纪念地、农业遗产、工业遗产保护工作；"融入生产生活"包括加强"美丽乡村"文化建设，发掘和保护一批处处有历史、步步有文化的小镇和村庄等内容。

在源远流长、辉煌灿烂的中华文化中，以农耕文化为主干的乡村文化始终占据主导地位。但是，在从工业文明向生态文明转型中，中国不少地方的村庄呈现"空心化"症候，人气日渐低落，文化生机不再。习近平总书记曾经深刻指出，农村是中国传统文明的发源地，乡土文化的根不能断，农村不能成为荒芜的农村、留守的农村、记忆中的故园。实现中华民族伟大复兴中国梦，理所当然包括作为中华文明之根的乡村的振兴，而且乡村振兴应当成为重要标志。在乡村振兴战略中，乡村文化是中华文化的源头和主干，乡风文明是乡村振兴的关键之举，这就意味着唤醒乡村振兴的意识和自觉，意味着挖掘和彰显中华乡村文化蕴含的独特价值，意味着全面发展农业农村的物质文明和精神文明，充分展现中华优秀传统文化的魅力、气度、风采和神韵，增添文化自豪、增强文化自信，形成乡村振兴更深层、更持久、更磅礴的力量，进一步保护乡村、建设乡村、发展乡村。

（三）农村土地整治的应对

农村土地整治要注意保留当地传统农耕文化和民俗文化的特色，加强乡村传统文化保护，积极营造不同于城镇的自然景观和人文氛围，形成传统文化与现代文明包容并存的和谐局面，形成自然与人文和谐统一的可持续发展乡村，使乡村振兴的内涵更加丰富、功能更加多元。农村土地整治要做到以下几点：一是留住乡村风貌。农村土地整治要符合乡村实际，遵循乡村发展规律，体现田园风貌，彰显传统文化符号，注意防范乡村景观"城市化"、乡村开发过度"商业化"和乡村建筑"西洋化"三种倾向，努力使农村更"像中国的农村"。二是传承乡村文化。农村土地整治要关注乡村的差异性、多样性，找到不同乡村的"性格"，内外兼修，多角度、全方位发掘乡村的个性和特色，如水网地区的乡村要有水乡韵味，平原地区要展示田园风光，丘陵地区要体现山村风貌，沿海地区要表现海洋风情。三是维持功能布局。农村土地整治要适应时代发展进步，促进乡村不仅成为传统的农业生产地和农民聚居地，而且兼具维护生物多样性的生态功能、保护乡愁乡土的文化功能、发展特色产业的经济功能、稳定城乡关系的社会功能以及满足诗意栖居的生活功能等多重功能和价值。如在生产方面，促进拓展新模式新业态，发展现代高效农业；在生活方面，促进形成更为生态、更加自然的居住形态；在生态方面，促进保护日益稀缺的田园风光和诗意山水。四是保障宜居宜业。农村土地整治要运用现代管理方式和手段，着力改善村民生产生活条件，让农民享受到更好的公共服务，过上更有品质的生活，真正做到村民是乡村的主人，村庄是本地人居住的地，而不仅仅是供外人观赏的景。

乡村振兴战略实施中通过开展农村土地整治促进形成乡风文明局面，不可能一蹴而就，需要持续的努力和积累，需要整体联动、有序推进。为此，一要抓好试点示范。要坚持试点先行、以点带面，在探索中完善思路、推进工作。试点地区要很好地进行谋划，准确理解乡村振兴的总体要求。如实施村庄整理要遵循历史传承，注意分析土地整治项目对传统文化的影响，旧村改造和新居建设不应全盘否定农村传统因素，尽可能地保留传统农耕文化和民风民俗中的积极元素，全面保护文物古迹、历史建筑、传统民居等传统建筑，重点修复传统建筑集中连片区，努力建设与城镇同样便利但风貌各异的现代农村；对具有历史、艺术、科学等方面价值的传统村落，少数民族特色村寨、民居等加强保护，对具有历史、人文传承价值的村落不得拆建，尽可能在原有村庄形态上改善居民生活条件，保持建筑、村落以及周边环境的整体空间形态和内在关系，保护传统村落各个时期的历史记忆。二要强化政策统筹聚焦。以实施乡村振兴战略为抓手，加大中央和地方各级财政支持力度，同时统筹整合现有相关资金，支持传统村落保护性整治等中华优秀传统文化传承发展类重点项目，提高资金集聚效益。三要加强建设力量集成。农村土地整治要发挥政府的主导作用，强化工作统筹协调，提高优秀传统文化保护传承政策研究和制度供给的针对性、有效性。特别是加强中华优秀传统文化传承发展相关扶持政策的制定与实施，注重政策措施的系统性、协同性、操作性。

第三节　传统村落保护性整治

《全国土地整治规划（2016—2020 年）》首次提出"实施传统村落保护性整治工程"，并以专栏列出"传统村落保护性整治工程"。在农村土地整治日益重视优秀传统文化保护和传承的背景下，选择传统村落进行保护性整治，能够更好诠释农村土地整治在传统文化保护和传承中可做事情很多，而且能够做得很好。

一、重要意义

乡村地区由于受到特定人文环境和地理条件的影响，并且历经千百年发展后，无论是村落用地布局、乡土建筑形式、土地利用习俗，还是农田景观、乡村植被、宗祠寺庙等均呈现丰富多彩形态，既反映了不同地区人们生产生活、社会文化的发展状况，也凝聚着丰厚的地域人文精神。就村落而言，《汉书·沟洫志》所载"或久无害，稍筑室宅，遂成聚落"即为村落，很长时间里，村落不仅承载着中华文明从无到有的使命，而且塑造了中国人与人之间"由竹竿和橡皮带所组成的框架结构"。正因如此，有学者认为土地是有生命的，村落是大地景观的重要组成，积淀了许多的历史、文化和乡土民俗，特别是传统的乡村聚落更是人类长期居住凝结出的文化精华，而每个地区独特的地域环境也导致这个地区的传统村落具有与众不同的空间形态与文化特质。传统村落俗称古村落，是指拥有物质形态和非物质形态文化遗产，具有较高的历史、文化、科学、艺术、社会、经济价值的村落。在中国，传统村落指民国以前建村，建筑环境、建筑风貌、村落选址未有大的变动，具有独特民俗民风，虽经历久远年代，但至今仍为人们服务的村落。

中国优秀传统文化最深远绵长的根脉就在传统村落，大量重要的历史人物和历史事件都跟传统村落有密切关系。这些村落之所以能保存至今，也在于其具有浓郁的历史风貌、优美的自然生态环境、科学布局的人文景观、精彩纷呈的民族特色。可以说，传统村落承载着中华传统文化的精华、传承着中华民族的记忆，是农耕文明不可再生的文化遗产，是维系华夏子孙文化认同的根本纽带，寄托着中华各族儿女的共同乡愁。每一个传统村落都体现着当地的传统文化、建筑艺术和村镇空间格局，反映着村落与周边自然环境的和谐关系，都是活着的文化与自然遗产，体现了一种人与自然和谐相处的文化精髓和空间记忆，是具有不可再生性、具有潜在利用价值的重要资源。传统村落是中国乡村历史、文化、自然遗产的"活化石"和"博物馆"，是中华民族的根脉、"人类与自然结合的共同作品"。

长期以来，伴随着"农业现代化、乡村城镇化、郊区城镇化和新农村建设、乡村旅游开发、城乡统筹发展"的多重挑战和冲击，传统村落不断遭受"建设性、开发性、旅游性"破坏，以及法规不健全、政策制度弊端、产权不清、保护资金缺乏、研究保护人才匮乏给传统村落保护带来的困难，近年来传统村落大量消失、村落内涵发生巨变。有关调查表明，2000年到2010年，全国自然村数量从 360 万锐减到 270 万，相当于平均每天消失 240 多个自然村。2012 年全国传统村落调查汇总数字表明：中国现存村落进一步缩减为 230 万个，村落消亡迅猛势头不可阻挡。"暖暖远人村，依依墟里烟"的恬淡意境已然成为一些人挥之不去但事实上又早成为只可追忆的"乡愁"。传统村落在村落消亡"大势"中也未幸免，2009 年至 2010 年，中国村落文化研究中心 20个课题组 267 人集中对中国长江、黄河流域以及西北、西南 17 个省 113 个县的 902 个乡镇传统村落文化遗存进行的综合性复查结果显示：颇具历史、民族、地域文化和建筑艺术研究价值的传统村落，2004 年总数 9707 个，2010 年仅存 5709 个，平均每年递减 7.3%，每天消亡 1.6 个。著名作家冯骥才曾感叹："每座古村落都是一部厚重的书，不能没等我们去认真翻阅，就让这些古村落在城镇化的大潮中消失不见。"据统计，目前 31 个省共登记上报现存具有传统性质的村落 11567 个。传统村落不仅面临数量上的锐减，而且村落内涵也在发生巨变。村庄原有的乡土气息消失殆尽，"求新求洋"和"千村一面"现象屡见不鲜，宝贵的农村文化资源日渐萎缩，一些乡村地区已经绵延几千年的文脉也面临被割断的危险。

进入 21 世纪后，加强传统村落保护日益受到关注。2006 年中央"一号文件"《关于推进社会主义新农村建设的若干意见》首次指出"村庄治理要突出乡村特色、地方特色和民族特色，保护有历史文化价值的古村落和古民宅"；2013 年中央"一号文件"《关于加快发展现代农业进一步增强农村发展活力的若干意见》提出"加大力度保护有历史文化价值和民族、地域元素的传统村落和民居"；2014 年中央"一号文件"《关于全面深化农村改革加快推进农业现代化的若干意见》提出"制定传统村落保护发展规划，抓紧把有历史文化价值的传统村落和民居列入名录，切实加大投入和保护力度"；2015 年中央"一号文件"《关于加大改革创新力度加快农业现代化建设的若干意见》要求"扶持建设一批具有历史、地域、民族特点的特色景观旅游村镇，打造形式多样、特色鲜明的乡村旅游休闲产品"；2016 年中央"一号文件"《关于落实发展新理念加快农业现代化实现全面小康目标的若干意见》强调"加大传统村落、民居和历史文化名村名镇保护力度"；2017 年中央"一号文件"《关于深入推进农业供给侧结构性改革加快培育农业农村发展新动能的若干意见》指出"支持传统村落保护，维护少数民族特色村寨整体风貌，有条件的地区实行连片保护和适度开发"。习近平总书记也十分重视传统村落的保护，2013 年7 月在考察湖北农村时指出："建设美丽乡村，不能大拆大建，特别是古村落要保护好"；2013 年 12 月他在中央城镇化工作会议上讲的"望得见山，看得见水，记得住乡愁"这句充满诗意的话语，更是道出了无数国人对传统村落呈现的田园生活的眷恋；2015 年 1 月他在云南古生村考察时，称赞当地白族民居的庭院"环境整洁，又保持着古朴形态，这样的庭院比西式洋房好，记得住乡愁"，强调要注意乡土味道，保留乡村风貌。习近平总书记更是一再强调："博大精深的中华优秀传统文化是我们在世界文化激荡中站稳脚跟的根基。"因此，必须从传承和发扬优秀传统文化、贯彻和落实文化强国建设目标的高度认识传统村落保护性整治工作，加快推进传统村落保护性整治，这不仅是进一步增强文化软实力的客观要求，也是坚定实施乡村振兴战略的必然要求。

推进传统村落保护性整治既有理论需求，也有实践基础。作为集全国文明单位、国家"5A"级旅游景区、国家示范保护区、国家地质公园、国家森林公园、中国最美六大古村（镇）、中国最值得外国人去的 50 个地方、中国最美十大秋色、全国低碳旅游示范区等诸多荣誉于一身的新疆阿勒泰喀纳斯景区，针对旅游业快速发展后，一些外来人员、当地干部职工和个别牧民不按照国家法律法规及景区规划要求，在禾木哈纳斯蒙古民族乡所属禾木村和哈纳斯村区域内乱搭乱建、乱圈乱占、私自买卖宅基地、侵占当地牧民土地等严重违反古村落保护相关规定的行为，喀纳斯景区各级党委政府和广大村民认识到"古村落是祖先留给我们的重要遗产，只有认真做好保护和开发，才能上无愧于先人、下无愧于子孙！"近年来，景区按照"保护生态、放大优势、突出民生、形成特色、创先争优"的方针，重点加大禾木哈纳斯蒙古民族乡古村落保护力度，编制了《禾木景区文物保护景观规划》，对该村进行整体保护、整理、控制规划，打造民俗原生态古村落，使村落文化遗产、历史景观与风貌特征得到有效保护。2014 年 4 月，还启动了禾木哈纳斯蒙古民族乡古村落保护整治工作。随着古村落整治工作深入推进，广大村民对古村落保护意识不断增强，不少群众逐渐意识到古村落保护的意义，从随意破坏、事不关己、乱搭乱建到大力支持、积极参与。

二、规划部署

为了切实促进传统村落的保护和发展，近年来有关部门开展了传统村落摸底和认定工作，农村土地整治则拟在此基础上开展传统村落保护性整治工程。

（一）传统村落名录

截至目前，中国不可移动文物约有 40 多万处，其中近 7 万处各级文物保护单位中，有半数以上分布在农村乡镇，还有 1300 多项国家级"非遗"和 7000 多项省、市、县级"非遗"，绝大多数都在传统村落。2012 年住房城乡建设部、文化部、财政部三部门在完成全国传统村落摸底调查、收录各地上报的 1.2 万个传统村落信息和基本摸清传统村落现状后，成立以冯骥才先生为主任委员的传统村落保护和发展专家委员会，制定了传统村落评价认定指标，并于该年 12 月 19 日在各地初步评价推荐基础上，经评审认定并公示后，确定第一批 646 个具有重要保护价值的村落列入中国传统村落名录；2013 年 2 月，上述三部门启动传统村落补充调查和推荐上报工作，并于该年 8 月 26 日出台第二批列入名录的村落名单，共有 915 个村落入选；2014 年 11 月 17 日，住房城乡建设部、文化部、国家文物局、财政部、国土资源部、农业部、国家旅游局等七部局，公布了第三批列入名录的 994 个村落名单；2016 年 12 月 9 日，前述七部局公布了第四批列入名录的 1598 个村落名单。在此期间，住房和城乡建设部、文化部、国家文物局和财政部于 2014 年 4 月 25 日联合发布《关于切实加强中国传统村落保护的指导意见》，明确了传统村落保护的指导思想、基本原则、目标任务、基本要求、保护措施，以及组织领导和监督管理等。

（二）保护性整治工程

《全国土地整治规划（2016—2020 年）》编制期间，开展了传统村落保护性整治工程可行性研究。根据相关研究成果，该工程实施遵循科学规划、整体保护、传承发展、注重民生、稳步推进、重在管理的方针，对选中的传统村落进行保护性整治，实现传统村落可持续发展。建设内容主要包括：

1. 保护传统村落中的优秀文化遗产

保护村落的传统选址、格局、风貌以及自然和田园景观等整体空间形态与环境；全面保护文物古迹、历史建筑、传统民居等传统建筑，重点修复传统建筑集中连片区；保护古路桥涵垣、古井塘树藤等历史环境要素；保护非物质文化遗产以及与其相关的实物和场所。总的来看，慎砍树、不填湖、少拆房，注意保留村庄原始风貌，尽可能在原有村庄形态上改善居民生活条件，保持建筑、村落以及周边环境的整体空间形态和内在关系，保护传统村落在各个时期的历史记忆。注重文化遗产形态的真实性，避免填塘、拉直道路等改变历史格局和风貌的行为，禁止没有依据的重建和仿制。注重传统文化和生态环境的延续性，传承优秀的传统价值观、传统习俗和传统技艺，尊重人与自然和谐相处的生产生活方式，严禁以牺牲生态环境为代价过度开发。

2. 因地制宜稳妥改善传统村落基础设施和公共环境

规划区内新建、修缮和改造等建设活动，要经乡镇人民政府初审后报县级住房城乡建设部门同意，并取得乡村建设规划许可，涉及文物保护单位的应征得文物行政部门同意。保护发展规划未经批准前，影响整体风貌和传统建筑的活动一律暂停。涉及文物保护单位区划内相关建设及文物迁移的应依法履行报批手续。依据规划，合理整治和完善村内道路、供水、垃圾和污水治理等基础设施，完善消防、防灾避险等必要的安全设施，整治文化遗产周边、公共场地、河塘沟渠等公共环境。注重村落空间完整性，保持建筑、村落以及周边环境的整体空间形态和内在关系，避免"插花"混建和新旧村不协调，保持传统村落的完整性。

3. 促进传统村落中优秀文化遗产的合理开发与利用

在做好村庄土地整治规划基础上，挖掘和保护传统村落的文化价值，将传统村落的保护利用与现代文明有机结合。一是传统村落保护利用要与改变贫困落后面貌相结合。既要高度重视乡土建筑的抢救保护，又要热切关注群众民生，合理安排保护利用项目；既要科学整治村落格局风貌及其自然生态环境，又要加强村庄基础设施建设。二是传统村落保护利用要与改善农民生活需求相结合。地方政府应出台政策措施，将引导居民自保获益与传统村落保护利用有机结合起来，达到既保护好传统村落遗产，又充分发挥其历史、研究、教育、审美、观赏等价值和作用。控制过度开发，包括控制商业开发的面积和规模，禁止将生活街区改成商业街，不允许搬迁全部村民、将传统村落建成"博物馆"等开发行为。

《全国土地整治规划（2016—2020年)》编制期间，全国共有三批次2555个村落入选中国传统村落名录，该规划基于典型性和示范性考虑，拟从已公布中国传统村落名录中选择1000个民风淳厚、保存较好、历史文化气息浓厚且有较大旅游开发潜力的传统村落开展"传统村落保护性整治工程"。该工程拟对上述选择出来的1000个村落按每个村落100万元进行保护性整治，合计需要10亿元。在投资来源上，根据2014年4月住房和城乡建设部、文化部、国家文物局等部门联合发布的《关于切实加强中国传统村落保护的指导意见》中的有关要求，拟一方面推动各级政府将传统村落保护性整治列入财政预算，地方政府综合运用多种方式筹集资金，如各级政府将其纳入本级财政预算、地方政府建立相关基金，以及规范保护与开发资金比例等；另一方面创新"村民自保、私保公助""产权转移、公保私用""认领、认养、认保"方式，实行"多元化、社会化、转移性"保护等形式参与传统村落的保护性整治。综合考虑各种因素，该工程所需投资中来自政府和社会渠道的比例大体为 8：2，也即来自政府的财政资金为 8 亿元，来自社会的投资为 2 亿元。本项工程建设期限为 5 年。其中，2016—2017 年为传统村落名单确定和村庄土地整治规划编制期，2018—2020 年为工程建设期。

（三）保障措施

随着中国进入全面建设小康社会的关键时期，丰富精神文化生活日益成为人们的热切愿望，而历经岁月磨砺和时间检验的传统文化作为中华民族的精神瑰宝将扮演更加重要的角色。在农村土地整治中加强传统文化保护不仅是社会主义文化建设的客观要求，也是促进乡村振兴战略内涵更加丰富、底蕴更加深厚的必然要求。为了确保前述"传统村落保护性整治工程"取得实效，除了有关地方要因地制宜编制实施农村土地整治规划，还需要做到：

1. 提高保护性整治工作认识程度

传统村落保护性整治中，不能全盘否定农村传统因素，而必须尊重农村特色，尽可能保留传统村落中的农耕文化和民风民俗中的积极元素。这就要求加强传统文化研究，发挥文化的积极引导作用，特别是要从传统实践中提炼出其中的积极因素来指导传统村落的人居环境保护和改善；此外，要加强传统村落保护性整治项目社会影响评价，特别是要增加对传统文化的影响和后果分析，提高传统村落保护性整治工作的科学合理性。

2. 加强保护性整治配套政策建设

加强农村土地整治保护传统文化的政策法规建设，将农村土地整治中的传统村落保护和管理工作逐步纳入法治化、科学化和规范化轨道；积极探索建设有利于传统村落保护的土地政策，特别是要妥善解决历史民居保护与改善居民居住条件的矛盾，合理安排一定的新村建设用地，将新申请宅基地农民逐步安排到新村，并对传统村落进行统一规划治理和培育发展新经济增长点以促进农村经济发展，做到既保护文化遗产又改善生活条件。

3. 鼓励社会公众参与保护性整治

农村土地整治需要政府主导和组织协调，也需要社会各界广泛参与。就传统村落保护性整治而言，更需要鼓励社会公众积极参与，只有社会公众广泛参与才能促进传统村落的有效保护和合理传承。要在农村土地整治中适时加大这方面的宣传教育，全面提升全民保护传统村落意识，巩固传统村落保护性整治的群众基础，确保这项工作开展能够深入人心。

第十章　农村土地整治的扶危济困

经过 30 多年持续扶贫后，中国目前剩下的贫困人口在经济、社会和政治等多个结构中均处于弱势地位，很难或者只能被动获取扶贫信息、参与扶贫项目和分享扶贫利益，呈现出较为显著的结构性贫困特征，之前的"大水漫灌式"扶贫日益面临"内卷化"困境。在中国扶贫事业进入啃硬骨头、攻坚拔寨的冲刺期后，如何创新思路和办法，加快贫困地区转型发展、促进贫困人群改善生计，实现到 2020 年现行标准下农村贫困人口如期脱贫，是所有贫困地区必须破解的重大课题❶，也是乡村振兴战略实施的重要内容。2014 年以来，中国政府确立的精准扶贫战略逐步清晰，而构建精准脱贫工作机制确保全体人民真正共享改革发展成果，需要对过去一些看似"行之有效"的做法进行机制性判断与系统性反思。

农村土地整治被认为在促进贫困地区扶贫开发中发挥了重要作用，并在实施精准扶贫战略中被寄予厚望。20 世纪 80 年代中后期以来，农村土地整治在中国经历了从试点开展到大规模推进的历程。较长一段时间内，在耕地保护压力的传导下，农村土地整治的主要任务是通过开发宜耕后备土地、整理低效利用土地和复垦损毁破坏土地以增加耕地面积，确保区域耕地总量动态平衡。贫困地区的农民因为农村土地整治的新增耕地功能而增加了生产资料（土地）数量，以及提供（准）公共产品功能改善了生产生活生态条件、参与其中的工程建设获得了劳务收入等，理论上能够达到扶贫目的。但是，随着农村土地整治的广泛开展，加之现行管理制度对该项工作目标定位出现偏差，农民本应具有的主体地位不断削弱，农村土地整治的组织实施及其成果使用与农民的天然关联逐渐割裂，产生了政策扭曲、资源错配和行为异化等现象，农村土地整治的扶贫功能在一些地区趋于不显。

---

❶ 2015 年中央扶贫开发工作会议强调，脱贫攻坚任务重的地区党委和政府要把脱贫攻坚作为"十三五"期间头等大事和第一民生工程来抓，并要求层层签订脱贫攻坚责任书、立下军令状。

如何理解农村土地整治的益贫性特征弱化问题？现有研究多以"黑箱化"处理方式对待农村土地整治与扶贫开发，先验式地认为农村土地整治必定促进扶贫开发，罔顾其中的原理和机制。而且，当前研究注重分析农村土地整治在促进扶贫开发方面"发挥哪些效用"而非"效用如何产生"，更不会延伸分析"哪些因素限制或阻碍效用发挥"。鉴于此，本研究尝试以农民主体地位变化为线索，对农村土地整治的发展脉络进行机制分析和案例实证，以期回答：为什么农村土地整治大规模开展之初，贫困地区的农民能够真正从中受惠？为什么农村土地整治"跨越式"发展后，地方政府和各界精英较为热衷而多数农民不够积极？为什么农村土地整治扶贫济困的初衷在政策实施中达不到预期成效？如何协调农村土地整治不同主体之间的利益关系，才能获得贫困农户脱贫的"帕累托改进"？

第一节　中国农村土地整治发展阶段

农村土地整治的前身是土地整理，现代意义上的土地整理进入中国并非仅仅出于保护耕地需要，但粮食安全形势严峻无疑强化并固化了其耕地保护功能。1986年以来，中国先后颁布三份有关耕地保护的重量级文件，成为分析农村土地整治发展脉络的重要线索。作为耕地保护持续加强的意外后果，农村土地整治日益偏离本源，农民的主体地位趋于边缘化，农村土地整治效果堪忧。

一、试点起步阶段（1986—1997年）：借鉴国际经验探索实施路径

1987年中国山东省与德国巴伐利亚州商定合作进行"土地整理与村庄革新"试点，1988年项目选址确定山东省青州市南张楼村，这是中国学习借鉴国外土地整理经验做法的开端与典范。联合国粮农组织认为，土地整理是统筹调整土地所有者和使用者产权结构的综合措施。德国早期土地整理，主要以产权调整方式将小块土地合并成有利于生产的大块土地。随着农业生产发展，改善农村和农业基础设施需求增加，德国土地整理增加了农业基础设施建设和村庄更新改造等内容。现今德国土地整理，是在做好规划前提下对土地权属进行调整，形成规模更大和更利于使用的地块，同时提升农业生产、农村生活基础设施的服务水平和促进环境政策得到执行。土地权属调整和配套农业基础设施建设是德国与其他国家（地区）土地整理的核心内容，维护农民土地权益、

保障农民主体地位是这些国家或地区推进土地整理的重要经验。

现代土地整理引入中国之初，学界对其认知基本符合本质特征，认为土地整理主要指土地界线及权属的有计划调整和优化，是一项调整土地关系、组织土地利用的重要措施。注重调整土地关系和土地利用布局等，主要内容包括调整农地结构、平整土地、修补建设农业基础设施、归并农村居民点、重划地界、改善环境条件等。政府层面对于推进土地整理也有清醒认识，时任国家土地管理局主要领导认为：土地整理是一项需要长期坚持的任务，以有利于稳定和完善农村社会经济政策、巩固和健全家庭联产承包责任制为前提，主要依靠农民集体经济组织力量，土地整理成果使用方式由农民集体经济组织自己决定，并要制定严密的程序和制度，保障土地整理工作的充分尊重农民意愿，保护农民利益不受侵犯。

在学习借鉴国外经验的基础上，各地结合实际探索土地整理实施路径。截至1997年年底，全国400多个县开展了一定规模的土地整理实践并形成一批典型。如江苏省苏南地区和浙江省湖州市结合基本农田建设开展农田整理，上海市推进农民住宅向中心村和小集镇集中、乡镇企业向工业园集中以及农田向规模经营集中的"三个集中"综合整治，安徽省六安地区开展田、林、路、渠、宅、塘、渔、墓"八位一体"综合治理。各地在推进土地整理中，大体遵循"农民自己的事情自己办"的思路，以各级政府和农村集体经济组织投入为主，农民投工投劳。土地整理后，耕地面积增加，耕作条件改善，生产成本下降，抗灾能力增强，权属调整后无论是沿袭分户承包经营还是适度集中后发展规模经营，农民都能真正从中得到实惠。在贫困地区开展土地整理，无疑能够加快脱贫步伐。山西省阳城县自1991年开展土地整理，历经6年田、水、路、林、村综合治理，于1996年年底提前一年跻身全省小康县，成为土地整理促进扶贫的典范。

现代土地整理引进中国不久，就因具有增加耕地的功能而被纳入耕地保护视野，成为之后农民主体地位不断边缘化的重要诱因。20世纪80年代后，随着工业化城镇化逐渐步入正轨，建设占用耕地问题开始凸显。1978—1985年，全国耕地净减330万公顷，年均净减41.25万公顷。其中，1985年净减100万公顷，成为新中国成立后耕地减少数量最多的一年。鉴于此，1986年3月，中共中央、国务院联合下发中发7号文《关于加强土地管理 制止乱占耕地的通知》，明确提出"十分珍惜和合理利用每一寸土地，切实保护耕地"是必须长期坚持的一项基本国策；同年6月，全国人大通过《土地管理法》，将"合理利用土地，切实保护耕地"作为立法主要目标。但此后数年，耕地面积锐减、土地资产过快流失局面并未得到根本解决。1987—1995 年，全国耕地净减 310.38 万公顷，年均净减 34.49 万公顷，导致 1997 年中共中央、国务院联合下发中发 11 号文《关于进一步加强土地管理切实保护耕地的通知》，提出实行省域耕地总量动态平衡，首次提出"积极推进土地整理"并将之作为确保省域耕地总量动态平衡的重要手段。

二、快速发展阶段（1998—2011 年）：农村土地整治打上中国烙印

这一时期，出于对粮食安全的担忧，中国政府高度重视耕地保护，除了严格审批耕地转为非农建设用地控制耕地资源流失外，还采取工程技术措施增加耕地有效面积（数量）和提高耕地综合产能（质量），土地整理自此步入快速发展轨道。1998 年修订的《土地管理法》，强调"严格控制耕地转为非耕地"，指出"国家鼓励土地整理"，规定开征新增费并专项用于耕地开发；同年修订的《土地管理法实施条例》提出"土地整理新增耕地面积的百分之六十可以用作折抵建设占用耕地的补偿指标"。土地整理不仅扮演保障耕地总量动态平衡（增加耕地）的角色，还因具有新增耕地的功能而被赋予拓展建设用地空间（指标折抵）的使命。2000 年原国土资源部《关于加强耕地保护促进经济发展若干政策措施的通知》中有关"对各地自筹资金进行农用地整理净增农用地中的耕地面积，经省级国土资源管理部门复核认定后，可以向国家按照 60% 的比例申请增加建设占用耕地指标"规定深受地方欢迎。1998 年后，土地整理的资金数额、项目数量及建设规模持续增长，2008 年被"农村土地整治"替代后更是一度呈现"跨越式"发展态势。

耕地保护压力层层传导之下，各级政府对土地整理（农村土地整治）新增耕地数量、拓展建设空间的工程建设属性青睐有加，导致土地整理（农村土地整治）在实施中逐渐被等同为造地改地的工程建设。1998 年原国土资源部出台《关于进一步加强土地开发整理管理工作的通知》，规定以项目形式组织实施土地整理，项目主要内容由相关工程建设任务打包而成。2001 年原国土资源部发布《关于组织申报国家投资土地开发整理项目有关事项的通知》，指出土地整理工程包括土地平整、农田水利、田间道路和其他工程（农田生态防护林及水土保持工程等）。2010 年国务院颁布《关于严格规范城乡建设用地增减挂钩试点切实做好农村土地整治工作的通知》，土地平整、田间道路建设、农田防护建设和农田水利建设等被确定为农村土地整治的手段和措施。

2012 年财政部和原国土资源部联合发布《新增建设用地土地有偿使用费资金使用管理办法》，农村土地整治被界定为土地平整、灌溉与排水、田间道路、农田防护与生态环境保持四大工程。

基于规范土地整理（农村土地整治）工程建设的目的，主管部门致力于建立健全项目管理制度，但一直面临项目管理制度体系不清的问题。1998 年原国土资源部出台的《关于进一步加强土地开发整理管理工作的通知》初步明确土地整理实行项目管理制度。2000 年原国土资源部发布《国家投资土地开发整理项目管理暂行办法》，提出项目实施实行公告、招投标、项目法人、工程监理等制度，采取合同管理方式。2002 年原国土资源部出台《关于对国家投资土地开发整理项目进行中期检查的通知》，将项目法人制、招投标制、监理制、合同制、公告制明确为土地整理项目管理的五项制度。2003 年原国土资源部出台《国家投资土地开发整理项目实施管理暂行办法》，强调落实前述"五制"的同时，加强实施监管。2006 年原国土资源部出台《关于适应新形势切实搞好土地开发整理有关工作的通知》，规定对项目承担单位的目标管理和绩效考核实行以审计为主、监督检查并行的监管制度，一些地方因而将决算审计制列入项目管理制度，合称"六制"，但也有地方将竣工验收制列入"六制"，此外还有"七制"等说法。

依靠行政力量推动建立的项目管理制度，保证了土地整理（农村土地整治）工程建设任务能够完成，理论上也能确保资金安全和项目质量（事实上常常并未如此），但也导致政府行政主导、专业机构强势介入、农民被边缘化等。在土地整理（农村土地整治）资金来源仅为专项财政资金（新增费）的前提下，县级以上政府在项目决策上占据了绝对话语权，通过构建立项、申报、审核、监管、考核、验收、评估和奖罚等一系列理性程序，形成一套严密设计的技术治理体系，有关部门疲于应付以工程建设为主要内容的土地整理（农村土地整治）项目实施管理。另外，工程建设内容打包成项目后，单项合同金额往往超出 200 万元，需要通过招投标确定施工单位，勘测定界、规划设计、工程监理、财务决算以及项目审计等业务性较强，也需中介机构承担。土地整理（农村土地整治）项目实施，实际由政府（包括主管部门）掌控全局，公司企业（施工单位和中介机构）具体操作，农村集体经济组织和农民"置身于外"，项目经费多被公司企业分享，只有部分农民以提供劳力形式参与工程建设并领取少量报酬，国家支农资金存在以公司企业为代表的"精英俘获"现象。土地整理（农村土地整治）项目竣工后，之前多由政府部门组织验收后交付农村集体经济组织或农民自行耕种，但近年在政府引导下流转给家庭农场、专业合作社、龙头企业等新型农业经营主体案例日增，农村土地整治的工程建设、后期管护、成果使用均呈现较为常见"离农"态势。

三、品质提升阶段（2012 年至今）：农村土地整治回归本源的希望

经历前一阶段的快速发展后，农村土地整治真正主体的事实缺位问题日益明显。多数农民在被排除出农村土地整治项目决策和建设、管护、利用等过程后，倾向于认为政府开展农村土地整治主要为了追求政绩（获得土地指标等），而非满足农村发展需要。公司企业承担农村土地整治工程建设及其相关任务，在赶工期、降成本等压力倒逼之下，建设成果与农民需要大相径庭，施工过程中变更规划设计方案成为常态，工程质量更为许多农民诟病。经整治土地交由新型农业经营主体发展规模经营后，往往根据农业发展需要重新调整使得前期投入无效，或者已建设施因为疏于管护而很快被弃置或损坏。另外，项目实施中，由于缺乏农民、建设单位和主管部门之间的协商沟通和纠纷解决机制，特别是权属调整等基础工作被避之不谈，工程建设中各种问题和矛盾易发多发，有的农户因为耕地被占且认为赔偿不足而阻挠甚至破坏工程建设，有的农户认为道路、沟渠等设施布局不合理导致受益程度不均而持有异议等，均不利于农村社会和谐稳定。

2012 年原国土资源部会同财政部主办"贯彻实施全国土地整治规划加快建设高标准基本农田现场会"，时任国土资源部长总结"十一五"土地整治工作特点为"规模扩展、内涵延伸、品质提升"。其中，品质提升意指农村土地整治从单纯的补充耕地数量为主，向增加耕地数量、提高耕地质量、改善生态环境和改进农村生产生活条件相结合转变。根据 1998 年修订的《土地管理法》对农村土地整治前身土地整理有关"县、乡（镇）人民政府应当组织农村集体经济组织，按照土地利用总体规划，对田、水、路、林、村综合整治，提高耕地质量，增加有效耕地面积，改善农业生产条件和生态环境"的规定，结合近年各地农村土地整治实践观之，笔者认为，农村土地整治不仅没有真正实现品质提升，反而在持续多年"大干快上"中偏离本源，突出表现一是农民主体事实缺位，二是土地权属调整未能普遍开展。农村土地整治过于重视工程建设的同时，忽视了本应具有的社会治理功能，与农民关系疏远，陷入与农业综合开发、农田水利建设等同质化无序竞争的格局，虽则有助于增加农村（准）公共产品供给，但无疑与初衷有别。

农村土地整治的"离农"效应,导致项目选址和布局多为"锦上添花"而非"雪中送炭"。近年来,一些地区在农村土地整治的常规渠道外开展了类似探索。广西壮族自治区龙州县一些农民自发进行零碎耕地"小块并大块",通过推田埂、清石头、修水渠,达到"田成方、路相通、渠相连",便于机械化耕作和规模化经营。广东省清远市引导农民自主调整置换土地承包经营权、治理土地细碎化难题,为了解决土地整合中因地块质量差异造成的不平等,以及整体改善农村生产生活条件,在自然村一级统筹种粮直补、生态公益林补偿、良种补贴等普惠性财政涉农资金,配套建设道路、沟渠等农业基础设施。龙州县政府部门已将当地农民自发开展的"小块并大块"视作农村土地整治实施模式的创新,引导农民自愿参与,民主议定并地方案,自发分地并造册登记,以及在换发土地承包经营权证、实施财政奖补等方面做好服务。清远市土地整合没有使用农村土地整治专项资金,但工作内容更加符合农村土地整治本质特征,由于在村民自治框架下农民自愿参与,农民主体地位得到尊重、农民主体作用充分发挥,农村土地整治应予学习借鉴。

现行运行机制弊端凸显,加上地方实践探索倒逼,农村土地整治亟须回归本源、提升品质。2014年中央政府发布的《关于引导农村土地经营权有序流转发展农业适度规模经营的意见》鼓励农民在自愿前提下采取互换并地方式解决承包地细碎化问题。2016年、2017年中央"一号文件"连续倡导农户自愿互换并地实现连片耕种,2017年中发4号文《关于加强耕地保护和改进占补平衡的意见》指出,要引导农村集体经济组织、农民和新型农业经营主体等投资或参与土地整治项目。值得注意的是,2017年十九大提出了新时代需要坚持的十四条基本方略,其中之一就是"坚持以人民为中心",要求把党的群众路线贯彻到治国理政全部活动之中,把人民对美好生活的向往作为奋斗目标。农村土地整治实现农民主体地位复归势在必行,但也存在诸多挑战。如前述2017年中发4号文仍将农村土地整治视为落实补充耕地任务的重要手段,规定农村土地整治新增耕地可以用于占补平衡(之前仅能用于保障省域耕地总量动态平衡),随着各地实现耕地占补平衡、占优补优难度趋大,各级政府势必加强对农村土地整治工作的主导,在满足本地耕地保护需求之外,获取可供交易的耕地占补平衡指标。另外,中国经济发展进入新常态后,特别是农村土地整治专项经费纳入地方一般预算后,财政资金保障程度不可避免有所降低,近年倡导的社会资本投资或参与农村土地整治,在相关监管缺位背景下,社会资本的逐利本性可能导致对农民本应获得利益的进一步蚕食。

第二节 农村土地整治促进扶贫的愿景与解析

农村土地整治的益贫特征是其固有功能的拓展，需要以农民主体作用的发挥为前提和基础。20 世纪 90 年代末期以来，农村土地整治偏离本源的快速发展，极大弱化了农民的主体地位，也大大削弱了其促进扶贫开发的功能。精准扶贫战略的实施，对农村土地整治工作本身提出了严峻挑战。

一、政策沿革

中国政府历来重视做好贫困地区扶贫开发工作。1986 年，国务院成立专门负责扶贫工作的领导小组，有组织、有计划推进大规模扶贫开发。到 1992 年年底，全国农村没有解决温饱贫困人口由 1978 年的 2.5 亿人减少到 8000 万人（1985 年确定人均年纯收入 200 元为贫困线）。1994 年国务院印发《国家八七扶贫攻坚计划》，力争到 2000 年基本解决当时全国农村 8000 万贫困人口的温饱问题。2001 年，国务院印发《中国农村扶贫开发纲要（2001—2010年）》，提出尽快解决少数贫困人口温饱问题，进一步改善贫困地区基本生产生活条件和生态环境。2011 年，中共中央国务院联合印发《中国农村扶贫开发纲要（2011—2020 年）》，要求到 2020 年，稳定实现扶贫对象不愁吃、不愁穿，保障其义务教育、基本医疗和住房。随着前述计划和纲要的相继实施，乡村地区贫困人口大幅减少、基础设施明显改善、社会事业不断进步，农村居民的生存和温饱问题基本解决。2015 年，十八届五中全会提出到 2020 年实现现行标准下农村贫困人口脱贫，贫困县全部摘帽，解决区域性整体贫困；同年，中共中央国务院联合发布《关于打赢脱贫攻坚战的决定》，明确"到 2020 年让 7000 多万农村贫困人口摆脱贫困"。2016 年国务院印发《"十三五"脱贫攻坚规划》专项规划，部署和安排脱贫攻坚任务。

为保障前述扶贫计划、纲要或规划顺利实施，国家推动建立健全促进扶贫开发政策体系，农村土地整治或者类似活动逐步成为重要内容。2010 年之前，与土地整理（农村土地整治）关联密切的基本农田建设是扶贫开发的重要手段。《国家八七扶贫攻坚计划》将"有条件的地方，人均建成半亩到一亩稳产高产的基本农田"作为扶持贫困户创造稳定、解决温饱的一项基础条件。《中国农村扶贫开发纲要（2001—2010 年）》提出，"加强基本农田、基础设施、环境改造和公共服务设施建设"。农村土地整治正式成为扶贫开发的重要手段始于"十二五"时期。《中国农村扶贫开发纲要（2011—2020 年）》提出，"推进贫困地区土地整治，加快中低产田改造，开展土地平整，提高耕地质量"，要求在贫困地区加大土地整治力度，项目安排向有条件的重点县倾斜。《关于打赢脱贫攻坚战的决定》强调，中央和省级在安排土地整治工程和项目、下达高标准农田建设计划和补助资金时要向贫困地区倾斜。《"十三五"脱贫攻坚规划》不仅要求高标准农田建设任务安排和中央补助资金分配继续向贫困地区倾斜，而且允许集中连片特困地区和其他国定贫困县将基于农村土地整治的城乡建设用地增减挂钩节余指标在省域内流转使用，以及支持有条件的贫困地区开展历史遗留工矿废弃地复垦利用试点等。

原国土资源部作为行政主管部门，"十二五"以来努力发掘农村土地整治蕴含的促进扶贫开发功能。《全国土地整治规划（2011—2015 年）》提出加大对老、少、边、贫地区土地整治扶持力度，将乌蒙山片区 38 个县（市、区）、江西赣南 8 个县等 100 个国家扶贫开发工作重点县纳入 500 个高标准农田建设示范县，引导项目和资金向这些地区倾斜。《全国土地整治规划（2016—2020 年）》除了提出从政策、项目、资金等方面加大支持贫困地区土地整治外，还设置了"集中连片特殊困难地区土地整治工程"，拟在国家确定的老、少、边、贫地区选取集中连片区域开展重大工程建设。近年来，原国土资源部相继发文支持贫困地区扶贫开发，在出台的政策中，农村土地整治政策被认为含金量较高。2012 年原国土资源部发布《关于印发支持集中连片特殊困难地区区域发展与扶贫攻坚若干意见的通知》，要求在保护生态环境前提下大力推进连片特困地区农用地整治。2016 年出台《关于用好用活增减挂钩政策积极支持扶贫开发及易地扶贫搬迁工作的通知》，在增减挂钩节余指标省域流转、增减挂钩收益及时全部返还等方面做出助力扶贫开发和易地扶贫搬迁规定。其间，原国土资源部针对个别地区出台的支持政策中，农村土地整治政策分量也较重。2014 年颁布的《关于支持乌蒙山片区区域发展与扶贫攻坚的若干意见》，除了支持开展农村土地整治及高标准农田建设外，还对开展城乡建设用地增减挂钩、推进工矿废弃地复垦利用试点等提出要求。

二、理想图景

农村土地整治被纳入扶贫政策体系并逐渐扮演重要角色，适应了扶贫方式从"输血"向"输血、造血并举"的转变，也凸显了其社会治理属性。分析现行农村土地整治有关扶贫政策设计初衷，遵循"发现致贫因素—探寻解决措施"的贫困问题治理逻辑可以发现，农村土地整治之所以成为重要的扶贫政策工具大体出于这种考量：贫困地区普遍存在内生动力不强、生存条件恶劣、设施建设滞后、就业机会缺乏和生态环境脆弱等致贫因素，这些因素的综合交织，使得贫困地区成为仅靠自身和市场力量无法打破的稳定的低水平均衡系统，农村土地整治兼具工程建设属性和社会治理属性，可为贫困地区实现脱贫搭建平台，让外部的资金、技术等生产要素以适当方式输入并与其内部要素有机结合，通过改变这些地区的生产生活生态条件，改善农村产业发展基础，激活区域发展内生动力，保障生态移民妥善安置，增加贫困农户就业机会，进而达到促进贫困地区脱贫的目的。

政策设计中，农村土地整治促进贫困地区扶贫的常规路径有：其一，扶持地区特色产业发展。结合农业发展规划实施农用地整理，为土地经营权流转创造条件，引导名特优农产品生产向适宜区域集中，扶持贫困人口参与度高的特色农业基地建设；实施村庄用地整理加强空心村治理和闲置宅基地处置，将节约的建设用地指标用于发展特色农产品加工业、乡村旅游业等。其二，保障生态移民搬迁安置。在迁出区实施村庄用地整理项目，复耕人口迁移后废弃的村庄用地，对受损生态系统进行修复治理；在迁入区实施村庄建设用地整理项目和农用地整理项目，利用村内闲置土地和低效用地安置移民和建设基础设施，加强中低产田改造和高标准农田建设。运用城乡建设用地增减挂钩政策，将迁出区村庄减少获得的建设用地指标与迁入区工业化城镇化发展相结合，依托小城镇、工业园区安置搬迁群众。其三，建设生产生活设施。农用地整理特别是高标准农田建设中，适当平整土地、规整田块，配套建设灌溉与排水、田间道路、农田防护与生态环境保持、农田输配电以及其他农业基础设施；村庄用地整理中，配套完善农村公共服务设施，连片整治农村人居环境。其四，增加非农就业机会。实施农村土地整治时，组织项目所在地的村集体承包投资规模小、技术要求低的工程并由当地农民直接实施；对不适于当地农民直接承担的工程，采取招标方式选择施工单位后尽量招用当地农民工。项目竣工验收后，建立建后管护制度，将建成的工程设施以适当形式委托专人管护。其五，保护脆弱生态环境。实施以生态保护和修复为主要目标的农村土地整治项目，推广生态型整治模式，恢复受损生态功能，保护生物多样性，引导部分农民向生态工人转变。除了前述常规路径，一些贫困地区以非财政资金（自筹资金或社会资本）实施农村土地整治所新增的耕地，被用作占补平衡补充耕地指标并在省域范围内有偿调剂后，能够获得数量可观的资金并用于帮扶贫困农户。

2017 年中央"一号文件"提出"允许通过土地整治增加的耕地作为占补平衡补充耕地的指标在省域内调剂"后,贫困地区以财政资金(新增费)实施的农村土地整治新增耕地,也可作为占补平衡补充耕地指标并用于区域间有偿调剂。

理论上看,农村土地整治具有益贫性特征,前述路径能够有效缓解或消除贫困地区的致贫因素。如扶持地区特色产业发展瞄准的是传统农业生产方式单一,第一、第二、第三产业发展受限导致的区域内生动能不足,自身造血能力不强等问题,让贫困农户更多分享农业全产业链和价值链增值收益,达到产业发展扶贫;保障生态移民搬迁安置针对的是一些贫困地区生存条件恶劣、生态环境脆弱、自然灾害频发但组织人们搬迁面临较为严峻的资源环境承载压力、迁移安置成本压力、建设配套资金压力和后续产业支撑压力等制约因素,确保迁移人口"搬得出、稳得住、能致富",达到易地搬迁扶贫;建设生产生活设施指向的是贫困地区农业基础设施建设滞后、农村公共服务供给不足导致农业生产持续发展、生活水平持续提高存在困难的情况,发挥农村土地整治项目投资乘数效应明显的优势,拉动所在地区经济增长,达到投资拉动扶贫;增加非农就业机会着眼于创造就业机会、增加就业岗位,让贫困地区有劳动能力和劳动意愿的贫困农民有业可就,达到就业帮助扶贫;保护脆弱生态环境针对的是贫困地区的贫困人口迫于解决眼前生计需要和对生态环境问题及自身行为后果无知而过度利用和不当开发加剧了生态环境脆弱性的现实,引导和组织贫困人口从参与生态修复治理中获益,实现生态保护扶贫。农村土地整治新增耕地作为占补平衡补充耕地指标用于有偿调剂,更是有助于搭建区域间土地资源(耕地指标)优化配置平台,建立区域间有偿帮扶机制(见图 10-1)。

三、客观分析

近年有关农村土地整治助力扶贫开发和脱贫攻坚的报道较多,宣传成效时往往不遗余力,基本上"遵循"了前述农村土地整治的扶贫逻辑,也符合各级政府及其组成部门追求扶贫成效的政绩需求。全国层面上,《中国国土资源报》曾经刊文指出,"十二五"期间,全国合计安排贫困地区农村土地整治项目 5200 多个,整治规模 6100 多万亩,投入资金 940 多亿元,参加农村土地整治的农民人均年收入增加 700 余元,调查显示 90% 以上受访农户表示经整治后村容村貌明显改善、家庭收入明显增加,98% 的受访农民对农村土地整治项目感到满意。文章据此认为,农村土地整治显著改善了贫困地区的生产生活条件和生态环境,断定农村土地整治助力扶贫攻坚成效显著。地方层面上,有关

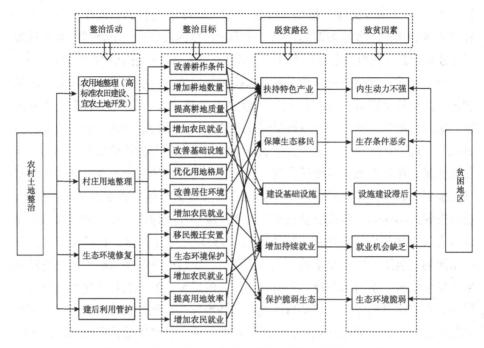

图 10-1 农村土地整治促进贫困地区扶贫的常规路径

地区的农村土地整治促进扶贫案例更是屡见不鲜。"十二五"期间，宁夏回族自治区启动生态移民农村土地整治项目，在同心县、盐池县、原州区、西吉县、隆德县、泾源县等扶贫攻坚地区开展17个项目，新增耕地5.04万亩，安置移民66950人，实现了移民"搬得出，稳得住，逐步能致富"的目标，过去寸草不生的沙漠荒滩现在林草成行、渠通路畅，风沙减少，农田得到有效保护，农民普遍增收。

应该说，在现代土地整理引入中国之初，土地整理规模通常有限，但各地围绕农村发展需要确定整理的内容和方式，而且注意发挥农民的主体作用，针对性解决困扰农村发展的实际问题。由于经整理后的耕地面积增加、耕作条件改善、生产成本下降和抗灾能力增强，土地整理的成果——高产稳产农田无论是继续分户承包经营还是适度集中规模经营，农民都能真正从中受益，总体上获得感较强，促进贫困农户脱贫效果明显，一些地区通过开展土地整理加快了脱贫步伐。如果在坚持农民主体地位前提下沿袭前述扶贫逻辑，土地整理（农村土地整治）能够继续在促进贫困地区扶贫方面真正发挥效用。但是，土地整理（农村土地整治）在此后持续多年的"大干快上"中出现偏离初衷倾

246

向，农民的主体地位不保，而且过于重视工程建设属性却忽视社会治理属性，致其益贫特征在不少地方难显。

农村土地整治益贫特征不显主要表现为：第一，项目决策中农民意愿"被代表"。在农村土地整治项目实施决策中，地方政府尤其是县级政府（含主管部门）出于追逐短期效益和显化工作成绩的考量，对于新增可供有偿调剂耕地的兴趣大于改良存量耕地，对于增加"实体化"生产、生活和生态设施的关注超过培育内生动能。贫困农户的意愿常被有意无意忽视。第二，项目实施中公司企业攫取超额利润。现行农村土地整治项目实施，实际上由相关公司企业（施工单位和中介机构）具体操作，项目经费多被公司企业"分食"，只有部分农民以提供劳力形式参与工程建设并领取少量报酬。在行业管理尚不健全的背景下，提供专业技术服务和承担工程建设任务的公司企业，并不因为该项目的扶贫属性而改变其对超额利润的追逐。第三，项目竣工后工商资本获得整治成果使用权。近年来，在政府的"引导"下，项目建成的高标准农田流转给新型农业经营主体的案例日增。经整治的土地交由新型农业经营主体后，他们往往会根据需要进行二次改造，使得前期部分整治投入成为无效投入。值得注意的是，工商企业流入土地后，原有土地上80%以上的农民无法被其雇用，多数农民在一定期限内丧失了对整治成果的使用权。

毋庸置疑，农村土地整治有助于增加乡村地区（准）公共产品供给，如提高基础设施配套水平、改善生存条件和生态环境等，但在激活内生动力、创造就业机会进而增加农民收入方面却与政策设计预期存在差距。另外，在技术力量不足和人才队伍缺乏成为主管部门偏重农村土地整治工程建设属性主要借口的背景下，农村土地整治的内容在许多地方只能是实体工程建设，主管部门的监管目标也只能是工程质量是否达标、专项资金是否安全，农村土地整治充其量只能解决"做蛋糕"的问题；加上乡镇政府呈现"悬浮"状态、村级组织多数涣散和农民个体日益"原子化"，善治在多数乡村地区尚属理想状况，农村土地整治本应具有的"分蛋糕"的社会治理属性无法转化为对贫困农民的帮扶成效。虽然农村土地整治对于贫困地区不仅具有"输血"功能而且具有"造血"功能，但由于其目标定位发生偏差，农民的主体地位弱化，农村土地整治的决策、施工及其成果与农民的关联被人为割裂，致其扶贫逻辑难以成立、益贫特征发生衰减，使国家资源利用效率不高，国家的政策设计与地方的实践效果出现偏差。

第三节　农村土地整治项目实施中的分利秩序

以工程建设为主要内容的农村土地整治项目实施是不同利益主体间的博弈过程，农民集体和个人的主体地位弱化甚至缺失致其在此博弈中处于弱势地位，形成不利于贫困地区农民脱贫致富的分利秩序。仅有少量农民通过提供劳务获得微薄的工资性收入，以公司企业为代表的"精英"俘获了项目经费的绝大部分。本研究将以具体案例剖析地方政府（主要为县级）组织实施农村土地整治项目的初衷，以及客观存在的分利秩序如何导致这一初衷难以完全成为现实。❶

一、案例项目基本概况

FP 县位于东部某省 BD 市西部，土地总面积 2496 平方公里（山地面积占 87%），耕地面积 21.9 万亩，人口总数 23.04 万，人均耕地不足 1 亩，俗称"九山半水半分田"。FP 县兼具深山区、革命老区和贫困地区的县情特点，自国家实施"八七"扶贫攻坚计划以来就是国定贫困县，贫困范围广、贫困程度深、发展基础弱，2013 年被列入所在片区区域发展与扶贫攻坚试点❷。从2013 年下半年开始，FP 县立足未利用地资源优势（256 万亩，占全部土地面积的 68%），把推进荒山整治开发作为加快脱贫致富的战略突破口，计划用 5 年左右时间，在自然条件较好的东部 8 个乡镇 98 个行政村实施农村土地整治项目，完成后预计新增耕地 15 万 ~ 20 万亩。根据 FP 县总体设计，一方面，将新增耕地作为耕地占补平衡指标以 15 万元/亩以上价格交易至省内其他完成建设占用耕地占补平衡义务存在困难地区，获取价格不菲的指标交易收益；另一方面，因地制宜发展高效农业，确保贫困农户实现稳定脱贫。农村土地整治采取的实施模式大体为：FP 县政府确定项目选址并通过招投标确定工程建设

---

❶ 本案例中，FP 县政府以扶贫为指向的土地整治综合开发采取了大力推进土地流转、高标准整治建设、高品质开发利用等做法。其中，高标准整治就是实施农村土地整治项目，土地流转发生在整治之前，为实施农村土地整治项目和后期开发利用提供了便利。农村土地整治项目的工程施工和后期开发利用通常由同一企业实施，而且前者直接服务于后者的需要。

❷ 《中国农村扶贫开发纲要（2011—2020 年）》将六盘山区、秦巴山区、武陵山区、乌蒙山区、滇桂黔石漠化区、滇西边境山区、大兴安岭南麓山区、燕山 - 太行山区、吕梁山区、大别山区、罗霄山区等区域的集中连片特殊困难地区和已明确实施特殊政策的西藏、四省藏区、新疆南疆三地州等 14 个片区确定为扶贫攻坚的主战场。

施工单位，项目实施以施工单位自筹资金方式推进，项目竣工并经验收合格后财政补助企业先期垫付的工程建设及管理费用。

本研究作为案例剖析的项目为该县 DD 村农村土地整治项目（该项目分为两个标段即项目一、二，但同步实施）。DD 村距 FP 县城约 10 公里，全村人口 1305 人，其中贫困家庭 319 户、贫困人口 698 人，原有耕地面积 665 亩，人均耕地仅为 0.51 亩，2015 年全村人均纯收入 2750 元。DD 村农村土地整治项目总规模 3351 亩，总投资 7430.1682 万元，2015 年 7 月开工建设，2016 年 11 月完成验收，新增耕地 2250 亩，人均增加耕地 1.72 亩。项目管理上实行的是法人制、招投标制、监理制、合同制、公告制、村民监督制、审计制等"七制"，业主单位即项目法人为 FP 县土地开发整理中心，施工单位经招投标确定为 QY 农业科技开发有限公司（QY 公司），提供专业技术服务的中介机构有：KY 地质勘查有限公司承担勘测定界任务（KY 公司）、H 省水利技术实验推广中心承担项目水土保持方案编制任务（SL 中心）、HD 土地咨询评估有限责任公司承担规划设计任务（HD 公司）、XJ 工程项目管理有限公司承担招标代理任务（XJ 公司）、GT 建设工程监理有限公司承担工程监理任务（GT 公司）、ZS 工程管理咨询有限责任公司承担工程结算审核验证任务（ZS 公司）、ZXY 会计师事务所有限公司承担竣工财务决算情况审计任务（ZXY 公司）。另外，BD 市土地开发整理中心负责组织工程复核、开展土地重估与登记工作，BD 市国土局负责组织工程验收。

二、案例项目实施概况

DD 村农村土地整治项目准备阶段历时较长。2013 年下半年该项目即作为全县试点之一开始谋划，但真正启动是在 2014 年。2014 年 3 月，KY 公司受 FP 县政府委托开展项目勘测定界业务。2014 年 11 月，HD 公司编制项目设计书和预算书，DD 村委会向 FP 县国土局提交希望尽早立项意见并且出具不做土地权属调整证明，SL 中心编制项目水土保持方案；FP 县国土局组织开展现场踏勘并向 BD 市国土局提交报告，认为项目规划设计符合当地实际，设计方案合理，预算符合标准，综合效益明显，报告结论为项目可行。当月，FP 县国土局出具项目不做土地权属调整的说明，FP 县农业局、林业局、水务局、环保局等部门分别出具关于项目可行并同意立项的意见。在此基础上，2015年 1 月，FP 县国土局正式向 BD 市国土局申报项目。2015 年 2 月，BD 市国土局组织专家对项目的可行性、规划设计及预算进行论证后建议立项，明确资金自筹方式，并向 FP 县国土局发布《立项通知书》（项目一拟整治土地面积 116.4657 公顷，新增耕地 81.3780 公顷，预算投资 3293.56 万元；项目二拟整治土地面积 106.9425 公顷，新增耕地 73.5809 公顷，预算投资 2781.46 万元。）2015 年 3 月，BD 市国土局向 H 省国土厅提交《立项信息核实申请书》，申请省厅核实项目立项信息。2015 年 4 月，FP 县国土局组织项目招投标，确定施工单位和监理单位等，前期工作陆续完成。

项目施工阶段从 2015 年 7 月开始至 2016 年 9 月结束。2015 年 7 月 11 日，中标单位 QY 公司进驻现场开始施工，同时邀请村民代表组成监督小组对项目施工进行跟踪监督，GT 公司的工程监理工作随之开展。2016 年 6 月，FP 县农业局组织专家对项目补充耕地质量进行评定，地力等级评定为六级；FP 县水务局组织召开项目水土保持设施验收会议并下达验收批复。2016 年 8 月，施工单位 QY 公司、监理单位 GT 公司、设计单位 HD 公司及 DD 村委会联合申请变更项目设计，HD 公司编制项目设计变更报告和设计变更报告预算书。同月，FP 县国土局基于勘测单位 KY 公司编制的项目竣工后土地勘测定界技术报告等材料，向 BD 市国土局申请变更项目设计，BD 市国土局在组织专家论证认定项目规划设计及预算变更方案合理可行后批复同意（项目一整治规模、新增耕地均保持不变，总投资由 3293.56 万元变更为 4606.99 万元；项目二整治规模不变，新增耕地由 73.5809 公顷变更为 68.6350 公顷，总投资由 2781.46 万元变更为 3622.54 万元）。2016 年 9 月，BD 市土地开发整理中心受 FP 县国土局委托编制《耕地质量等别评定报告》，FP 县国土局出具《新增耕地质量等别说明》认定新增耕地质量等别为 11 等。至此，DD 村农村土地整治项目完成全部工程建设任务。

项目验收阶段虽然历时较短，但程序较为复杂。2016 年 9 月，DD 村委会出具《自检意见》，同意项目验收；ZS 公司编制项目结算审核报告，审定工程造价；FP 县国土局编制项目竣工报告和竣工财务决算报告（项目一实际总投资 4165.0521 万元，实际已支付款项 116.91 万元，应付款项为 4048.1421 万元；项目二实际总投资 3265.1161 万元，实际已支付款项 108.6795 万元，应付款项为 3156.4366 万元。均约定待工程完工并经验收合格后支付至合同价款的 95%，预留 5% 作为质保金）；ZXY 公司编制项目审计报告；GT 公司编制工程监理总结报告。在此基础上，FP 县土地整治项目验收小组对项目进行初验，认为项目完成预定任务，质量符合要求，初验合格，FP 县国土局出具《初验报告》。初验合格后，FP 县国土局填报《补充耕地验收申请表》并向 BD 市国

土局提交《验收申请》，申请市局验收。2016 年 11 月，BD 市国土局组织专家
验收项目，认为项目完成预定目标任务，质量符合要求，验收合格（认定项
目一总投资 4165.0521 万元，项目区预期年可增加纯收入 652.45 万元，投资
回报年限 7 年；项目二总投资 3265.1161 万元，项目区预期年可增加纯收入
550.28 万元，投资回报年限 6 年），并向 FP 县国土局发布《土地整治项目通
过验收通知书》，告知项目通过验收，准予作为补充耕地储备。随即，BD 市
国土局向 HB 省国土厅提交《验收结果实地核实申请书》，申请省厅实地核实
项目验收结果，完成项目验收工作。

三、案例中的分利秩序

农村土地整治项目组织实施中，围绕工程建设任务的部署实施，形成了以
县级政府为中心的分利秩序。其中，县级政府掌握了项目选址、指标收益和工
程建设的主导权，能从整个项目实施中获得绝对利益，主管部门、公司企业和
当地农民通过提供专业服务、技术支撑和体力劳动从项目经费中分得一杯羹。

DD 村农村土地整治项目新增耕地 2250.1950 亩，合计花费 7430.1682 万
元，相当于每增加 1 亩耕地需要投入 3.30 万元。根据 FP 县的初步考虑，该项
目设立初衷就是提供耕地占补平衡指标用于有偿交易，所以整治出的新增耕地
被纳入补充耕地储备库进行管理，如果按当前的耕地占补平衡指标交易价格
（每亩 15 万元）计算，该项目新增耕地合计可以交易得到 33752.9250 万元，
扣除整治成本外相当于每亩净赚 11.70 万元。FP 县政府通过实施 DD 村农村土
地整治项目，可以获得 26322.7568 万元指标交易净收益，较之该县 2016 年
26722 万元的一般公共预算收入无异于雪中送炭，相当于再造了一个"县财
政"。该县的设想是，将这笔钱部分用于县内 60 岁以上农村老人的全额医疗救
助、贫困家庭学生的学业资助、基础设施建设及产业发展等民生工程，为全县
脱贫攻坚提供资金支持（见表 10 - 1）。

表 10 - 1　DD 村农村土地整治项目资金使用及构成情况（万元）

序号	费用名称	决算金额	收取单位
1	工程施工费	7019.4911	QY 公司
2	设备购置费	56.7240	QY 公司
3	其他费用	353.9531	
3.1	前期工作费	133.6700	
3.1.1	项目勘测费	44.2000	KY 公司

序号	费用名称	决算金额	收取单位
3.1.2	项目设计与预算编制费	53.4500	HD 公司
3.1.3	项目招标费	19.7200	XJ 公司
3.1.4	水土保持方案编制费	16.3000	SL 中心
3.2	工程监理费	98.5500	GT 公司
3.3	竣工验收费	97.2186	
3.3.1	项目工程验收费	12.0000	FP 县国土局
3.3.2	项目决算编制与审计费	29.7600	ZS 公司、ZXY 公司
3.3.3	土地重估与登记费	8.9000	BD 市土地开发整理中心
3.3.4	基本农田标志设定费	6.1151	QY 公司
3.3.5	项目工程复核费	40.4434	BD 市土地开发整理中心
3.4	业主管理费	24.5145	FP 县土地开发整理中心
总计	总计	7430.1682	

在 DD 村农村土地整治项目实施中，7430.1682 万元项目经费成为主管部门、公司企业和贫困农民的分食对象。从经审计的工程竣工财务决算可以看出，主管部门（FP 县国土局、FP 县土地开发整理中心、BD 市土地开发整理中心）以项目工程验收费、项目工程复核费、土地重估与登记费、业主管理费等形式从中分走 85.8579 万元；施工单位在工程施工、设备购置和基本农田标志设定费方面合计花费 7082.33 万元，中介机构以项目勘测费、项目设计与预算编制费、项目招标费、水土保持方案编制费、工程监理费、项目决算编制与审计费等形式合计收取提供技术服务费用 261.98 万元。由于整个项目的工程施工由专业公司承担，而且总体上机械化水平较高，聘用当地劳务不多。细究工程结算情况可以发现，该项目劳务支出仅为人工清理表土、人工运混凝土、人工开挖沟槽（渠）等，合计 103.4420 万元。

DD 村农村土地整治项目灵活运用了原国土资源部门支持当地扶贫开发的耕地❶占补平衡指标交易政策，引导社会资本进入农村土地整治领域。该项目资金为施工单位先行垫付，县财政根据需要支付部分前期工作费，但项目经费的绝大部分是在项目竣工并经验收合格后由县财政给予补助。在这一过程中，县级政府以耕地占补平衡指标形式将 DD 村的发展权变相交易至其他地区而获

---

❶ 允许 FP 县开发 25 度以下未利用土地为园地，但按耕地管理并可用于占补平衡。

得数额较大的指标收益，扣除以财政补助形式支付的必要项目经费后仍然所获颇丰，虽然这笔净收益也部分用于全县脱贫攻坚工作，但对于当地贫困农民而言，无疑是个分利行为，而且数额巨大。主管部门也可归入地方政府，但本研究为突出其分利行为而将其单列，从有关部门职能看，所提供的服务如工程验收、工程复核，以及土地重估与登记等均为其日常工作，本不应收费或计入业主管理费，但在本项目实施中均予收费，合计占项目经费的 1.16%。施工单位的花费占项目经费的 95.32%，考虑到工程建设项目成本控制等因素，特别是项目基本竣工后方变更设计，总投资由 6075.02 万元增加到 8229.53 万元，增长 35.47%（经工程造价审核后确定的总投资为 7430.1682 万元，较初始预算增长 22.31%，较变更设计预算减少 9.71%），这里是否存在超额利润值得研究（笔者倾向于认为存在）。提供专业技术服务的中介机构合计获得项目经费的 3.53%，当地农民获得的劳务费仅占项目经费的 1.39%。因此，仅就该项目的组织实施而言，不考虑地方政府和主管部门，相对于当地贫困农民而言，存在着以施工单位和中介机构等为代表的"精英"俘获现象，项目提供的就业机会不多，财政资源较少转化为当地贫困农民的工资性收入。

第四节 农村土地整治成果使用中的去社区化

经整治后的耕地较为平整而且基础设施配套，适于发展规模化经营，加之近年来国家倡导培育新型农业经营主体，各地都以实施农村土地整治项目为前置条件，不少地方还以行政手段推进整治后的耕地加快流转，加剧了农业生产的去社区化经营，本应享受农村土地整治成果的当地贫困农民多被"排挤"出来，使得农村土地整治成果更好惠及贫困农民脱贫致富的设想难以实现。本研究中，实施农村土地整治项目是当地基于扶贫目的所做农业综合开发的前期工作，施工单位也即后续的农业生产经营管理单位，在获取工程建设利润后，继续凭借其资金、技术优势从整治成果的利用中持续获益，贫困农民从中获利则存在不确定性。

一、产业基地建设扶贫构想

对于通过实施农村土地整治项目增加的耕地，FP 县将具有数字符号性质的耕地面积作为占补平衡指标有偿交易给其他地区后，在仍然位于本地的实体耕地上建设农业综合开发产业基地。县政府的总体设计是：基于农村土地整治项目区建设农业综合开发产业化基地，农民流转土地经营权给基地内农业企业获得作为财产性收入的地租（底金），将承包土地折成股份入股农业企业获得作为财产性收入的分红（股金），在农业企业务工拿到作为工资性收入的佣金（薪金），成为长远生计有保障的"三金"农民；各基地按照全县产业发展规划，根据所在区域自然条件，以生产绿色安全农副产品为目标，做好品种选育，标准化生产管理，第一、第二、第三产业结合的立体化经营，提高综合产出效益。按照 FP 县的农业综合开发设计，项目区的贫困农民有了前述"三金"收入后，加上适地发展林下种养经济获得经营性收入，能够在三年后稳定脱贫；耕地占补平衡指标交易收益部分返还项目区所在的农村集体，增强了农村集体扶持和帮助贫困农民的能力；基地内农业企业通过发展高效农业，能够实现长期稳定收益，引领和带动贫困农民脱贫致富。

承担 DD 村农村土地整治项目施工任务的 QY 公司就是 DD 农业产业基地的规划建设方，其主营业务有果树花卉种植、生态旅游开发、农产品加工批发零售和家畜饲养等。早在农村土地整治项目实施之前，承包农户、DD 村委会和 QY 公司三者之间就先后签订两份土地流转协议，一份是土地承包农户与 DD 村委会签订的《农村土地承包经营权流转合同书》，农户将承包土地 50 年的经营权（2014—2064 年）以转包形式流转给 DD 村委会；另一份是 DD 村委会与 QY 公司签订的《农业综合开发产业化基地建设合同》，DD 村委会将之前从承包农户处流转的土地经营权统一流转给 QY 公司，由 QY 公司进行整治、种植经济作物与生产经营管理。根据 QY 公司的产业发展规划，将围绕有机食品种植和生态旅游两个方面，把项目区打造成为集"吃、住、游、购、娱"于一体、"生产、生活、生态"于一处的综合产业基地，并在传统农业＋旅游经营基础上，从产品、销售、经营和农业金融等方面进行创新，进一步创收增效。根据最初设计，在产业基地建设的前 4 年，项目区农民人均可以拿到 620 元/年的底金，基地吸纳的 200 劳力人均可以拿到 1.5 万元/年的薪金，加上发展林下种养经济，人均每年可以增收 3000 元左右；四年之后，项目区农民的"三金"收入加上林下经济收入，人均每年可以增收 2 万元以上，全村贫困农民均可由此实现脱贫致富目标。

二、两份土地流转协议浅析

根据土地承包农户与 DD 村委会签订的《农村土地承包经营权流转合同书》，村委会从承包农户处流转土地经营权，旨在将其再次流转给农业企业，由农业企业对土地进行综合开发整治利用，并在符合国家政策的前提下保障农村第一、第二、第三产业融合发展的用地需求。土地流转费（底金）以现金形式支付，水浇地每亩每年800斤玉米、岗坡旱地每亩每年600斤玉米，枣埝地前四年每年每亩800斤玉米、第五年后每亩每年600斤玉米，玉米价格以当年1月5日当地市场交易价格为准（最低不得低于每斤1元），林地和荒山无须支付底金。与此同时，村委会对转包的土地根据实际产出效益情况按地类折成股份，如水浇地每亩折成1个股份，其他地类如旱地、有林地、荒山、枣埝地相应折股（枣埝地从第五年才开始折成股份），每年对扣除底金后的剩余利润收益按股分红。根据约定，承包农户以股权为依据享受底金和股金，但要全力支持村委会实施土地综合整治开发利用且不参与农村土地整治项目的投入和收益分配；村委会对流转得到的土地享有自主生产经营权、管理权、产品处置权和受益权，但要依法依规从事生产经营活动且按时足额缴纳底金。由于DD村农村土地整治项目的整治对象基本都是荒山（占比99.65%，其余0.35%为农村道路），而且合同签订在实施整治项目之前，所以虽然新增了2250亩耕地，但这2250亩仍然算作荒山而无法获得底金，仅获得按荒山折成股份的股金收益。项目区农民既能获得底金又能得到股金收益的充其量只是该村原有的665亩耕地，整治成果的财产权无法通过经营权流转而体现。

根据DD村委会与QY公司签订的《农业综合开发产业化基地建设合同》，QY公司要按照DD村委会关于农业综合开发的总体要求，在规定时间之前完成整地任务，以不影响经济作物种植和后期生产经营管理。村委会除提供基地建设所需土地外，不负担任何投资；QY公司需要支付流转土地的底金，以及经济作物种植和经营管理期间的全部投资，其中，底金遵循前述承包农户与DD村委会签订合同的约定，而且前四年底金一次性打入县或乡财政专户确保专款专用。双方认定，分红的利润为基地当年毛收入（所有经营收入）减去当年管理成本（经营管理中所有花费），约定自种植当年起算的第五年起，对前述利润按5∶5的比例分成，并且规定，第五年至第七年村委会每亩所得利润分配不能低于600斤玉米/年的价值，从第八年至合同期满，每亩所得利润分配不能低于800斤玉米/年的价值，各年存在的不足部分均由乙方补足。与底金只考虑原有地类无视项目新增耕地不同，股金涵括了基地内的全部土地。根据双方的权利义务规定，村委会以土地经营权入股形式与QY公司合作，支持QY公司做好流转土地的综合整治开发利用，协助QY公司争取相关优惠政策和资金支持（这也正是村委会在农村土地整治项目立项准备阶段，向FP县国土局提议尽早立项并且出具不做土地权属调整证明的原因），但不得干预QY公司正常的生产经营活动；QY公司承担基地开发所有投资（土地整治这一块由FP县以农村土地整治项目形式予以补助），可以无偿使用基地范围内原有基础设施，争取的项目建设资金不计入经营收入，而且可以在保证村委会权益不受影响前提下将土地二次流转给第三方经营。

三、农业经营"去社区化"探究

目前在中国快速推进的农业规模化经营中，来自农村社区外的工商资本正在大举进入农业生产领域，深刻改变了农业经营的社区嵌入性，导致日益凸显的农业经营"去社区化"现象。本研究中，DD村被选定实施土地整治综合开发项目的同时也注定了此后的农业生产经营存在"去社区化"问题。从FP县推崇的"政府统筹主导＋村级组织推动＋农户入股参与＋企业开发经营"山区综合开发模式可以看出，在地方政府（县、乡级）"引导"下，农村集体积极响应，农户在将承包土地经营权流转给村委会并由村委会统一流转给企业实现农户"入股"企业后，企业完全掌握了农业生产经营的主动权。QY公司的母公司HB建设集团长项在于各类工程的施工和管理，而非主营农业生产经营管理业务，虽然QY公司是在FP县注册的农业企业，并且是应承担社会责任、探索产业扶贫新模式的需求而成立，以HB农业大学为技术依托，但其工商资本介入农业生产经营领域的色彩仍然明显。QY公司在基地建设中，按照现代农业生产要求统一规划道路、铺设水利、架设电力，并在有机梨、樱桃、苹果等经济作物种植中采用最新的种植模式、技术品种，省工的规划建设和严格的技术标准，生产经营管理用工需求总量减少、门槛变高，常年吸纳大量当地农民进入基地务工并无可能。根据当地一个500亩现代化苹果园需要配备15个固定工人（长期雇佣并在专业技术人员指导下从事相关体力劳动）的平均情况估算，DD农业产业基地常年吸纳的本地劳动力人数仅为100人左右，而非规划设计的200人，能够拿到稳定工资性收入的农民其实不多。而且，村委会与农户签订合同时约定的农业开发公司对整治后土地分区划片委托农户代为管护并向农户支付管理费用，以及发展林下种养殖的相关条款，并未出现在村委会与农业公司签订的合同中，当地农民获得的管理费用和发展林下种植、养殖实际上存在操作问题，农民挖掘经营性收入增长潜力有限。

工商资本进入农业生产经营领域，会利用其占据的资本、技术，甚至信息、人脉等方面的优势，在农业生产经营中获得超额利润。在本研究中，QY

公司不仅在整治土地过程中赚取了工程建设利润，而且在整治成果使用的增值收益分享中也占尽优势。根据 FP 县安排部署，DD 农业产业基地种植的经济林多从第五年开始进入盛果期，前四年并无多少经济效益，县财政在这四年给予每亩每年 2000 元补贴，属于典型的"既补贴工程建设，又补贴生产经营"。按照 DD 村委会与 QY 公司合同约定，经整治新增的耕地仍被视为荒山而不享有底金收益，享受利润分红也只从第五年开始。这就意味着，QY 公司在前四年既享受财政补贴，又没有多少地租支出（享有底金收益的只是村内原有那部分耕地）。特别是，县政府为发挥示范效应，还从 QY 公司反租了 1000 亩土地进行示范经营，进一步降低了公司生产经营成本。另外，根据双方的合同约定，在村委会将土地经营权转交给公司后，原农户当前享有的国家惠农政策补贴资金仍由原农户享有，以后新出台的国家惠农政策按规定办理。由于整治前土地类型为荒山，并无多少政策补贴；整治为耕地后，虽然承包权仍然归属农户，但经营权发生转移。2016 年国家将农业"三项补贴"合并为农业支持保护补贴后，国家惠农政策补贴对象有从承包者向经营者转变的趋势，对于农业企业等规模经营主体有利，而转出土地经营权的承包农户再难享受国家财政补贴的普惠，减少了本应得到的转移性收入。

农业规模经营趋势下客观存在的"去社区化"现象，使得当地贫困农民基于农村土地整治成果从农业生产经营中持续获益存在较多不确定性，并且在与农业企业博弈中始终处于不利地位。本研究中的突出表现为：一是土地利益外流严重。QY 公司通过整治荒山将 DD 村大量土地（包括由荒山整治而成的耕地和村内原有耕地）集中起来，获得附着其上的大量利益，而且实际掌控了实施农村土地整治项目而建的基础设施的管护权和使用权。农村土地整治将荒山变成耕地，但耕地的使用及其获益与当地农民关系不大，工商资本对农民的挤出、替代效应较为明显。二是土地使用存在失控风险。QY 公司在整治出的耕地❶上种植经济林已属非粮化，这可归于扶贫开发需要。但是，根据 QY 公司的产业发展规划，DD 农业产业基地还将发展生态旅游，而且农户与村委会签订合同也约定流转的土地可用于乡村旅游、养老、办公等设施建设，前述耕地出现非农化也不无可能。三是农民承受市场风险。支撑当地政府扶贫信心的农民"三金"收入基础其实并不稳固。前已分析，底金和佣金只是针对村内原有耕地和部分农民而言，真正有希望起作用的是五年后的股金，但这建立

---

❶ 实为园地，但根据原国土资源部的支持政策，按照耕地进行管理。

在良好市场预期基础之上。如果五年后基地内经济林进入盛果期而市场行情不好，甚至出现烂市情形，QY公司怎么保证事先约定的利润分红？虽然根据合同约定，如果从第五年开始，连续三年利润分配不能达标，村委会有权单方解除合同并无偿收回土地经营权，但如果该公司经营管理不善正准备甩包的情形出现又该如何处理？特别是在该企业已经赚足工程费、其他财政支持资金和前四年生产经营补贴的情况下更可能成为现实。四是农村社区利益受损。以QY公司为代表的工商资本的进入，虽然有助于推动农业现代化，但其服务于工商资本群体资本积累和地方政府政绩的本质，容易导致"现代化"的农业与农村社区的关系日渐淡化，农业发展并未促进社区繁荣，反而削弱了农村社区自主性，农村集体权威受到影响。随着农民和国家之间制度化联系机制的改变，脱离了农村社区支撑的扶贫开发很难真正取得成效。

第五节　简单的结论与讨论

20世纪80年代中后期以来，现代意义上的农村土地整治在中国经历了从试点探索到快速发展再到品质提升的不同阶段，由于被纳入耕地保护范畴而受到各级政府青睐，加上项目管理制度建立后设置了准入门槛，农民的主体地位有所下降甚至缺失。在农村土地整治项目实施阶段，地方政府通过行政手段掌控了项目实施的主导权，公司企业利用专业技术优势占据了项目实施的操作权，形成了以县级政府为中心，包括主管部门、公司企业和农民群众在内的分利秩序，存在较为明显的以施工单位和中介机构等为代表的"精英"俘获巨额项目经费现象。在农村土地整治成果使用阶段，地方政府的行政推动和工商资本的大举渗透，整治后的土地容易流入以"农业企业"为代表的新型农业经营主体，加剧了农业经营"去社区化"的态势。农村土地整治的工程建设、后期管护、成果使用等呈现的"离农"效应，使贫困地区通过实施农村土地整治促进扶贫开发的实际效果大打折扣，也非乡村振兴战略实施所希望得到的结果。虽然农村土地整治理论上能够通过扶持地区特色产业发展、保障生态移民搬迁安置、建设生产生活设施、增加非农就业机会、保护脆弱生态环境等促进所在地区实现脱贫，但本研究通过案例实证了当前农村土地整治益贫性特征趋于不显：在贫困地区按照惯常模式实施农村土地整治，对于多数贫困农民而言，增加经营性收入潜力不大，获得工资性收入机会不多，释放财产性收入空间受限，增加转移性收入渠道被堵，很难确保收入持续较快增长，难以实现促进扶贫开发的初衷。

随着精准扶贫战略深入推进，当前亟须重新审视农村土地整治与扶贫开发二者间的相互关系和运行模式。首先，改变项目布局决策方式。针对常规的自上而下决策容易造成国家资源与农民需求错位，引导乡镇政府根据贫困状况的精准识别结果，结合改善生产生活条件的实际需要，组织农村集体申报土地整治项目，县级主管部门统筹考虑上级部门下达的目标任务和乡镇实施项目诉求后确定项目布局并配合做好申报工作。其次，改革现行项目管理制度。结合行政审批管理制度改革需要，适当优化、简化农村土地整治项目实施管理的环节和流程，行政管理人员腾出精力加强服务和监管，具体实施人员不再一味应付烦琐的日常管理而努力提高项目质量。再次，明确农民项目实施主体。按照"乡镇主导—村级实施—农民主体—部门指导"的模式推进农村土地整治，工程建设的用工优先安排涉及村庄的贫困农户，村民委员会或农村集体经济组织无法成为施工主体的，由乡镇政府通过招投标确定施工单位，将项目经费尽可能多地转化为当地贫困农户的工资性收入。最后，提升整治成果使用效益。改"先流转后整治"为"先整治后流转"，通过实施土地整治增加耕地数量、提高耕地质量进而提升底金和股金收入水平，尽可能将实施土地整治的公司与后期经营管理的公司分开，以及保障国家财政补贴类转移性收入，将整治成果更多惠及当地贫困农户。

针对农村治理弱化导致农村土地整治益贫特征不显的现状，要以农村土地整治项目等国家资源输入为契机，着力改善农村治理水平。推进村民自治体系建设、农村治理结构优化，通过村民自治重塑农民的主体责任，强化农民的集体行动意识，激发农民和村级组织承担和参与农村土地整治的积极性，破解农村公共品供给的"最后一公里"难题，促进土地建设、管护和利用的主体高度统一。重视农村土地整治的社会治理属性，统筹开展工程建设和权属调整，特别是要明确权属调整的基础地位，在村民自治框架下，通过村民之间的民主协商形式自主开展土地权属调整，为工程建设和后期的土地流转、规模经营创造便利。尊重和发挥农村社区及其成员的意志，推动构建"社区本位的农业适度规模经营"，以农村社区及其成员利益最大化为出发点和落脚点，不仅农村土地整治成果的使用要尊重农民意愿，而且农业规模经营采取何种形式也要遵循农民意志，既要保障农户耕种自家承包土地的权利，又要保证土地流转中社区成员的优先原则，实现农业规模经营的社区嵌入性，为精准扶贫提供社区支撑。

　　当前，无论是开展农村土地整治还是实施精准扶贫战略，均需坚持政府主导，但政府主导并不等于政府包办和政府包揽。客观而言，围绕精准扶贫实施的农村土地整治对地方政府及其主管部门提出了更高要求。地方政府在决策布局农村土地整治项目时，不应局限于追求增加耕地数量、拓展建设用地空间及其带来的指标交易收益的传统思路，而要真正将农村土地整治视为打通贫困地区与外部联系的平台，通过实施农村土地整治，变惯常的主要靠"输血式"扶贫为主要靠"造血式"扶贫；主管部门要改变之前的审批思维和监管模式，充分发挥业务特长和技术优势做好相关服务，指导乡镇和村合理选址和申报项目，并在规划设计、工程建设和权属调整等环节提供专业图件和测绘、登记等方面的支撑，以及改变过于技术化的项目绩效考评方式，将项目绩效考评的主导权交与农村集体经济组织和用地农民。在农村土地整治成果使用上，纠正地方政府通过下达指标和强制推动等方式促进土地流转和发展农业规模经营的做法，特别是要防范地方政府为了政绩和自身利益与工商资本结盟，分食农民合理使用整治成果而应得的利益。

　　社会资本因其具有的资金、技术优势成为改造贫困地区落后生产方式的重要依赖力量，农村土地整治资金筹措的中长期目标也应为：在稳定政府投入的前提下，引导和鼓励社会力量广泛参与，构建市场机制完善的多元化资金投入格局。在当前市场机制尚未健全的背景下，政府财政资金毫无疑问在农村土地整治资金来源中扮演重要角色，但社会资本应该作为有益补充。特别是在贫困地区，在缺乏财政资金撬动的情况下，社会资本的适当介入对于农村集体组织实施土地整治能够起到"桥梁"作用，将政府的规划部署和农民的实际需求有效连接。在加强农村民主政治建设和政府主管部门监管的前提下，鼓励工商资本与农村集体联合申报和承担土地整治项目，划定工商资本的工程建设利润空间，避免工商资本挟资本、技术之利而在项目实施中掌握实际执行权。对于农村社区成员能够胜任的多数农业生产领域，整治后的土地应向当地农民倾斜，引导农业企业进入农业生产的产前和产后诸服务环节和少数更具优势农业生产领域，政府及其主管部门要按照"补贴成本，不补贴经营"的原则予以鼓励，不应承揽农业企业经营风险。

参考文献

[1] Erich Wei B. 联邦德国的乡村土地整理仁 [M]. 贾生华, 译. 北京: 中国农业出版社, 1999.

[2] 蔡洁. 耕作层土壤剥离再利用的若干问题探讨 [J]. 浙江国土资源, 2008 (3).

[3] 蔡运龙. 变废为宝集腋成裘——刍议"土地整理与开发、复垦"概念对中国土地管理思路的拓展与深化 [J]. 中国土地, 1997 (3).

[4] 曹开宇. 农村土地整治的困与谋——来自浙江省杭州市萧山区的实践 [J]. 中国土地, 2015 (4).

[5] 陈东, 章岳峰, 邵红霞, 等. 杭州市耕作层土壤剥离再利用工作研究 [J]. 浙江国土资源, 2014 (10).

[6] 陈光银, 张孝成, 王锐, 等. 表土剥离再利用工程绩效评价——以重庆市三峡库区移土培肥工程为例 [J]. 水土保持通报, 2012, 32 (5).

[7] 陈佳骊, 徐保根. 基于可转移土地发展权的农村土地整治项目融资机制分析——以浙江省嘉兴市秀洲区为例 [J]. 农业经济问题, 2010, 31 (10).

[8] 陈利根. 土地法学 [M]. 北京: 中国农业出版社, 2008.

[9] 陈梅. 农民专业合作社发展存在的问题及对策 [N]. 中国工商报, 2012 - 05 - 23 (06).

[10] 陈伟忠. 日本土地改良区的农田基础建设及其对中国的启示 [J]. 世界农业, 2013 (12).

[11] 程从坤. 耕作层土壤剥离再利用模式研究——以安徽省为例 [J]. 安徽农业科学, 2014, 42 (23).

[12] 丁恩俊, 周维禄, 谢德体, 等. 国外土地整理实践对中国土地整理的启示 [J]. 西南农业大学学报 (社会科学版), 2006, 4 (2).

[13] 董雪. 吉林省黑土区村庄表土剥离技术集成方案 [D]. 长春: 吉林农业大学, 2012.

[14] 董祚继. 试论土地整理的内涵及当前任务 [N]. 中国土地报, 1997 - 03 - 08 (03).

[15] 窦森, 董雪, 董丽娟, 等. 松辽平原表土剥离技术体系——以松原市为例 [J]. 吉林农业大学学报, 2013 (9).

[16] 端木英子. 试论农村土地整理法的法律属性 [J]. 中国集体经济, 2014 (13).

[17] 费建波, 凌静, 吴玺, 等. 基于土地整治监测监管系统的高标准农田建设状况分析 [J]. 农业工程学报, 2016 (3).

[18] 封志明, 刘宝勤, 杨艳昭. 中国耕地资源数量变化的趋势分析与数据重建: 1949—2003 [J]. 自然资源学报, 2005, 20 (1).

[19] 冯广京. 中国农地整理模式初步研究 [J]. 中国土地, 1997, (6).

[20] 冯亮, 徐祥临. 乡村治理、土地整理与乡土文化之间的联动性——基于调查的比较分析 [J]. 中国乡村发现, 2015 (3).

[21] 冯应斌, 杨庆媛. 转型期中国农村土地综合整治重点领域与基本方向. 农业工程学报, 2014 (1).

[22] 高世昌, 陈正, 孙春蕾. 土壤剥离有多贵?——对若干省份耕作层土壤剥离利用成本调查研究 [J]. 中国土地, 2014 (11).

[23] 高向军. 土地整理理论与实践 [M]. 北京: 地质出版社, 2003.

[24] 高星, 吴克宁, 陈学砧. 土地整治项目提升耕地质量可实现潜力测算 [J]. 农业工程学报, 2016, 32 (16).

[25] 宫蔺珈, 赵谦. 日本土地区画整理融资立法以及对中国的启示 [J]. 改革与战略, 2014 (4).

[26] 关江华. 土地整理权属调整研究 [D]. 华中农业大学, 2008.

[27] 桂华. 从经营制度向财产制度异化——集体农地制度改革的回顾、反思与展望 [J]. 政治经济学评论, 2016 (5).

[28] 国家土地管理局规划司, 中国土地勘测规划院情报所. 国内外土地整理借鉴 [M]. 北京: 中国大地出版社, 1998.

[29] 韩春丽. 基于选择试验模型的表土剥离利用效益非市场价值评估——以浙江省余姚市为例 [D]. 杭州: 浙江大学, 2014.

[30] 何得桂. 陕南地区大规模避灾移民搬迁的风险及其规避策略 [J]. 农业现代化研究, 2013, 34 (4).

[31] 何芳. 前联邦德国土地整理与分析 [J]. 中国土地, 1997 (10).

[32] 何燕秀, 李莲姣. 浅谈土地整治工程后期管护存在问题及对策 [J]. 中国管理信息化, 2014 (15).

[33] 何佑勇, 严庆良, 沈志勤. 浙江省 "十二五" 高标准基本农田建设成效分析 [J]. 浙江国土资源, 2016 (8).

[34] 胡光明. 对完善家庭农场经营机制的思考 [J]. 中国农垦, 2010 (3).

[35] 胡静, 金晓斌, 陈原, 等. 土地整治重大工程项目建设监测管理系统的设计与实现. 中国土地科学, 2012, 26 (7).

[36] 胡穗. 中国共产党农村土地政策的演进——从农村土地所有权和经营权角度进行考察 [D]. 湖南师范大学博士学位论文, 2004.

[37] 胡业翠，郑新奇，徐劲原，等. 中国土地整治新增耕地面积的区域差异 [J]. 农业工程学报，2012，28（2）.

[38] 胡昱东，吴次方. 中国农村土地整理中土地权属调整问题研究 [J]. 西北农林科技大学学报，2009（1）.

[39] 胡中华. 农村土地整理绩效评价研究 [D]. 南京农业大学，2010.

[40] 黄希垚. 基于污染风险评价的耕地表土剥离与再利用布局研究 [D]. 福建农林大学硕士学位论文，2013.

[41] 黄贤金，赵小风. 论中国土地整理融资体系创新 [J]. 资源与产业，2008，10（5）.

[42] 黄延廷. 家庭农场优势与农地规模化路径选择 [J]. 重庆社会科学，2010（5）.

[43] 黄祖辉. 发展农民专业合作社，创新农业产业化经营模式 [J]. 湖南农业大学学报（社会科学版），2013（8）.

[44] 黄作源，彭勇珍. 清远农综改用 3 年时间 给农民带来看得见的利益 [N]. 清远日报，2015 - 06 - 15（06）.

[45] 霍亚涛. 城乡统筹视野下的中国土地整理法律制度研究 [D]. 重庆大学博士学位论文，2009.

[46] 霍原. 试论中国土地整理法的立法思考 [J]. 求实，2011（2）.

[47] 贾文涛. 统一概念为土地整治保驾护航 [J]. 中国土地，2012（8）.

[48] 姜爱林. 论土地整理的法律概念 [J]. 国土经济，1997（6）.

[49] 蒋辉. 苏南地区进一步发展家庭农场的探讨 [D]. 苏州大学硕士学位论文，2008.

[50] 金丹，卞正富. 国内外土地复垦政策法规比较与借鉴 [J]. 中国土地科学，2009（10）.

[51] 金其铭. 中国农村聚落地理 [M]. 南京：江苏科技出版社，1989.

[52] 金涛，张小林，金飚. 中国传统农村聚落营造思想浅析 [J]. 人文地理，2002，17（5）.

[53] 金晓斌，周寅康，李学瑞，等. 中部土地整理区土地整理投入产出效率评价 [J]. 地理研究，2011，30（7）.

[54] 剧宇宏. 中国土地整理的法律思考 [J]. 农业经济，2009（6）.

[55] 孔祥斌，张青璞. 中国西部区耕地等别空间分布特征 [J]. 农业工程学报，2012，28（22）.

[56] 赖文浩. 如何实现耕作层剥离再利用？请看来自督察一线的建议 [N]. 中国国土资源报，2017 - 11 - 10（02）.

[57] 李超文. 农村土地综合整治村选址适宜性评价方法探讨——以海宁市袁花镇为例 [D]. 浙江大学硕士学位论文，2011.

[58] 李国生. 非农建设征用耕地的耕作层利用探讨 [J]. 杭州农业与科技，2008（5）.

[59] 李建华，赵艳玲，付馨，等. 丘陵区水田整治中的表土剥离技术研究 [J]. 湖北农

业科学, 2013, 52 (5).

[60] 李乐, 张凤荣, 关小克, 等. 基于规划导向度的农村居民点整治分区及模式 [J]. 农业工程学报, 2011 (11).

[61] 李蕾. 美国煤矿区农用地表土剥离制度 [J]. 国土资源情报, 2011 (6).

[62] 李炼军. 土地整理的法律研究 [D]. 西南政法大学, 2006.

[63] 李明辉. 国外土地整理立法及对中国的启示 [J]. 世界农业, 2011 (11).

[64] 李琪, 王秋兵, 刘扬, 等. 中国土地利用中的农耕文化因素影响机制分析 [C] // 2009 年中国土地学会学术年会论文集. 2009.

[65] 李裕瑞, 曹智, 郑小玉, 等. 中国实施精准扶贫的区域模式与可持续途径 [J]. 中国科学院院刊, 2016 (3).

[66] 李祖佩. 项目制实践与基层治理结构——基于中国南部某县的调查分析 [J]. 中国农村经济, 2016 (8).

[67] 连子康. 江汉平原土地整理权属调整研究 [D]. 华中农业大学硕士学位论文, 2007.

[68] 梁旭忠. 新昌县土地整治项目管理模式初探 [J]. 浙江国土资源, 2013 (5).

[69] 林爱文, 胡艳荣, 胡立峰. 三峡库区土地整理"移土培肥工程"设计研究——以兴山县峡口镇为例 [J]. 水土保持研究, 2008, 15 (4).

[70] 林坚, 杨绍银, 宋健, 等. 市县两级土地整治规程"制图标准"要点分析 [J]. 中国土地科学, 2014 (1).

[71] 林培. 中国耕地资源与可持续发展 [M]. 南宁: 广西科学技术出版社, 2000.

[72] 林雪梅, 牛忠江, 曹忠鲁. 土地整治纠纷生成的逻辑机制与法律规制 [J]. 管理世界, 2016 (11).

[73] 刘成友. 南张楼"混血"乡村的未完答卷 [N]. 人民日报, 2010 - 08 - 06 (15).

[74] 刘慧, 叶尔肯·吾扎提. 中国西部地区生态扶贫策略研究 [J]. 中国人口·资源与环境, 2013 (10).

[75] 刘奇. 大国三农 清华八讲 [M]. 北京: 中国发展出版社, 2016.

[76] 刘姝驿, 杨庆媛, 等. 基于层次分析法 (AHP) 和模糊综合评价法的土地整治效益评价 [J]. 中国农学通报, 2013 (26).

[77] 刘新卫, 李景瑜, 赵崔莉. 建设 4 亿亩高标准基本农田的思考与建议 [J]. 中国人口·资源与环境, 2012 (3).

[78] 刘新卫, 梁梦茵, 郧文聚, 等. 地方土地整治规划实施的探索与实践 [J]. 中国土地科学, 2014 (12).

[79] 刘新卫, 杨华珂, 郧文聚. 土地整治促进贫困地区脱贫的模式及实证 [J]. 农业工程学报, 2018 (5).

[80] 刘新卫, 杨华珂. 贵州省土地整治促进脱贫攻坚的现状及发展建议 [J]. 贵州农业科学, 2017 (5).

[81] 刘新卫,杨华珂.基于土地整治平台促进连片特困地区脱贫攻坚——以乌蒙山连片特困地区为例 [J].中国国土资源经济,2017 (12).

[82] 刘新卫,杨华珂.中国土地整治法律体系建设研究 [J].农林经济管理学报,2017 (5).

[83] 刘新卫,郧文聚,陈萌,等.国家基本农田保护示范区实践探索与制度创新 [J].中国土地科学,2013 (6).

[84] 刘新卫,赵崔莉.改革开放以来中国耕地保护政策演变 [J].中国国土资源经济,2009 (3).

[85] 刘新卫,赵崔莉.农村土地整治的工程化及其成因 [J].中国农村经济,2017 (7).

[86] 刘新卫,赵崔莉.土地整合探索与农村土地整治反思——以广东省清远市为例 [J].西北农林科技大学学报 (社会科学版),2018 (1).

[87] 刘新卫.国内耕作层土壤剥离再利用研究与实践进展 [J].贵州农业科学,2016 (2).

[88] 刘新卫.农村土地整治应加强传统文化保护 [J].中国土地,2012 (5).

[89] 刘新卫.农民专业合作社承担土地整治工作初析 [J].中国发展,2014 (6).

[90] 刘新卫.日本表土剥离的利用和完善措施 [J].国土资源,2008 (9).

[91] 刘雪冉,赵艳玲,李建华,等.表土剥离对土地整治项目收益的影响研究 [J].资源与环境,2012,28 (11).

[92] 刘彦随,周扬,刘继来.中国农村贫困化地域分异特征及其精准扶贫策略 [J].中国科学院院刊,2016 (3).

[93] 刘志仁.日本推进农村城市化经验 [J].中国农村经济,2000 (3).

[94] 卢艳霞,黄盛玉,王柏源,等.农村土地整治创新模式的思考:基于广西壮族自治区崇左市龙州县"小块并大块"的启示 [J].中国土地科学,2012,26 (2).

[95] 逯平.试论中国城市传统文化对城市规划的影响 [J].城市规划,2010 (30).

[96] 罗艾桦,贺林平.广东清远 给农民看得见的实惠 [N].人民日报,2015 - 12 - 09 (01).

[97] 罗明,王军.中国土地整理的区域差异及对策 [J].地理科学进展,2001 (2).

[98] 罗文斌.中国土地整理项目绩效评价、影响因素及其改善策略研究 [D].浙江大学,2011.

[99] 吕添贵,吴次芳,费罗成.基于发展视角下的土地整治顶层设计障碍分析及其路径选择 [J].农村经济,2014 (2).

[100] 马慧强,韩增林,江海旭.中国基本公共服务空间差异格局与质量特征分析 [J].经济地理,2011 (2).

[101] 毛志红.土地整治理应担负"绿色"使命 [N].中国国土资源报,2016 - 01 - 26 (03).

[102] 莫利平. 浅谈高速公路建设项目用地耕作层土壤剥离及再利用 [J]. 西部交通科技, 2013 (5).

[103] 曲晨晓, 吴克宁, 李云霞. 土地整理的实践问题 [J]. 中国土地, 1997 (10).

[104] 曲福田. 典型国家和地区土地整理的特点及启示 [J]. 资源与人居环境, 2007 (20).

[105] 曲衍波, 姜广辉, 张凤荣, 等. 基于农户意愿的农村居民点整治模式 [J]. 农业工程学报, 2012 (23).

[106] 商兆奎, 邵侃. 自然灾害胁迫下武陵山区农业发展: 多重困境与突破路径 [J]. 云南民族大学学报 (哲学社会科学版), 2016, 33 (2).

[107] 生青杰. 农村居民点城镇化土地整理中公众参与的法律思考 [J]. 社科纵横, 2010 (6).

[108] 石若明, 朱海勇, 陈灿. 基于规则库的三维土地整治规划 [J]. 农业工程学报, 2013 (3).

[109] 石声汉. 中国农业遗产要略 [M]. 北京: 农业出版社, 1980.

[110] 司泽宽, 张迅. 贵州省非农建设占用耕地耕作层剥离利用研究 [J]. 安徽农业科学, 2014, 42 (17).

[111] 苏柱华, 杨叶飞, 甘阳英, 等. 农村土地细碎化成因与解决机制研究——基于广东清远市承包地互换整合确权案例 [M] //第十一届中国软科学学术年会论文集. 2015.

[112] 隋姝妍. 农村经济新型农民专业合作社的产生与展望——以山东省为例 [J]. 2012 (8).

[113] 孙礼. 关于保护和利用表土资源的思考 [J]. 中国水土保持, 2010 (3).

[114] 孙向阳. 土壤学 [M]. 北京: 中国林业出版社, 2010.

[115] 孙新华. 农业规模经营的去社区化及其动力——以皖南河镇为例 [J]. 农业经济问题, 2016 (9).

[116] 谭永忠, 韩春丽, 吴次芳, 等. 国外剥离表土种植利用模式及对中国的启示 [J]. 农业工程学报, 2013, 29 (23).

[117] 唐秀美, 潘瑜春, 刘玉, 等. 中国耕地整治投资实施模式与路径分析 [J]. 中国土地科学, 2016, 30 (8).

[118] 陶丹丹, 赵小敏, 黄超, 等. 南方丘陵地区土地整治项目选址研究 [J]. 湖南农业科学, 2011 (23).

[119] 田伟. 清远经验: 先整合后确权破解土地权属难题 [J]. 农村经营管理, 2015 (7).

[120] 万广华, 程恩江. 规模经济、农地细碎化与中国粮食安全 [J]. 中国农村观察, 1996 (3).

[121] 汪文雄，杨钢桥，李进涛. 农户参与农地整理项目后期管护意愿的影响因素研究 [J]. 中国土地科学，2010（3）.

[122] 汪秀连，王静. 日本韩国土地管理法律制度与土地利用规划制度及其借鉴 [M]. 北京：中国大地出版社，2004.

[123] 王大威. 长沙市土地整治建设标准及投资标准研究 [D]. 湖南师范大学硕士学位论文，2012.

[124] 王军，金旺. 重庆市农村土地整治现状与发展思路 [J]. 绿色科技，2013（5）.

[125] 王军，余莉，罗明，翟刚. 土地整理研究综述 [J]. 地域研究与开发，2003，22（2）.

[126] 王军，钟莉娜. 中国土地整治文献分析与研究进展 [J]. 中国土地科学，2016（4）.

[127] 王万茂，张颖. 土地整理与可持续发展 [J]. 中国人口·资源与环境，2004（1）.

[128] 王万茂. 土地整理的产生、内容和效益 [J]. 国土资源导刊，1997（9）.

[129] 王小明. 传统村落价值认定与整体性保护的实践和思考 [J]. 西南民族大学学报（人文社会科学版），2013（2）.

[130] 王亚华，高瑞，孟庆国. 中国农村公共事务治理的危机与响应 [J]. 清华大学学报（哲学社会科学版），2016（2）.

[131] 王长江. 农村土地整治权属调整与管理模式研究 [D]. 中国矿业大学（北京）博士学位论文，2011.

[132] 温铁军. 农民专业合作社发展的困境与出路 [J]. 湖南农业大学学报（社会科学版），2013（8）.

[133] 吴次芳，费罗成，叶艳妹. 土地整治发展的理论视野、理性范式和战略路径 [J]. 经济地理，2011，31（10）.

[134] 吴大琴. 苏联的土地整理 [M]. 中国人民大学农业经济教研室译. 1954.

[135] 吴风. 路基剥离表土施工及规划利用 [J]. 交通科技与经济，2009（6）.

[136] 吴海洋. 土地整治理论方法与实践 [M]. 北京：地质出版社，2014.

[137] 吴晔. 关于中国土地文化的几个问题 [J]. 中国土地，2008（1）.

[138] 吴莹. 基于多级模糊综合评价的土地整理项目后效益评价指标体系构建及应用 [J]. 中国农学通报，2007，23（9）.

[139] 伍黎芝. 德国农地整理中的权属管理及启示 [J]. 农业经济问题，2005（4）.

[140] 武文静. 上海试水家庭农场 [N]. 中国产经新闻，2008–04–02.

[141] 夏莉莉. 不同的土地类型基因形成西南地区多元性文化特 [J]. 成都航空职业技术学院学报，2011，27（3）.

[142] 夏学禹. 论中国农耕文化的价值及传承途径 [J]. 古今农业，2010（3）.

[143] 谢德体. 国外土地整理实践及启示 [J]. 国土资源，2007（9）.

[144] 谢静琪. 土地重划 [M]. 台北：五南图画出版公司，2007.

[145] 邢成举. 结构性贫困与精英俘获 [J]. 团结，2016 (4).

[146] 徐保根，杨雪锋，陈佳骊. 浙江嘉兴市 "两分两换" 农村土地整治模式探讨 [J]. 中国土地科学，2011 (1).

[147] 徐炳玉，王涛，窦森. 关于表土剥离技术的初步研究 [J]. 吉林农业，2012 (1).

[148] 徐建春. 联邦德国乡村土地整理的特点及启示 [J]. 中国农村经济，2001 (6).

[149] 徐祥临. 土地整治为德国增添发展新动力 [N]. 学习时报，2016 – 03 – 17 (03).

[150] 徐雪林，杨红，肖光强，等. 德国巴伐利亚州土地整理与村庄革新对中国的启示 [J]，资源产业，2002 (5).

[151] 徐艳，张凤荣，赵华甫，等. 关于耕作层土壤剥离用于土壤培肥的必要条件探讨 [J]. 中国土地科学，2011，25 (11).

[152] 徐勇.《商君书·徕民篇》的成书时代和作者蠡测 [J]. 松辽学刊（社会科学版），1991 (2).

[153] 许庆福，许梦，吴汉涛. 城乡土地利用中的传统文化保护 [J]. 山东国土资源，2015，31 (7).

[154] 许小亮，王秋兵. 论巴伐利亚试验在中国变形的文化成因 [J]. 江西农业学报，2008，20 (3).

[155] 闫飞. 新疆维吾尔族传统聚落地域性人文价值研究 [J]. 甘肃社会科学，2013 (3).

[156] 严金明，夏方舟，马梅. 中国土地整治转型发展战略导向研究 [J]. 中国土地科学，2016，30 (2).

[157] 严金明. 土地整理 [M]. 北京：经济管理出版社，1998.

[158] 颜世芳，王涛，窦森. 高速公路取土场表土剥离工程技术要点 [J]. 吉林农业，2010 (11).

[159] 杨华. 重塑农村基层组织的治理责任 [J]. 南京农业大学学报（社会科学版），2011 (2).

[160] 杨丽娜. 农村土地整治项目后期管护影响因素与保障机制研究 [D]. 西南大学，2013.

[161] 杨森，宋小彩. 农民专业合作社融资困境及对策 [J]. 合作经济与科技，2014 (1).

[162] 杨伟，谢德体，廖和平，等. 基于高标准基本农田建设模式的农用地整治潜力分析 [J]. 农业工程学报，2013 (7).

[163] 杨学城，罗伊·普罗斯特曼，徐孝白. 关于农村土地承包 30 年不变政策实施过程的评估 [J]. 中国农村经济，2001 (1).

[164] 杨振宇，许庆福，崔薛萍，等. 农村居民点整理中传统村落保护问题探析 [J]. 山

东国土资源, 2014, 30 (5).

[165] 叶艳妹, 吴次芳, 俞婧. 农地整理中路沟渠生态化设计研究进展 [J]. 应用生态学报, 2011 (7).

[166] 应松年. 加快法治建设促进国家治理体系和治理能力现代化 [J]. 中国法学, 2014 (6).

[167] 俞孔坚. 新农村建设规划与城市扩张的景观安全格局途径——以马岗村为例 [J]. 城市规划学刊, 2006 (5).

[168] 袁中友, 杜继丰, 王枫. 日本土地整治经验及其对中国的启示 [J]. 国土资源情报, 2012 (3).

[169] 国土资源部土地整治中心. 中国土地整治发展研究报告 (No.1, 2) [M]. 北京: 社会科学文献出版社, 2014.

[170] 郧文聚, 章远钰. 土地整理与土地重划阿培尔顿倡议 [J]. 中国土地, 2016 (12).

[171] 翟羽艳. 近现代俄罗斯土地私有化法律制度改革的文化分析 [J]. 俄罗斯中亚东欧研究, 2008 (2).

[172] 张晋石. 荷兰土地整理与乡村景观规划 [J]. 中国园林, 2006 (5).

[173] 张佩芳, 徐旌, 周贵荣. 滇南山区多元民族文化下的土地利用与区域可持续发展 [J]. 人文地理, 2001, 16 (1).

[174] 张仕超, 魏朝富, 邵景安, 等. 丘陵区土地流转与整治联动下的资源整合及价值变化 [J]. 农业工程学报, 2014 (12).

[175] 张庶, 金晓斌, 魏东岳, 等. 土地整治项目绩效评价指标设置和测度方法研究综述 [J]. 中国土地科学, 2014 (7).

[176] 张文瑞. 土地生态化整治与农业景观设计实证研究 [J]. 中国农业资源与区划, 2016, 37 (4).

[177] 张晓山. 农民专业合作社规范化发展及其路径 [J]. 湖南农业大学学报 (社会科学版), 2013, 14 (4).

[178] 张勇, 汪应宏, 陈发奎. 农村土地综合整治中的基础理论和生态工程 [J]. 农业现代化研究, 2013, 34 (6).

[179] 张云华. 中国农地流转问题调查 [M]. 上海: 上海远东出版社, 2012.

[180] 张占录, 胡红梅, 张远索. 台湾农村社区土地重划的公众参与机制——以过沟农村社区为例 [J]. 地域研究与开发, 2013 (5).

[181] 张振超, 张琳琳, 王冬梅, 等. 生产建设项目表土保护与利用 [J]. 中国水土保持科学, 2015, 13 (1).

[182] 张正峰, 赵伟. 土地整理的生态环境效应分析 [J]. 农业工程学报, 2007 (8).

[183] 赵博洋. 农村土地整治综述 [J]. 内蒙古师范大学学报 (哲学社会科学版), 2015, 44 (1).

[184] 赵鹏飞. 现代化苹果园的技术构成与效益分析 [D]. 河北农业大学硕士学位论文, 2015.

[185] 赵谦. 刍议中国农村土地整理的立法价值 [J]. 中国土地科学, 2010 (9).

[186] 赵谦. 构建中国农民参与农村土地整理制度之思考 [J]. 中国土地科学, 2011 (7).

[187] 赵谦. 中国农村土地整理法律责任立法: 不足与完善 [J]. 华中农业大学学报 (社会科学版), 2012 (3).

[188] 赵伟, 张正峰. 国外土地整理模式的分类及对中国的借鉴 [J]. 江西农业学报, 2010 (10).

[189] 折晓叶, 陈婴婴. 项目制的分级运作机制和治理逻辑——对"项目进村"案例的社会学分析 [J]. 中国社会科学, 2011 (4).

[190] 郑琦. 国外土地整理融资对中国的启示与借鉴 [J]. 中国外资, 2008 (10).

[191] 中央党校访德代表团. 德国土地整理和乡村革新的经验及其启示 [J]. 科学社会主义, 2006 (1).

[192] 周飞舟. 从汲取型政权到"悬浮型"政权——税费改革对国家与农民关系之影响 [J]. 社会学研究, 2006 (3).

[193] 邹亚锋, 仇阳东. 省级农村居民点整治潜力测算研究——以广西为例 [J]. 资源科学, 2015 (1).

后　记

2011 年，因为机缘巧合，本人进入了目前供职的单位，开启了对农村土地整治的研究历程。在持续数年的接触中，特别是经常性的实地调研、现场踏勘，以及与农民群众的座谈交流，深深爱上了这项工作，也知晓了其在促进"三农"问题解决方面的突出功效。

萌生对自己近些年所从事工作写点东西的想法是 2016 年年底的事情，并从那时起有意识地收集资料和整理数据，但真正开始动笔是在 2017 年年初，并在该年下半年援疆挂职后因为晚上时间较为充裕而进入了"快车道"。在写作过程中一直存有困惑，农村土地整治涉及面较为宽泛，如何选取合适的切入点？如果仅仅拘泥于农村土地整治本身，无异于专项工作总结，实非本意。当年召开的十九大上提出的乡村振兴战略给予了我启发，也促我调整了写作思路。

作为生于农村、长于农村的"农二代"，我一直有着较为浓厚的农村情结。目睹工业化城镇化进程中的农村过快衰落，读着每年春节前后返乡文青们撰写的"乡愁体"文章，时常对于农村的未来心生焦虑。2016 年暑期返乡探亲，夜晚走在寂寥的村里，看着零星闪烁的灯光，想到少时村中的繁忙场景，以及当前每年春节前后不足十天的喧闹景象，不由发出"百十户人家，三两处灯光，儿时喧嚣无处寻；七八旬翁妪，一二岁孩童，漂泊心灵失所依"的感慨，妻子也发出"烟村一两座，灯火三四家。稚童五六岁，翁妪七八旬。九子皆进城，十里寂无声。乡关渐凋敝，难觅桑梓情"的感喟和共鸣，城镇化浪潮中农村的落寞更加难掩。

十九大重新审视中国城乡关系后，审时度势提出的实施乡村振兴战略，适应了广大农民对美好生活的向往和追求，"产业兴旺、生态宜居、乡风文明、治理有效、生活富裕"的总要求更是描绘了未来农业农村发展的美好图景。诚如中华民族伟大复兴绝不是轻轻松松、敲锣打鼓就能实现的，可以预料的是，乡村振兴战略的实施也绝非一片坦途。制度建设的滞后、平台抓手的缺乏、传统惯性的影响等因素的客观存在，使得改变当前生产要素在城乡间由乡到城的单向流动转变为双向流动、促进城乡融合发展十分困难，亟须在诸多方面求新图变。

农村土地整治能在实施乡村振兴战略中发挥重要作用，而且也能在此中谋得自身的长足进步。德国"城乡等值化"试验的成功证明了土地整理是缩小城乡分化最有效的途径之一，国内不少地方农村土地整治在促进城乡统筹发展和美丽乡村建设中的经验做法也使人对其在乡村振兴中扮演更加重要的角色给予厚望。当然，我们也应看到，在20世纪80年代以来的持续发展中，农村土地整治也暴露了一些不足，对照乡村振兴总要求更显不适，需要进一步拓展平台、完善制度、创新方式，进而从产业发展、生态保护、社区治理和生活改善等方面发挥作用。

正是本着对生我养我农村的朴素情感和对农村土地整治角色定位的粗浅认知，我尝试着从乡村振兴的视角审视和打量农村土地整治。无论是国外经验的借鉴、概念内涵的溯源、法治建设的探讨、工程思维的辨析、模式创新的期盼，还是资金拓展的诉求、表土剥离的思辨、国际交流的认知、文化传承的关注、扶贫功能的探究等，都试图将农村土地整治放在乡村振兴的宏大背景中考量，尤其注意观察农民的主体作用是否得到充分发挥，农村土地整治的功效发挥是否真正转化为广大农民的切实收益，也即通常所说的获得感与幸福感。

书稿写作过程中，我报名参加中组部第九批援疆挂职并入选，成为一名援疆干部，此后一直得到派出单位和受援单位领导、同事的关心和支持，本书的成稿与出版正是对他们关爱的感谢与致敬！妻子赵崔莉教授从事社会经济史以及中国特色社会主义理论与实践的教学和研究，她总是以独特的社会科学视角给我以启迪，而且承担了农村土地整治中文化传承等章节书稿的撰写和修改，尤值一提的是，在我援疆后，是她独力扛起了照顾和辅导年幼儿子的重担，爱子刘逸成的每一步成长、每一个进步都给我的援疆生活增添了无限乐趣。第九批援疆干部人才是个特殊集体，进疆之后，大家很快适应了远离家人的工作与生活，无怨无悔在各自岗位上为新疆的稳定和繁荣贡献力量，而援友间的深厚情谊也将成为我们一生都弥足珍贵的财富。

写完后记，已是深夜，援疆干部公寓的窗外，正是灯火阑珊，而天山博格达峰的另一边，一轮红日即将喷薄而出。

谨以本书献给这段即将逝去、又依然不乏激情的青春记忆和援疆岁月！

刘新卫
2019年3月1日凌晨于乌鲁木齐援疆干部公寓